全国革命老区县发展史丛书——河南许昌卷

建安区革命老区发展史

许昌市建安区老区建设促进会　编著

中国文史出版社

图书在版编目（ＣＩＰ）数据

建安区革命老区发展史 / 许昌市建安区老区建设促进会编著. —北京 ： 中国文史出版社, 2022.3

ISBN 978-7-5205-3489-5

Ⅰ. ①建… Ⅱ. ①许… Ⅲ. ①区(城市)—地方史—许昌 Ⅳ. ①K296.14

中国版本图书馆 CIP 数据核字(2022)第 040115 号

责任编辑：窦忠如

封面设计：李　宁

出版发行：中国文史出版社

社　　址：北京市海淀区西八里庄路 69 号院

邮　　编：100412

电　　话：010-81136606　81136602　81136603(发行部)

传　　真：010-81136655

印　　装：廊坊市海涛印刷有限公司

经　　销：全国新华书店

开　　本：710*1010　　　1/16

印　　张：22.5

字　　数：322 千字

版　　次：2022 年 7 月北京第 1 版

印　　次：2023 年 2 月第 2 次印刷

定　　价：60.00 元

建安区革命老区发展史编纂委员会领导小组

组　　　长　马　浩

常务副组长　高　雁　朱　键

副　组　长　孙俊洲　李智虎　葛连春　　王志民

成　　　员　蔡丽萍　李春锋　段慧许

主　　　编　李智虎

副　主　编　王志民　段慧许

执 行 主 编　魏洪恩

编　　　辑　段慧许　魏洪恩　钟会丽　孔刚领

　　　　　　董胤程　胡国民　朱新正

彤德忱烈士　1926 年 10 月中共许昌第一个县委——中共许昌县地方执行委员会成立，彤德忱任书记

薛朝立烈士　许昌早期农民运动的发动者和组织者之一。1928 年 2 月，参与领导发动了司堂暴动

贺建华烈士　1936 年担任中共许昌中心县委书记

位于碾上村的李文甫家旧址

许昌中心县委旧址

豫中特委旧址

1947年12月15日，华东野战军三纵八师二十三团八连突破许昌西门后合影

翻身后的农民高兴地表演文艺节目

曹庄变电站外景

翻身后的农民在田地里劳作

女民兵学习毛泽东著作

1954 年 3 月 3 日，许昌县第三届劳模授奖大会

许昌县委、县政府衙前街办公旧址

许昌县委、县政府新许路办公旧址

2001 年 5 月，两院院士、农科院院长卢良恕（右三）等专家到许昌县考察

2001 年 6 月 30 日，杨水才纪念馆重新开馆

郭述申（前排左）晚年看望当年的学生张兆梅（前排右）

2017 年 2 月 5 日，许昌市建安区正式挂牌成立

陈曹乡尚庄村电动平移喷灌机为麦田浇水

扶贫工厂吸纳众多贫困群众务工

高铁北站

颖河湿地

北海公园

榆林乡刘王寨崖沙燕保护区

椹涧乡孙庄水库

蒋李集镇圪垱村

美丽的艾庄乡鲁湾村街景

五女店镇扶桥村一隅

整装待发的城乡公交

河南沃正实业农业装备实现智能化制造

灵井镇霍庄村淘宝生意旺

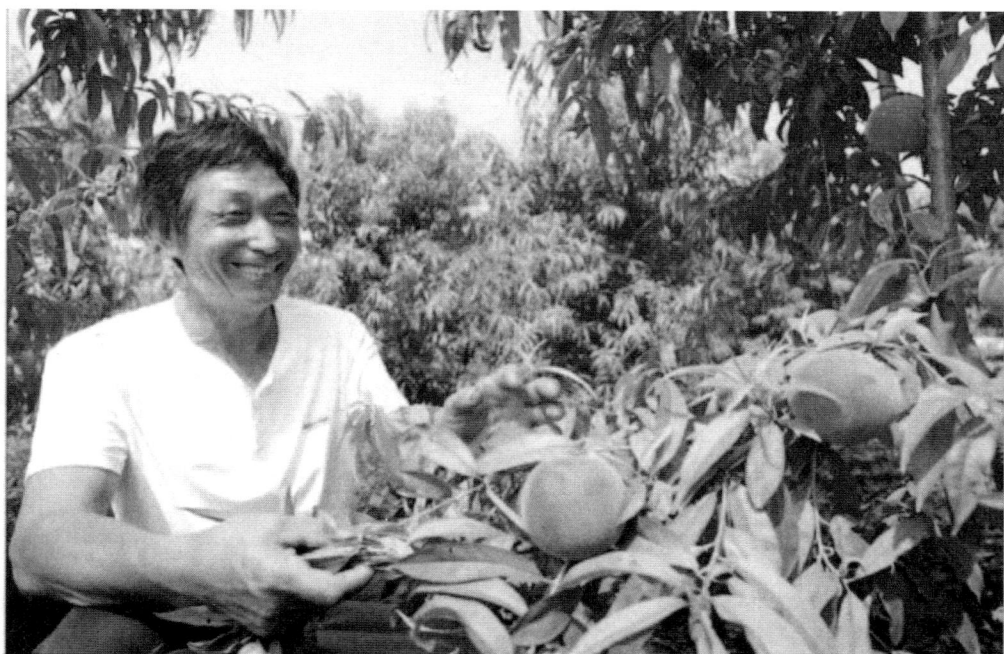

丰收的喜悦

总　序

在举国欢庆新中国成立 70 周年前夕,中国老区建设促进会王健会长请我为《全国革命老区县发展史》丛书作序。作为一名在老区战斗过并得到老区人民生死相助的老兵,回首往事,心潮澎湃,感慨万千,深感义不容辞,欣然应允。

中国革命老区,是以毛泽东为代表的中国共产党人在领导人民推翻帝国主义、封建主义和官僚资本主义三座大山,争取民族独立和人民解放伟大斗争中建立的革命根据地。在这片红色的土地上,诞生了无数可歌可泣的革命英雄儿女,为后人树起了一座不朽的丰碑,她是新中国的摇篮,是党和军队的根。

在艰苦卓绝的战争年代,老区人民把自己的命运与中华民族的命运紧紧地联系在一起,与中国共产党和人民军队的命运紧紧地联系在一起,他们生死相依,患难与共。我曾亲历过战争年代,并得到过老区红哥红嫂的救助,切身感受过发生在身边的一幕幕撼天动地的革命故事。在那极其艰难的条件下,老区人民倾其所有、破家支前,不怕艰难困苦,不怕流血牺牲。"最后一碗米送去做军粮,最后一尺布送去做军装,最后一件老棉袄盖在担架上,最后一个亲骨肉送去上战场。"这是当时伟大的老区人民为建立新中国做出巨大牺牲的真实写照,它将永远镌刻在中国共产党、中国人民解放军、中华人民共和国的历史丰碑上。他们的光辉业绩永载史册,他们的革命精神必将影响一代又一代的革命新人,造就一代又一代的民族脊梁。

在社会主义革命和建设时期,革命老区和老区人民响应党的号召,面对落后的面貌、脆弱的经济、恶劣的生态环境,他们本色不变,精神不丢,自力更生,艰苦奋斗,干一行爱一行。始终坚持"革命理想高于天",自觉做共产主义远大理想的坚定信仰者和忠实实践者,勇于向恶劣的自然环境和贫穷落后宣战,他们在各条战线上为国建功立业,用平凡的双手创造了一个又一个不平凡的奇迹,彰显了老区人的崇高精神和人格力量。

在改革开放的伟大进程中,老区人民解放思想,勇于创新,发奋图强,攻坚克难,老区的经济社会建设取得了辉煌成就。特别是在改变中国的面貌、中华民族的面貌、中国人民的面貌、中国共产党的面貌的伟大实践中发挥了至关重要的作用。老区人民既是改革开放的参与者,也是改革开放的推动者。

艰苦练意志,危难见精神。老区人民在近百年的革命战争、社会主义建设和改革开放的伟大实践中,孕育形成了伟大的老区精神:爱党信党、坚定不移的理想信念;舍生忘死、无私奉献的博大胸怀;不屈不挠、敢于胜利的英雄气概;自强不息、艰苦奋斗的顽强斗志;求真务实、开拓创新的科学态度;鱼水情深、生死相依的光荣传统。这是党和人民宝贵的精神财富、丰厚的政治资源,是凝心聚力振奋民族精神的重要法宝,也是社会主义核心价值观的重要内容。

中国老区建设促进会怀着强烈的政治责任感和历史使命感,组织全国各地老促会人员克服困难,尽心竭力编纂《全国革命老区县发展史》丛书,记录老区的光辉历史和辉煌成就,传承红色基因,弘扬老区精神,是功在当代、利及千秋的一件大事。手捧这部丛书的部分书稿,读着书中的故事,倍感亲切,深感这部丛书具有资政、育人、存史的社会功能,有着重要的时代和历史价值。它是不忘初心、牢记使命的源头活水,是赞颂共产党、讴歌老区人民的一部精品力作,是弘扬老区精神、传承红色记忆的丰厚载体,是一项继承优秀传统文化弘扬革命文化、发展社会主义先进文化,坚定"四个自信"的宏大文化工程。它必将成为一种文化品牌,为各界人士了解老区、宣传老区、支持老区提供一部有价值的研究史料。希望读者朋友们能从中了解并牢记这些为党和民族的利益不断奉献的老区人民，从中得到教益，汲取人生奋斗的精神动力。

新时代赋予新使命，新起点开启新征程。让我们更加紧密地团结在以习近平同志为核心的党中央周围，坚持以马克思列宁主义、毛泽东思想、邓小平理论、"三个代表"重要思想、科学发展观和习近平新时代中国特色社会主义思想为指导，增强"四个意识"，坚定"四个自信"，做到"两个维护"，弘扬老区精神，铭记苦难辉煌，为实现"两个一百年"奋斗目标，实现中华民族伟大复兴的中国梦作出新的更大的贡献！

迟浩田

2019 年 4 月 11 日

序 言

在全区上下喜迎党的二十大胜利召开、全面建设社会主义现代化建安区的关键时期,由建安区老区建设促进会组织编写的《建安区革命老区发展史》一书正式出版发行了。这是建安区史志编纂工作的又一重要成果,也是传承红色基因,弘扬老区精神,功在当代、利在千秋的一件大事。

建安区(原为许昌县,于 2016 年 11 月经国务院批准整建制撤县设区)是全国 1599 个、全省 118 个、全市 5 个革命老区县之一,是马克思主义传播较早、中共党组织建立较早、革命斗争开展较早的地区。1921 年,马克思主义开始在许昌县传播;1922 年 4 月,中国共产党组建和领导的京汉铁路总工会许昌车站分工会正式成立;1925 年 10 月,中共石固南寨党支部成立;1926 年 11 月,中共许昌县地方执行委员会建立;1927 年 7 月,中共许昌县委员会诞生……党组织成立后,领导全县人民在土地革命战争、抗日战争、解放战争中进行了顽强的革命斗争,为新中国的成立作出了重要贡献。

建安区是英雄英烈辈出的革命老区。河南省辛亥革命十一烈士之一张钟端,红军红色理财专家郑义斋,在豫鄂边区敌后坚持游击战的革命烈士贺建华,组织司堂农民暴动被俘牺牲的年仅 18 岁的薛朝立,"小车不倒只管推""一不怕苦、二不怕死"的共产主义战士杨水才,倒在扶贫一线的优秀驻村干部冯中申……建安大地涌现了很多让我们永远怀念的革命英雄,在建安人民心中树起了一座座不朽的丰碑。

建安区是发展成就辉煌的革命老区。革命战争年代,建安人民为革命事业前仆后继、无私奉献,作出了巨大的牺牲和贡献,谱写了可歌可泣的壮丽史诗。新中国成立后,尤其是改革开放以来,建安人民在党的领导下,解放思想,勇于创新,发愤图强,艰苦创业,彻底改变了贫穷落后的局面,取得了经济社会建设的辉煌成就。特别是撤县设区以来,工业化、城市化步伐全面加快,高质量发展取得重大突破,经济总量突破400亿元,城乡居民人均可支配收入达到24512元,"222"现代产业体系更加健全,人居环境明显改善,民生事业快速发展,脱贫攻坚取得胜利,乡村振兴走在全省前列,全面建成小康社会的第一个百年奋斗目标如期实现。

不忘本来,方能开辟未来。建安革命老区的光辉历史和优良传统是我们宝贵的精神财富和丰厚的政治资源,必须永远铭记、倍加珍惜,必须传承弘扬下去、发扬光大开来。

习近平总书记强调,党员、干部要多学党史、新中国史,自觉接受红色传统教育,常学常新,不断感悟,巩固和升华理想信念。编纂《建安区革命老区发展史》一书,既是深入挖掘建安红色资源,系统整理革命发展史料,传承弘扬老区革命精神的现实需要,也是贯彻落实习近平总书记重要指示精神的一项重要举措。

《建安区革命老区发展史》一书坚持以习近平总书记关于革命老区的系列重要讲话精神为指导,以时为序,以事为纲,点面结合记述史实,全面、真实地记述了建安区革命斗争历史和中华人民共和国成立后建安区建设发展的历史,重点展现了中国共产党领导下建安老区的百年光辉革命历史和辉煌发展成就,既是建安人民宝贵的历史遗产和精神财富,又是一部培根铸魂、守正创新的精品力作,字里行间流淌着红色血脉、催生着革命激情,既为历史立言,又为时代服务。这部集存史、资政、育人等社会功能于一体,具有鲜明时代特点和厚重历史价值的重要读本,必将在教育引导全区上下牢记建安光辉革命史、不懈奋斗史、辉煌成就史,激励全区广大干部群众传承红色基因、弘扬优良传统、赓续红色血脉、奋力开创高质量发展新局面等方面发挥重要作用,必将为建设社会主义现代化建安提供强大的精神动力。

以史鉴今,继往开来。回顾历史是为了更好总结历史经验、把握历史规律,增强开拓前进、奋勇争先的勇气和力量。现在,我们进入全面建设社会主义现代化国家的新时代,正在向着第二个百年奋斗目标奋力前进。我们身处革命老区、肩负时代使命,要继续大力传承和弘扬革命老区精神。希望大家深入学习这本党史学习教育新教材,积极从中感悟真理伟力,自觉用习近平新时代中国特色社会主义思想武装头脑、指导实践、推动工作,切实把增强"四个意识"、坚定"四个自信"、坚决做到"两个维护"融入思想中、落到行动上;积极从中传承红色基因,加强革命传统教育、理想信念教育、爱国主义教育和习近平新时代中国特色社会主义教育,让更多党员干部、社会群体特别是青年一代从中汲取精神动力、受到思想启迪,让红色基因代代相传;积极从中激发奋进力量,将学习成果转化为推动高质量发展的实际举措和强大动力,为大力实施"2236"区域发展规划,强力推进经济发展高质量、城乡建设高水平、人民群众高素质,在奋力谱写建安区社会主义现代化建设新篇章中作出新的更大贡献。

中共许昌市建安区委书记 白冰

2021 年 12 月 20 日

编写说明

2017 年 6 月,中国老区建设促进会组织全国各地老促会启动编纂全国革命老区县发展史丛书,按照"建立中国共产党、成立中华人民共和国、推进改革开放和中国特色社会主义事业"三大里程碑的历史脉络,系统书写革命老区百年历史,深入挖掘革命老区红色文化资源,在对充实丰富中国历史宝库,在新时代传承红色基因,弘扬革命精神、强固根本,对激励人们在新的历史条件下夺取中国特色社会主义的伟大胜利,实现中华民族伟大复兴的中国梦具有重要意义。

本丛书编纂以习近平新时代中国特色社会主义思想为指导,以《中国共产党历史》《中国共产党的90年》等重要文献为基本依据,以党的领导为核心,以老区人民为主体,以老区发展为主线,体现历史进程特征,突出时代发展特色,坚持辩证唯物主义和历史唯物主义相统一、历史真实性与内容可读性相统一的原则,书写革命老区从站起来、富起来到强起来的光辉革命史、不懈奋斗史、辉煌成就史,把老区人民的伟大贡献、伟大创造、伟大成就、伟大精神充分展示出来,形成一部具有厚重历史特征和鲜明时代特色的精品力作。这是一部培根铸魂、守正创新,既为历史立言,又为时代服务,字里行间流淌着红色血脉、催生着革命激情的传世之作。丛书的编辑出版,将成为讴歌党、讴歌人民、讴歌时代,传播红色文化,为革命老区和老区人民树碑立传的重要载体。

丛书按照编年体与纪事本末体相结合、以编年体为主的编写体例确定框架结构;运用时经事纬、点面结合的方式记述史实,坚持人事结合、以事带人的原则处理人与事的关系,采取夹叙夹议,绪论,结合义序为主的方式展开内容。做到了史料与史论、历史与现实、政治与学术统一,文献性、学术性,知识性相向兼容。

为编纂好《全国革命老区县发展史》丛书,打造红色文化品牌,中国老区建设促进会认真组织积极协调,提出政治立场鲜明、史料真实准确、思想论述深刻、历史维度厚重、时代特色突出、编写体例规范、篇目布局合理、审读把关严格、出版制作精良的编纂出版总要求,力求达到革命史籍精品的精神高度、思想深度、知识广度、语言力度,增强丛书的权威性和社会影响力。各省(区、市)、市(州、盟)、县(市、区、旗)老促会的同志,以强烈的使命感、责任感和紧迫感,勇于担当,积极作为,认真实施,组织由老促会成员、专家学者等参加的 10 余万人编纂队伍。编纂工作主体责任在县,省、市组织协调、有力指导、审读把关。各方面人员以高度负责的精神和科学严谨的态度,满腔热情地投入工作,为丛书编纂出版作出了重要贡献。丛书编纂工作还得到了党和国家有关部委、地方各级党委政府及有关部门的大力支持和积极参与,社会各界也给予热情帮助。中共中央政治局原委员、中央军委原副主席、原国务委员兼国防部长迟浩田上将,对老区人民怀有深厚感情,对革命老区建设发展十分关注,欣然为《全国革命老区县发展史》丛书作总序。

丛书由总册和 1599 部分册(每个革命老区县编纂 1 部分册)组成,共 1600 册。鉴于丛书所记述的史实内容多、时间跨度长和编纂时间紧,不妥之处,敬请批评指正。

中国老区建设促进会

2019 年 5 月 14 日

目　录

第一章
建安区综述

本章提要

　　建安区前身为许昌县,历经 18 次行政区划和名称更迭,历史文化悠久,是华夏文明的重要发祥地之一。历代名人辈出,名胜古迹星罗棋布,是全国著名的"三国文化"之乡。2017 年 2 月 5 日撤县设区,建安区进入了高质量发展的快车道。

第一章
建安区综述

本章提要

　　建安区前身为许昌县,历经 18 次行政区划和名称更迭,历史文化悠久,是华夏文明的重要发祥地之一。历代名人辈出,名胜古迹星罗棋布,是全国著名的"三国文化"之乡。2017 年 2 月 5 日撤县设区,建安区进入了高质量发展的快车道。

　　许昌县地处中原腹地,东邻鄢陵县,南连临颍县,西南毗襄城县,西邻禹州市,北接长葛市,环抱许昌市区,全境总面积1002平方公里,现辖16个乡镇(街道)383个行政村(社区)。辖区内居民有汉族、回族、满族、蒙古族、藏族、维吾尔族、土家族等36个民族,其中汉族占总人口的98.42%,回族占总人口的1.44%,其他民族占总人口的0.14%。

　　许昌县交通便利,区域优势得天独厚,北距新郑国际机场40公里,京港澳、许平南、永登、兰南、郑栾五条高速公路在境内交织成"米"字形高速公路网;311国道、107国道和京广铁路、郑合高铁、郑万高铁、三洋铁路穿境而过;南水北调、西气东输两大工程交会于此。1983年7月,县政府由市区衙前街迁至枪杆刘村北新址办公,次年8月县委迁入。2008年10月,县委、县政府迁至位于许昌市新元大道与文峰北路交会处的尚集镇武店村西。

　　许昌县地处伏牛山脉向豫东平原过渡带,地势西北高、东南低,县域内分岗地、平原、浅平洼地3种地形,现全域耕地总面积为109.48万亩,主要盛产小麦、玉米、大豆、红薯、棉花、烟叶、油菜等。其中,小麦、烟叶生产为许昌县农业两大优势,榆林的花生、小米久负盛名。

　　许昌县属淮河流域沙颍河水系,主要河流有颍河、清潩河、石梁河、小泥河、灵沟河、老潩水、小洪河、小马河、小黑河、新沟河等大小河流26条,蜿蜒东南流汇于颍,入于淮,人工河有颍汝干渠、幸福渠、丰收渠,补充许昌县的灌溉水、生活水、地下水。

　　许昌县地处暖温带半湿润区,属温带季风气候,春暖、夏热、秋爽、冬寒,四季分明,雨量夏秋多、冬春少,年平均降水量735.2毫米,光照充足,无霜期长,年平均日照2170.2小时,无霜期216天,为农业生产提供优越条件。

　　许昌县地理条件优越,自然资源丰富,适合人类居住和牧耕等活动,在10万年左右就有人类在灵井自流泉旁渔猎生存。约在1万多年前的旧石器时代晚期，先民就在这里捕鱼打猎、繁衍生息，留下了灵井、丁集等著名文化遗址。2007 年，许昌县灵井遗址发现距今约 8 万—10 万年前的"许昌人"头盖骨化石，填补了中国现代人类起源研究的空白，为现代东亚人类起源提供了佐证。

许昌县历史悠久，是华夏民族主要发祥地之一。上古唐尧时期，东夷部落首领许由率众牧耕于此，开启"许"名先河。西周初，武王分封诸侯，封太岳（亦称四岳）伯夷后裔姜文叔于许，史称"许国"，都城在今张潘镇古城村一带，辖地以都城为中心向四周辐射，方圆 50 华里，包括许昌县及临颍、鄢陵、长葛一部分乡村。秦统一六国后，推行郡县制，以原许国之地置许县，隶属于颍川郡，县邑设于许国故城，许称县自此始。

东汉建安元年（196 年），曹操迎汉献帝刘协到许，在这里招贤纳士，统一北方，与孙权、刘备形成三国鼎足之势，打造了当时中国北方的经济、军事、文化中心。曹丕称帝后，废汉立魏，定都洛阳。黄初元年（220 年），颍川郡治府迁入许县，黄初二年（221 年），魏文帝曹丕以"魏基昌于许"，改许县为许昌县。

西晋初，颍川郡治所由阳翟（今禹州市）迁至许昌，与许昌县同城理政。南朝宋景平元年（423 年），许昌城被北魏大将周几夷为平地，其地为北魏所据。郡治遂迁长社（今长葛市），县治迁许田（今许田村）。五代后唐同光二年（924 年），庄宗李存勖尊其祖父李国昌为唐献祖，因避其祖父之讳"昌"字，改许昌县为许田县。北宋建立郡废道为路，许州属京西北路，熙宁四年（1071 年），许田县并入长社县。元丰三年（1080 年）升许州为颍昌府，朱元璋建立明朝后，许州属布政使司开封府，洪武元年裁长社县移许州，清雍正二年（1724 年）升为直隶州。

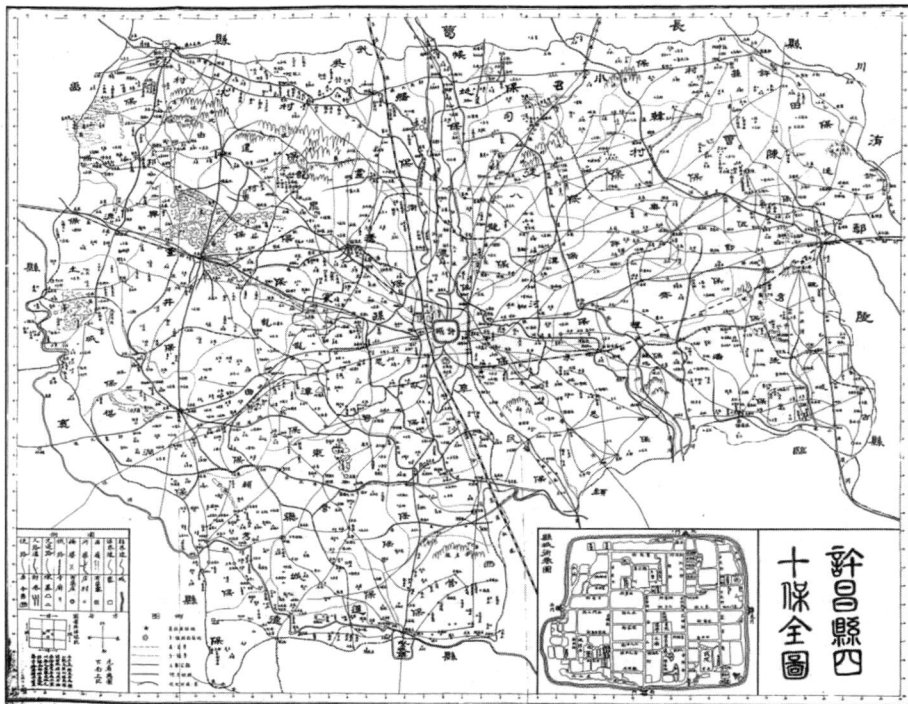

许昌县四十保全图

中华民国时期,1913 年废许州,重设许昌县,县衙称县公署,隶属河南省开封道(亦称豫东道)。1928 年废道改区,许昌为中区第二区行政长官驻地。1929 年废县公署,改称许昌县政府。1933 年,许昌为河南省第五区行政督察专员公署驻地,1944 年 5 月许昌被日军侵占,1945 年 8 月 15 日本投降,许昌县仍属国民政府河南省第五区行政督察专员公署。1949 年 2 月,中国共产党领导成立许昌专区,许昌县属之。

1960 年 7 月撤销许昌县并入许昌市。1961 年 10 月恢复许昌县建制。1970 年许昌专区改称许昌地区,许昌县属之。1986 年 2 月,许昌地区撤销,许昌市升为省辖市,许昌县属之。

2016 年 11 月 24 日,国务院印发《关于同意河南省调整许昌市部分行政区划的批复》,同意撤销许昌县,设立许昌市建安区,以原许昌县行政区域为建安区行政区域。

许昌县钟灵毓秀,英才辈出,文物宝藏众多,创造了灿烂厚重的历史文明。灵井遗址见证了祖先们万年前旧石器时代的繁衍生息。春秋时期的许穆夫人,是我国载入史册的第一位爱国女诗人。西汉著名的政治家、文学家晁错,东汉末年的神医华佗均长眠于此。东汉初的王霸、祭遵辅佐刘秀中兴,名列"云台二十八将",桓帝时任太丘长的陈寔推功揽过、德高望重,备受朝野推崇。与陈寔同时的荀淑亦驰名当世,其子八人才华出众,人称"荀氏八龙",皆功业卓著、名扬青史。

许昌县是著名的"三国文化"之乡,毓秀台、射鹿台、受禅台、曹操练兵台、张飞庙、灞陵桥、春秋楼等三国遗址星罗棋布。曹氏父子开创的"建安风骨""百世流芳"的建安文学对后世影响深远。唐代王建成为新乐府诗的著名诗人,有《王司马集》传世。北宋学者靳裁之精通"二程"理学,讲学桑梓、著述甚丰。北宋文学家苏辙十四代孙苏继欧,明万历年间官至吏部考功司郎中,选贤任能,不附权贵,被奸党魏忠贤迫害致死,崇祯时追封太常寺卿。始建于南宋的天宝宫作为中原地区规模最大的道教庙宇群,具有极高的建筑价值、历史价值和艺术价值。

许昌县兼有中原雄浑和江南秀丽之美。唐宋以来,文人学士、名臣官宦来此游历、盘桓、居住。楷书鼻祖钟繇,画圣吴道子,文学家欧阳修、苏轼都在这里留下了传颂千古的诗文墨迹。大诗人白居易在其叔父任许昌县令时随居县署,写下了《许昌县令新厅壁记》。1918年夏,毛泽东和罗章龙等由湖南赴北京途经许昌,专程游览了汉魏许都古城遗址,并和罗章龙信口联吟《过魏都》一诗:横槊赋诗意飞扬(罗章龙),自明本志好文章(毛泽东)。萧条异代西田墓(毛泽东),铜雀荒沦落夕阳(罗章龙)。

近现代以来,许昌县仍英雄辈出。旧民主主义革命志士张钟端追随孙中山献身革命,壮烈牺牲,民国成立后,被定为河南省辛亥革命十一烈士之一。新民主主义革命时期红色理财专家郑义斋,1932年起,任鄂豫皖苏区工农民主政府财政委员会主席,积极组织力量筹集军火、粮食、衣服和医药用品等大量物资,支援红军作战。到陕北后他任红四方面军总供给部部长,后在战斗中壮烈牺牲。革命烈士贺建华,1928年在燕京大学读书时加入中国共产党,九一八事变后,贺建华投笔从戎。1940年转战鄂豫地区,曾任许昌中心县委书记、专署专员等职,1946年11月,在中原突围战斗中,被国民党军队残忍杀害。青年学子周吉一于抗战期间奔赴延安,在抗日战争和解放战争中屡立战功,历任团政委、师政委、军政治部主任,1964年晋升为少将军衔。革命烈士刘昭平,1937年奔赴延安,在抗大学习结业后,被派到八路军120师358旅任《战火报》主编,加入中国共产党,任120师《战斗报》特派记者,1946年8月19日在山西大同战役前线牺牲。社会主义建设时期,也涌现出了不少可歌可泣的英雄。桂村乡水道杨村党支部副书记杨水才,以"小车不倒只管推"的革命精神,挖塘兴水、植树育林、创办学校,直到生命最后一刻。1969年7月13、7月31日,《人民日报》头版头条发表长篇通讯《一不怕苦、二不怕死的共产主义战士——记共产党员杨水才同志的光辉事迹》和评论员文章《为人民鞠躬尽瘁》,全国掀起了学习杨水才的热潮。

在许昌县这片红色土地上,许许多多的优秀儿女赓续红色基因,弘扬老区精神,在不同的岗位上取得了优异的成绩。椹涧乡南张村张西岭在空军某部苦练本领,在1968年我国轰-5空投氢弹试验中,担任领航员,出色完成任务。2017年5月,我国具有完全自主知识产权的新一代大型喷气式客机C919完成预定试飞科目,顺利完成了首飞。从老区榆林乡走出来的"85后"试飞工程师马菲在国产大飞机首飞中作出突出贡献,他和首飞五人组的队友受到习近平总书记的亲切接见。榆林籍中国工程院院士张铁岗,长期在一线致力于煤矿安全技术研究,为我国防治瓦斯整体水平的提高作出了重要贡献。

勤劳勇敢的许昌县人民,世世代代在这块土地上繁衍生息、辛勤劳作、不屈不挠、英勇奋斗,做出了不凡的业绩。

新中国成立后,党领导人民进行社会主义改造和社会主义建设,昔日贫穷落后的许昌县发生了沧桑巨变。

改革开放后,全县经济、政治、社会保障等方面进行了一系列改革,农业基础地位更加巩固,工业经济总量不断扩张,城乡基础建设得到加强,改革开放取得丰硕成果,党的建设、精神文明建设和民主法治建设提高到了新的水平,先后成为全国粮食生产先进县、科技进步先进县、高效节水灌溉试点县和发展外向型经济先进县。

进入新世纪,许昌县紧紧围绕"富民强县"目标,以城乡一体化推进区建设统领全局,大力推进新型工业化、城镇化和农业现代化建设,全县经济又好又快发展。近年来又先后获得国家生态园林城市、水生态文明城市、森林康养基地试点区等荣誉称号,是全国重要的发制品加工基地、汽车传动轴生产基地、农副产品加工基地和精细化工园区基地。

2017年2月撤县设区以来,建安区面对新时代,抢抓新机遇,以工业为引领,迈向了城市化、工业化加速发展的新阶段,大力实施"2236"区域发展规划,坚定不移走创新驱动发展新路,持续秉持"项目为王"理念,做大做强做优产业,聚焦乡村振兴目标,改善民生民本,奋力开创高质量发展新局面。

第二章
大革命时期与土地革命战争时期

本章提要

　　中国共产党成立后,国共合作步伐加快,工农运动蓬勃开展。许昌县是马克思主义传播较早、中共党组织建立较早的地区之一。党组织建立后,领导全县人民相继开展了一系列的工人运动、农民运动和学生运动,坚持不懈地同国民党反动当局作斗争,唤醒了广大民众,为全面抗战打下了坚实的社会基础。

第一节　大革命前的许昌县人民及其反抗斗争

一、苦难的许昌县农民

许昌县地处黄淮海平原,土层深厚、土质肥沃,丰富的农业资源,养育了一代又一代勤劳善良的许昌县人民。然而在封建统治者残酷的压迫和剥削下,人们终年劳作却不得温饱。每遇灾荒,更是背井离乡卖儿卖女,逃荒要饭,甚至饿毙道旁。富饶的许昌县大地被反动统治者的黑暗统治变成了人间地狱。

进入20世纪,许昌县农民遭受多重压迫。在政治上,严酷的保甲制、连坐法,束缚得农民毫无人身自由,动辄得咎;在经济上,地租田赋随意加征,极尽勒派。农民大部分少地甚至无土地,靠租种地主的土地为生,而收获的大部分交给地主,所剩无几,难维生计,被迫扛长工,打短工,受尽压榨,勉强生存。加之繁重的苛捐杂税,使种地农民不堪重负。

民国期间,军阀混战,盗匪猖獗,官匪勾结,鱼肉百姓,又遭遇水、旱、蝗、汤四大害,许昌县农民苦不堪言。广大农村,经济凋敝,人口外逃,饿病死无数,有的为了生存被迫流入城市,成为廉价劳动力,造成人烟稀少,一派荒凉景象。

二、许昌县近代工业的出现和工人阶级的产生

产业工人作为工人阶级的骨干力量,是从近代工业使用动力机器从事生产而诞生的。许昌县最早的工人则是产生于1902年许州邮局成立和1906年京汉铁路通车之际。

京汉铁路是1896年10月由大买办盛宣怀主持筹建,1897年筑

许昌境内长葛和尚桥至陉山支线一段,1906年4月1日正式通车。铁路的修筑为帝国主义在许昌掠夺财富、倾销商品大开方便之门,他们利用腐败的清政府和不法奸商,廉价购买农副产品,推销洋货,给许昌县的手工业带来致命打击。

1902年,英美烟公司在中国设立分支机构,1913年英美烟公司在许昌试种美种烤烟成功后,以许昌为中心的10多个县市开始种植烤烟。1918年,英美烟公司在许昌西关京汉铁路西侧筹建烟叶收购站和烤烟厂。自此,许昌开始大量种植烟草,出现了多家烟叶收购站,复烤厂、烟叶公司、烟行、转运公司相继兴起,烟草经营盛极一时。从此,英美帝国主义便利用许昌县的土地、原材料和廉价劳动力,无止境地剥削和奴役许昌县人民,垄断烟草市场。

英美烟公司是帝国主义在中国直接经营的企业,也是许昌县最早出现的近代工业。1920年,英美烟公司在许昌建成投产,之后十几年里,先后雇用中国工人1600人左右。这是许昌县最早出现的产业工人队伍,也是许昌县工人阶级的主力军。

1914年至1918年第一次世界大战期间,帝国主义忙于战争无暇东顾,中国民族资本工业得到长足发展,工人阶级队伍不断壮大,形成了一支新兴的社会力量。据不完全统计,1920年,许昌已有工人5000人,其中外资1500人、官办100人、民资3000多人,此外还有非产业工人,产业和非产业工人已达到8400多人。

三、许昌县工人阶级的早期状况及其斗争

无论是外资企业英美烟公司,还是民族资本企业南洋兄弟烟草公司,抑或是官商合办的煤矿、瓷窑等,他们都有一个共同点,就是都残酷地、不择手段地剥削工人,以榨取更多的剩余价值,获得更高的利润。他们利用武装监督和苛刻的厂规来限制工人的自由,以恶劣的劳动条件摧残工人的健康、折磨工人的生命,把工人当奴隶一样驱

使。工人们在繁重工作的同时,还要承受深重的政治压迫,过着牛马不如的生活。

英美烟公司和南洋兄弟烟草公司规定,工人被雇进厂,需找保人、连环具结;工作外出如厕,必须先报告、领取腰牌,非婚丧嫁娶、重病急病不准请假。两厂工人各发铜牌一面,出入厂门时呈验,如有转让或遗失,立即开除。工人离厂时,要接受门卫搜身检查。英美烟公司有厂警、密探多人,日夜监督、盘查工人。工人们不仅受资本家的压榨和剥削,而且还要受大小工头和封建把头的无端压榨。员工一旦出错,不仅要扣发工资,而且要遭受打骂,跪地、打耳光、挨木棍的情况屡有发生。

英美烟公司大量利用廉价劳动力,甚至用童工代替成年工人。全厂900多名工人,童工就有三四百人。华人买办邬挺生完全照搬洋厂洋规来治厂,视工人如牛马,利用工头拿摩温来统治工人。工人颜德平因在烟包上刷错一个字,就被美国监工连打三个耳光,并立即开除出厂;打包工人冯玉庆在车间扫地,工头称其"磨洋工"拿起棍棒便打,打得他卧床不起,三四天都不能到厂上班;年仅13岁的童工赵保林顶替父亲到厂里上班,因年小体弱,又累又饿,到厕所稍喘口气,被工头发现后举起"哭丧棒"就打,直打得他倒在血泊之中,奄奄一息被扔到厂外。还有一些童工因饥饿和劳累过度晕倒在地,尤其是七八月间晕倒的人更多。

工人工作环境恶劣,无降温、除尘设备,无茶水,伤残不予负责,老弱残辞退,流浪街头,劳动强度大。大量童工的劳动强度超过弱小身体的承担能力,再加上环境恶劣、饥饿,身体受到极大摧残,难以成长,有的残疾终生,有的甚至无法忍受而自杀。女工、童工工资比成年男工低得多,辛苦一天连肚子都不能填饱,还遭受非人的折磨和侮辱,生活暗无天日。

五四运动前,以手工业工人和行业工人为主体的许昌县工人阶级,为了维护自身利益和社会地位,自发组织起行会、帮口和结社。这些早期的工人组织是一种雇主和雇工、师傅和学徒的混合组织,也是工会产生前劳动者唯一可以加入的组织。

许昌县工人阶级开展的一些早期斗争,虽然取得了一定的胜利,但多是经济斗争、小型的、分散的,没有明确的方向,没有坚强的组织领导。整体而言,当时的许昌县工人阶级只能追随民族资产阶级参加反帝反封建斗争,工人运动尚处于自发阶段。因此许昌县工人阶级需要有一个掌握先进理论的政党来领导,用先进的理论教育引导和武装,使自发的斗争转变为有明确方向目标的自觉的斗争。

英美烟公司旧址

第二节　五四运动与马克思主义在许昌县的传播

五四运动爆发于中华民族危亡之际,是一场以先进青年知识分子为先锋,广大人民群众参加的彻底地反帝反封建的伟大爱国革命运动,是一场中国人民为了拯救民族危亡、捍卫民族尊严、凝聚民族力量而掀起的伟大的社会变革运动,是一场传播新思想、新文化、新知识的伟大思想启蒙运动和新文化运动。它以磅礴的力量鼓舞了中国人民和中华民族实现民族复兴的志向和信心。

五四运动消息传到许昌后,许昌县人民群众举行了游行示威,开展抵制日货等行动,积极声援北京的爱国学生。之后,许昌县的进步师生和工人开始接受马克思主义的启蒙教育,逐步懂得了无产阶级"只有解放全人类,才能最后解放自己"的道理,为党的基层组织在许昌县的建立奠定了基础。

一、许昌县人民声援五四运动

1919 年 5 月 4 日,北平爆发了震惊中外的五四爱国运动,反动军阀政府出动军警镇压学生,32 名学生被捕。但学生并未屈服,组织了更大规模游行。6 月 3 日,上海工人首先举行声援北京学生的罢工,工人阶级作为独立的政治力量登上了历史舞台。此后,全国各大中城市纷纷声援,"三罢"活动波及全国 20 个省 100 多个城市。

1919 年 7 月,北平学生代表来到许昌,向许昌爱国师生宣讲五四运动的意义及各地"三罢"(学生罢课、工人罢工、商人罢市)情况,号召团结起来同反动政府斗争。许昌县爱国师生和人民群众群情激昂,举行了声势浩大的示威游行,参加者数千人,高呼"打倒帝国主义""废除二十一条"等口号,许昌车站工人和县城各中小学学生向英美烟公司展开面对面斗争,强烈抗议英美烟公司在西关购地的罪行。

五四运动中,许昌县的一些进步知识分子发挥了主导作用。工人、学生作为运动的主体,并肩战斗,在振兴国货、抵制日货等活动中发挥着积极作用,把爱国斗争引向深入。许昌县工人阶级在这次运动中提出了具有鲜明反帝反封建的要求,打破了行会的束缚,摆脱了资产阶级的影响,成为一支独立的政治力量,登上了历史舞台。

二、马克思主义在许昌县的传播

河南最早一批接受马克思主义的知识分子曹靖华、蒋光慈、宋若喻等人,首先提出了"走向工厂、往民间去"的口号,并组织"劳工同盟会"。1921年,中国劳动组合书记部成员李震瀛,前往郾城在许昌停留期间,向许昌工人宣传马克思主义。与此同时,宣传社会主义和反映新思想的报刊也开始在许昌县出现,马克思主义在许昌工人群众中得到传播。

1921年9月,在长辛店组建工人俱乐部的影响下,许州火车站成立了劳动补习学校,校址在车站内两间十几平方米的小屋里。开始只有二三十名工人下班后到这里学习文化知识和政治理论,也称为夜校。后来随着人数的增多,又开设了生活、公民、算术、铁路常识和政治理论五门课。教师由工人选出的先进知识分子担任,传播反封建的民主思想和马克思主义基本理论,并介绍阅读《新青年》《工人周刊》《劳动周刊》等进步书刊,工人在夜校里还可以读到《共产党宣言》《资本论》等革命书籍,在潜移默化中政治觉悟得以逐步提高。

1921年五一国际劳动节之后,许州火车站也积极学习长辛店筹建工人俱乐部的做法,共产党员老崔以劳动补习学校的积极分子刘竞宣、骆生、潘西贤、屠西五、刘湘臣等为骨干,向工人宣传成立俱乐部的好处,于1922年春正式成立了由骆生任部长、领导成员共9人的许州车站工人俱乐部,为以后成立许昌车站工会打下了基础。

五四运动后,马克思主义在许昌县的传播,犹如一股强劲的东风,开启了许昌县历史的新篇章,使许昌县人民看到了革命的曙光。

第三节　许昌县工人运动的开始

五四运动后,马克思主义逐渐深入人心。1921 年 7 月 23 日,中国共产党第一次代表大会在上海召开。中国共产党的成立,使中国革命的面貌焕然一新。党成立后组建了领导工人运动的总机关——中国劳动组合书记部,在党的领导下工人运动如火如荼开展起来。在第一次工人运动高潮期间,许昌县成立了有史以来第一个工会组织——京汉铁路总工会许昌火车站分工会,领导许昌铁路工人开展同车站当局的斗争,并直接参加了京汉铁路全局总罢工。

一、许昌车站工会的建立

中国共产党自诞生之日起,就注重教育组织和发动工人。1922 年初,参加许昌县车站工人俱乐部的部分积极分子经过党组织的培养后,成为革命精英。随后中共地下党建立许昌铁路工会文化学习组、罢工领导组、工人纠察团等组织。

1922 年 4 月 9 日,许昌县车站派代表参加在长辛店召开的成立京汉铁路总工会第一次筹备会。8 月 10 日,又派代表参加了在郑州召开的第二次筹备会,并规定有工人百人以上的即可成立分工会。许昌县车站工人已超百人,可以单独成立分工会。同日,京汉铁路总工会许昌车站分工会正式成立,这是许昌境内最早的工会组织,也是京汉铁路 16 个分工会之一。

许昌车站分工会的建立是许昌工人运动历史上的重要里程碑。从此,许昌县有了中国共产党组建和领导的工会,工人运动的性质发生了根本转变,由原来个别的、局部的、自发的、经济利益斗争,转变为整体的、全局的、自觉的、具有政治意义的斗争形式,并从组织上保证了它的正确性。

二、许昌县工人运动的高潮

1922 年 5 月,中国劳动组合书记部在广州召开第一次全国劳动大会。在此会议前后,以 1922 年 1 月香港海员罢工为起点到 1923 年 2 月京汉铁路工人罢工为终点,掀起了中国工人运动的第一个高潮。

1920 年英美烟公司的工人,先后举行两次罢工,要求增加工资。英美资本家被迫答应工人的要求,罢工取得胜利。南洋兄弟烟草公司工头王志成,对童工非常苛刻,动辄打骂、惩罚,手段残暴,一年之内 400 多名童工遭其毒打,工人们忍无可忍组织起来,在王志成回家时,在厂东南角祖师庙聚齐痛打了王志成,王志成被迫收敛许多,后来再也不敢对童工放肆。

1922 年 8 月 24 日,长辛店工人俱乐部领导车站工人罢工,要求革除无端虐待工人的厂长郭福祥、邓长荣,并增加工资,改善生活条件。京汉铁路郑州等站群起响应,支援罢工。26 日上午 7 时,郑州车站分会宣布罢工,各长短客货列车一律停驶。9 时,许昌车站分工会接到罢工宣传单,立即发出声援电报,并以实际行动声援。午后,许昌路段工作状态宣告完全终止,京汉铁路全线瘫痪。许昌车站分工会向本路局提出增加工资、准许休假、实行八小时工作制等要求,限期答复。工人们秩序井然地退出工作岗位,形成一股不可战胜的强大力量。许昌路局方被迫答应了工人的要求,同意每个工人每月加薪 3 元。罢工胜利后,京汉铁路总工会提议工友每人将第一月加薪捐助给总工会成立办事处。许昌车站工人积极响应,踊跃捐资,支援工人斗争。这次罢工在许昌各界反响很大,提高了许昌工人阶级的声望。

1922 年 3 月,许昌县统税局局长刘承军包办厘金,声言拖欠省府二三万元,要附加征税,规定各项货物一律改收洋码,并开办落地捐。许昌商界派出代表交涉,被刘承军拒绝,并勾结一驻军营长,带兵强征。凡是商贩，不管货物多少一律勒捐。激起公愤后，刘承军又勾结驻军派兵镇压，抓走商民数十人，引起了许昌各界人士强烈反对，店员、学生、农民一起到税局提出了减税放人的要求。3月20日下午，工人、农民、学生、手工业者7000余人涌向街头，高呼口号揭露刘承军的罪行。他们行经戏园门口时，遂一哄而进，捣毁茶桌、座凳、器皿。戏院停锣住演、座客四散。税警出面干涉，被愤怒的群众用石头飞打，一时间气氛紧张。税警开枪镇压，击伤群众数人。群众将税局团团围住，与税警展开搏斗，打死税警1人。傍晚，县知事王秀文前往调停，方才罢战。

三、许昌县工人积极参加二七大罢工

1923年1月5日，京汉铁路总工会第三次筹备会决定2月1日在郑州召开总工会成立大会。1月底，各地代表数百人陆续到达郑州，许昌车站分会代表潘西贤、田新科、刘湘臣和其他15个分工会代表共65人参加了京汉铁路总工会成立大会。工人阶级的大团结引起了帝国主义列强和军阀吴佩孚的震惊恐慌，他们指使铁路局长赵继贤派大批军警包围会场，郑州全城戒严，用武力阻挠和破坏大会召开。与会工人代表群情激昂，不顾个人安危高呼"京汉铁路总工会万岁""劳动阶级胜利万岁"等口号，冲破军警的重重包围，涌入会场，郑重宣告京汉铁路总工会成立，并传达了总工会举行大罢工的决议。

许昌车站分会代表潘西贤回到许昌后，立即向分工会汇报，并在工人群众中进行广泛的宣传发动。铁路工人无不愤慨，决心以实际行动响应总罢工，誓夺斗争胜利。

2月4日上午9时，总工会一声令下，郑州铁路工人首先举行罢工，10时至11时50分，许昌车站接到命令，立即通知所属临颍、和尚桥、官亭、苏桥各车站一同举行罢工。当时许昌车站刚开进一个火车头，工人们把汽放了，把炉火扒掉，各处各厂工作全部停止。此时，两列南下火车进站,当即被工人阻止开出。12 时,整个京汉铁路陷入瘫痪。京汉铁路汉口办事处冯云电令复工,工人置之不理。军阀吴佩孚派军警武力逼迫工人开动机车,四处逮捕工人。面对敌人屠刀,工人们坚定地回答"没有总工会的命令决不开车"。

2 月 7 日,在帝国主义势力的支持下,吴佩孚对罢工工人进行血腥镇压。京汉铁路总工会江岸分会委员长、共产党员林祥谦被砍数刀,宁死也不下令复工。京汉铁路总工会法律顾问、共产党员施洋 2 月 15 日被吴佩孚的爪牙萧跃南秘密杀害于武昌洪山脚下。在这次惨案中,共有 52 人牺牲,300 余人受伤、40 多人被捕入狱,被开除流放者 1000 余人,铁路工人的家属也遭到军警的迫害和洗劫。

许昌车站也有数十名工人被抓到警察局。工人们决心以死相拼、战斗到底。为了营救被捕工人,工人纠察团与反动警察进行了激烈斗争,声言"若不放出被捕工人,就要砸烂警察局",并义正词严地表示:如不接受总工会的复工条件,决不上工!

在京汉铁路全路罢工期间,许昌县各界群众给予广泛的声援和支持。2 月 6 日至 7 日,铁路沿线的广大群众举着小红旗游行,声援铁路工人的罢工斗争。农民、学生组成演讲团,声讨帝国主义和反动军阀的滔天罪行,宣传此次京汉铁路全路罢工的意义,闻者无不切齿痛恨,纷纷高呼"打倒反动军阀""工人大团结万岁""坚决支持工人的正义斗争"等口号。

二七惨案发生后,全国工人运动暂时转入低潮。为保存力量准备更大的战斗,总工会通知工人复工。2 月 9 日,许昌铁路工人按照总工会命令忍痛复工。随后,北洋军阀政府采取高压政策,下令取缔许昌车站分工会,逮捕工人领袖,镇压工人运动,查禁进步书刊,许昌工人运动转入低潮。

二七大罢工失败后,许昌县广大工人又参加了收回旅大的爱国运动。许昌工人、学生纷纷集合、游行、讲演,坚决反对日本继续霸占旅大,要求取消"二十一条"卖国条约。

3月26日,许昌人民的反日爱国运动进入高潮,这是五四运动、二七大罢工之后,许昌县各界人民同全国各大城市人民共同掀起的反帝爱国运动。

许昌党组织成立前,人民自主组织了红枪会、大刀会、连庄会等,同土匪武装和地方官员做斗争,自卫保家

第四节　革命联合战线的形成
和许昌县地方党组织的建立

二七惨案发生后,中国工人运动转入低潮。在共产国际的指导下,中国共产党积极推进同国民党的合作,建立革命统一战线,打倒帝国主义,除军阀,实行民族民主革命。

一、革命联合战线在许昌的形成

1923年6月12日至20日,党的"三大"确定与孙中山领导的中国国民党建立革命联合战线的方针。

1924年1月20日至30日,中国国民党"一大"确立了"联俄、联共、扶助农工"的三大政策。这标志着国共合作的实现和革命联合战线的正式建立。

1925年1月11日至22日,党的"四大"第一次提出了无产阶级革命在民主革命中的领导权和工农联盟问题,要求发展和巩固党的组织,使党成为密切联系广大工农群众的政党。

1925年10月中旬,中共中央决定建立中共豫陕区执行委员会,王若飞任书记,负责领导河南、陕西的关中地区、江苏省的徐州、安徽的宿县等地党的组织和革命活动。

1926年8月,中共中央决定将中共豫陕区执行委员会改为中共中央豫区执行委员会,汪泽楷任书记,集中领导河南党组织的工作,并抽调一部分党员骨干到河南开展活动。

1926年7月,中共豫陕执行委员会派刘英到许昌,以国共合作为契机,发展联合战线,扩大革命力量,在许昌筹建国民党党部。在县党部的七名委员中,戴善同、丁明道、闫子升、韩子文、陈子林五人为许昌早期共产党员,在县党部中占绝对优势。国民党许昌县党部由于共产党员的加入,推动了许昌县工人、农民、学生运动的开展,保证了北伐战争在许昌县的顺利进行。国共合作实现后,很快开创了一个反对帝国主义和封建军阀的革命新局面,许昌县党的基层组织就是在这种历史大背景下逐步建立和不断发展起来的。

二、基层党组织的建立

1.中共石固南寨支部的建立

1925 年 5 月中旬,中共豫陕区执行委员会成立后,根据中共中央指示精神,决定整顿下属各级党的组织,抓紧内部训练,巩固和壮大党的力量。共产党员、时任建国豫军参谋的郭安宇,受王若飞派遣回到家乡,在许昌、禹县、长葛三县交界处的石固一带开展农民运动,发展党的组织。

郭安宇首先在青年农民和知识分子中宣传革命思想,传播进步刊物,发展党的组织。通过一段时间的宣传教育和思想动员,发展了石固小学校长陈子林,石固小学教员孙益三、戴善同和长葛农民张昂轩 4 人加入了中国共产党。郭安宇按照当年发展党员的程序每人发了一本《贫民》课本,作为入党的唯一手续和凭证,紧接着成立了许昌第一个党的基层组织——中共石固南寨支部委员会,隶属中共豫陕区执行委员会,郭安宇任支部书记。从此,许昌县有了第一个以马克思列宁主义为行动指南的、以实现共产主义为目的的先进组织,为以后许昌县党组织的发展奠定了组织基础,也为之后的革命斗争探索出了新的斗争策略以及充分发动群众、依靠群众的斗争方法。

1926 年初,郭安宇调任豫陕区从事军运工作,孙益三、戴善同分别前往碾上村、戴庄村发展党组织,中共石固南寨支部委员会停止活动。

中共豫陕区石固南寨支部委员会旧址

2. 中共碾上村支部的建立

1925年11月,共产党员、新野县人彤德忱受党组织派遣来到许昌。他首先到石固小学和郭安宇取得联系,指示郭安宇派石固南寨党支部委员孙益三到许昌城西郊的碾上村发展党员,把党组织从农村发展到城市,逐步使"农运"和城市的"工运""学运"密切结合起来。彤德忱决定在城郊找一个落脚处,着手在城内开展工作。孙益三找到他的同学、碾上村小学教员吴忠甫并发展他入党,交给他一本《贫民》课本作为入党凭证。接着吴忠甫又发展李文甫、邹遂本、吴松昌、吴明杰等人入党。随着党员人数的不断增加,彤德忱从石固来到碾上村住在吴忠甫家中开展工作。

1926年春,在彤德忱的指导下,碾上村党员建立了中共碾上村支部,吴忠甫任书记,隶属中共豫陕区执行委员会。彤德忱以中共豫陕区委代表的身份住在碾上村,指导党支部工作并领导许昌县的工作和工运、农运及学生运动。彤德忱长期以吴忠甫家为依托,经常秘密召集工人、进步农民和学生开会研究工作、发展党组织。碾上村党支部在联络城乡、建立发展党组织、进行革命斗争中发挥了纽带作用。

许昌和开封(中共豫陕区委)之间的联络员是李文甫,联络地点在开封的三圣街路北小学传达室。上级党组织与许昌地下党组织负责接头的地点则在南大街寇家巷,接头人为丁明道。为了安全,党组织采取以碾上村为中心的单线联系,从不发生横向关系,确保党的活动顺利开展。

碾上村党支部成立后,在条件极为艰苦、形势极为危险的环境下,坚持开展党的活动。直到 1932 年 7 月,中共河南省委被破坏,联络员李文甫被捕惨遭杀害,碾上村党支部停止活动。

3. 中共戴庄村支部的建立

1926 年初,石固南寨党支部的工作由彤德忱负责,党小组组长戴善同由彤德忱直接派往河街乡戴庄发展党组织。戴善同是戴庄人,他利用对本村和临村熟悉的优势,开始在戴庄一带发展党员。先后发展了戴庄及周边村庄的刘海江、戴中乾等 22 人入党,并于 1926 年夏建立中共戴庄支部委员会,戴善同任书记。

戴庄党支部建立后,积极开展宣传活动,酝酿和组织农民武装暴动,并为上级党的组织培养和输送了一批干部。1926 年冬,党支部根据上级指示派刘殿元、邢天宇赴苏联学习,1927 年夏,又增派戴元增、戴书乾、戴中乾、李子清等人参加北伐军在许昌举办的许昌战区农民运动培训班。这些早期党员,后来成为许昌县革命的骨干力量,为革命事业作出了重要贡献。

4. 中共省立许昌第十四中学支部的建立

戴善同身为教师,与许昌教育系统师生接触较为广泛。他在戴庄发展党组织的同时又到省立第十四中学(后改为省立四中)发展党的组织。

省立许昌第十四中学是一所较早接受马克思主义启蒙教育、革命思想传播较早的学校,是许昌爱国学生运动的策源地之一。国民党员郭耀珊(后加入共产党,改名郭述申)来到十四中任教后,共产党员谷滋升受党的派遣也来到该校,以教师身份作掩护从事党的活动。

他们经常利用授课时间宣传革命道理,茶余饭后和进步学生谈心,耐心细致地向学生灌输进步思想,组织学生传阅进步书刊,指导学生自办进步刊物《旭光》,举办以"中国为什么会贫困"为主题的讲演会,让学生了解革命形势,学习革命理论。

学生们还自编自演多部进步话剧,其中独幕剧《火星上的来客》影响很大。该剧借火星人之口,宣传火星上没有贫富之分,无人欺负人、人压迫人的现象,人人自由、平等、博爱的思想,侧面宣传共产主义思想,启发学生关心社会、认识社会、改造社会。通过参加一系列活动,一些进步学生心中逐渐萌发了革命思想,为后来十四中的党团组织的建立打下了良好的基础。

五卅运动后,十四中学生率先响应,并成立了沪案后援会,声援上海工人、学生,颇具影响,在许昌反帝爱国运动中发挥了重要的示范带头作用。

戴善同来到十四中后,首先发展了自己过去在寇家巷私塾教过的思想进步、现为初二年级的学生丁明道。他领着彤德忱来找丁明道介绍二人相识,彤德忱向丁明道讲解了劳苦大众要解放必须起来斗争的革命道理,介绍丁明道加入中国共产主义青年团,同时还鼓励他在十四中进步学生中发展共青团员。后来,丁明道在同年级同学中发展了张梦梅、闫鸿秀等人,并成立了团组织,1926年4月,中国共产主义青年团省立许昌第十四中学支部委员会建立,丁明道任团支部书记。

当时,十四中团支部的主要任务是向其他学校和工厂、商号发展组织,每个团员分别承担一定的发展任务。闫鸿秀曾在育德中学上过学,他利用这个关系,在许昌育德中学首先发展了韩子文入团,韩子文又发展同班同学武毅(又名吴志远)入团。

1926年秋前,许昌县党组织的联络点设在城内寇家巷对面路东丁明道家。他家有前后两个院子,前院赁给别人开店做生意,丁明道以来往的顾客作掩护在这里进行党的秘密活动。上级党组织和外边的信都是先寄到这里,再由丁明道转给肜德忱。

肜德忱经常以省中学教师的身份来找丁明道商量工作。两人谈话大都在前院的一间丁明道和其弟丁明德读书的地方。省里或外县来人接头,也都先在这里经丁明道识别后,再领到碾上村找肜德忱。1926年秋后,联络点转到县城内衙前街9号张鸿镇家。

1926年11月,在张鸿镇前院客房楼上召开的一次党的会议上,肜德忱为丁明道、张炳耀、张鸿镇举行了简短而庄严的入党宣誓仪式。

1927年春,丁明道介绍十四中历史地理教师吴干卿入党,吴干卿又介绍体育教师冯宠锡入党。十四中部分团员转为共产党员后,党团员在一起活动,十四中团支部于1927年初转为党团联合支部,下设两个小组,组长分别由张炳耀和张鸿镇担任。

十四中党团联合支部建立后,在肜德忱指导下开始有组织、有计划地进行活动。他们在许昌各学校分别组织起"小朋友会"和"儿童团",组织青少年学唱革命歌曲、讲革命故事,启发引导青少年树立革命思想,还经常到各校向同学们介绍并指导阅读进步书籍。共产党员和共青团员们把他们订阅的《洪水》《方杂志》《向导》《新青年》等进步刊物,由校内传播到校外。十四中有一台油印机放在张炳耀家,经常印刷以揭露社会黑暗、宣传共产主义思想、歌颂革命精神为题材的宣传品,在许昌城乡产生了积极影响。

十四中党团联合支部还组织宣传队编演进步话剧《一片爱国心》、自编演唱小段《烟叶泪》,以此揭露英美烟公司对烟农的盘剥,鼓励农民起来斗争,为开展农民运动、发展党团组织发挥了重要作用。

1926年9月,共产党员郭靖宇(郭安宇之弟)从广州农民运动讲习所结业回到禹县,在许昌县石固南寨、禹县大郭庄等地开展农民运动,筹建党的组织。

郭靖宇先后介绍大郭庄青年农民郭春官、石固南寨龙王庙台小学教师王松年和青年农民李保加入中国共产党,并在石固南寨龙王庙台小学内成立了以郭靖宇任组长的中共石固南寨小组。

1927 年 2 月,郭靖宇派郭春官、陈子林、李保为农民代表赴武汉向国民政府汇报河南农民运动开展情况后,陈子林、李保返回河南,郭春官留在农民运动讲习所受训。1928 年春,由于许昌县司堂农民暴动失利加之豫军联合红枪会围攻禹县城失败,国民党反动派大肆逮捕共产党员和屠杀革命群众。许昌县、禹县、长葛县等地的一些地下党员纷纷离去,石固南寨党小组活动随之停止。

三、中共许昌县地方执行委员会的建立

1926 年 11 月,彤德忱赴广州农讲所学习返回许昌,此时党在许昌的影响和活动已日趋深入城乡,党员和党支部数量逐渐增多。中共豫区委派区委委员张景曾来到许昌,在城内衙前街 9 号张鸿镇家帮助建立中共许昌县地方执行委员会,办公地址设在城郊碾上村吴忠甫家中,下辖中共碾上村支部委员会、中共戴庄支部委员会、中共长葛县支部委员会、中共省立许昌第十四中学党团支部委员会和中共石固南寨小组,隶属中共豫区执行委员会。彤德忱为书记。这是中国共产党在许昌建立的第一个管辖许昌、长葛等县党组织的领导机关,有力地推动了许昌革命运动的开展。

1927 年 7 月,中共许昌县地方执行委员会改为中共许昌县委员会。为加强许昌县党组织的领导,深入发动群众,开展农民运动,中共河南省委决定李杜任许昌县委书记、陈云登任许昌县团委书记。

从 1926 年 11 月中共许昌县地方执行委员会建立,到 1927 年 7 月中共许昌县委员会诞生,只有短暂的八个月时间。在这八个月中,许昌县党组织积极领导全县人民开展工人运动、农民运动和学生运动,由小到大、由弱到强,逐渐成为领导许昌县人民群众进行新民主主义革命的中坚力量,有力推动了许昌县革命运动的蓬勃发展。

第五节 许昌县革命运动的高潮

国共两党的革命联合战线建立后,中国革命的力量不断壮大,前进的步伐加快,无论工人运动、农民运动还是学生运动,都呈现出向前发展的大好形势。许昌县党组织积极响应中共中央的号召,及时组织工人、农民、爱国学生,声援五卅运动,许昌的工人运动呈现出了蓬勃发展的强劲势头,农民运动和学生运动也都有长足的进步,革命形势出现了前所未有的良好局面。

一、许昌人民声援五卅运动

1925 年 5 月 30 日,上海各大、中学校学生 2000 多人到公共租界宣传、讲演和示威游行,抗议日本资本家在上海枪杀共产党员顾正红事件,100 多人被抓。数千人积聚在巡捕房前要求释放被捕者,英租界巡捕突然开枪打死学生、工人 13 人,伤者不计其数,制造了举国震惊的五卅惨案。惨案发生后,反帝国主义的民族运动浪潮席卷全国,史称"五卅运动"。

帝国主义在上海枪杀工人、学生的暴行传到河南,在党组织的领导下,开封爱国学生率先行动,随后河南各地人民群众相继举行大规模的集会游行,把全省人民的反帝爱国运动推向高潮。

许昌育德中学和省立许昌第十四中学爱国学生也行动起来,学校进步教师、共产党员夏佑民不断向师生传播革命思想,宣传马克思列宁主义,在师生中播下革命火种。6 月 3 日晚,夏佑民召集艾伯良、熊耀坤等几位进步学生到自己住室密会,讲述上海工人反帝爱国运动的消息,揭露帝国主义的暴行。大家坚决表示声援,把反帝斗争进行到底。夏佑民和艾伯良、熊耀坤等几位进步学生计划 6 月 4 日召开学生大会,宣讲五卅惨案真相,发动学生参加反帝爱国运动,并成立许昌学生联合会,作为反帝运动的领导机构,协调全县的行动。6月5日,育德中学5位代表和各小学教师代表到省立许昌第十四中学开会,熊耀坤主持,经过讨论,一致同意参加会议的代表为学联委员,推选魏海科为会长、艾伯良为副会长并致电全国罢课游行。

6月8日上午10时许,几所学校的爱国学生汇聚在一起开始游行示威,高呼"打倒英、日帝国主义""日本帝国主义从中国滚出去""为死难同胞报仇"等口号,在许昌大街上行进。沿街的居民、店铺的伙计都出来听演讲,不断有热血青年加入游行队伍。

这次以育德中学和十四中爱国师生为主的示威活动,以星火燎原之势迅速发展到许昌城乡,揭开了许昌各县人民反帝爱国运动的序幕。

随着声援五卅运动的深入发展,许昌的工人、农民、商人也加入反帝爱国运动中来,将声援五卅运动推向新阶段。许昌各界成立的救国联合会、沪案后援会等革命团体,纷纷发宣言、通电、传单,热情慰问上海工人,愤怒声讨英、日帝国主义野蛮罪行。许昌各地的爱国学生、工人、商人先后罢课、罢工、罢市,形成以爱国学生为先导,以工人为主体,许昌各界群众广泛参加的反对帝国主义的统一战线,进一步促进了反帝爱国运动的深入发展。

6月中旬以后,许昌学生联合会决定走向农村,组织宣传队分头下乡开展宣传活动,揭露帝国主义愚弄、欺骗、剥削中国人民的罪行。7月的一天,家住许昌县灵井村的爱国学生刘永锡、韩振奇回学校向学联报告,说村里有几个日本木材商人压级压价购买桐树。大家立即奔赴距县城17公里的灵井村,没顾上休息,便分头张贴标语、口头宣传,并找到日本木材商人的住处。

已听到风声的日本商人紧闭大门。愤怒的爱国学生、农民群众用木棍撬大门,韩振奇同学从家里找来一颗废炸弹,上面裹上字条,隔着院墙投到院内,警告他们弃恶从善,否则将严厉惩处。4个日本木材商人丢下购买的木材连夜逃到开封督军府,控告许昌爱国学生,并指名控告刘永锡。河南督军好言向日商赔情,下令捉拿刘永锡。刘永锡被捕后,学生联合会召开紧急会议。十几名学生代表找到当时许昌县县长陈集贤,提出要求释放刘永锡。迫于爱国学生的压力,最终释放了刘永锡。这场斗争使许昌一批青年知识分子得到了锻炼,增长了斗争才干,也振奋了许昌各界人民的反帝爱国热情。

7月以后,许昌人民又开展了抵制英、日仇货等活动。学生联合会把爱国学生分成许多查禁仇货小组,举着小旗走遍全城宣传。店员和业主纷纷响应。经过一段的查禁活动,仇货遂在许昌市面上绝迹了。

与此同时,学联还发起为上海工人的募捐活动。各界群众都踊跃捐献。但有些奸商劣绅认捐多、实捐少,有的甚至一毛不拔,尤其是劣绅王瑞桐,认捐20元,却只拿出5元。当得知他从汉口贩回了3万斤英国白糖时,学生联合会立即予以没收。学生联合会将募捐到的款项、实物全部寄给上海工会组织,全力支持上海工人的罢工斗争。

据不完全统计,当时许昌有20多个乡镇10万多人参加这场斗争,其中工人两万多。许昌人民声援五卅运动的反帝爱国运动有力地配合了全国反对帝国主义的斗争,沉重打击了帝国主义在中原的侵略势力。许昌党组织通过领导声援五卅运动,提高了在人民群众中的影响和威信,为日后组织领导大规模的群众斗争奠定了基础。

二、党领导下的许昌县农民运动

许昌县党组织成立于1925年。党组织建立前,军阀混战,民不聊生,苛捐杂税多如牛毛,官匪勾结,鱼肉乡民,巧取豪夺,百姓日子雪上加霜。为了生存,农民纷纷结社自保,自发组织了红枪会、大刀会、连庄会,抗拒苛捐杂税、土匪掠夺。

榆林乡胡庄村的农民团结抗暴斗争，是这一时期许昌县农民运动的缩影。1925年春末正是青黄不接之时，老百姓衣食无着、苦不堪言。就在麦子未黄之际，许昌县税务分驻所头目罗佳一，带着一帮恶吏到胡庄村强收刈麦捐，村民与之理论，但罗佳一仗着官府撑腰，十分嚣张，对几个村民又骂又打，又推倒一个护自己儿子的老妇人，还上前用脚踹。村民忍无可忍与一帮恶吏打了起来。这时16岁的热血青年胡木荣回家拿出父辈在义和团时村里硬肚社用的春秋大刀，在村民吃亏、罗佳一一伙不依不饶仍大打出手的情况下，对着最嚣张的罗佳一举刀砍去。罗佳一被一刀劈开脑袋倒地丧命，其他随从见头目被砍死，吓得带伤瘸拐着向北逃走。后官府追究，胡木荣逃避出去，抓了村族长胡书兰，全村对款进行营救，最后官府以真凶在逃，让胡书兰回去协拿真凶，遂被放回，不了了之。后来，胡庄村民又自发抗匪，打死土匪许合成、耿万年，于是在榆林一带胡庄村便以强悍出名，其他小股土匪不敢来犯，官府随从来此也有收敛。

为了更好地发动农民并将斗争引向深入，中共豫区执行委员会先后曾选派28位革命青年前往武昌农民运动讲习所学习、接受培训，为农民的革命运动培养领导和骨干。这28人中，彤德忱、郭靖宇等是许昌县党组织成员。

许昌县党组织借住社会的进步力量，深入到红枪会、大刀会、连庄会等农民自卫组织中，把思想进步、有正义感的群众组织首领发展成党员，为建立自卫武装和农民协会打下基础。

1926年3月，许昌县农民协会成立，选举执行委员5人，其中国民党员3人，碾上村党支部书记吴忠甫任农民协会会长。同年8月，改称为主席，吴忠甫任许昌县农民协会主席。

在党的领导下，许昌县的农民运动以石固为中心向四周辐射，很快发展到灵沟河、杜寨、五女店等4个区58个村，会员达5.3万人。

1926年4月18日，河南省农民协会成立大会召开，许昌县派代表出席大会。大会对农民运动的发展做出了部署,认为许昌县农民运动发展较好,应做好巩固和发展工作。

1926 年 9 月 18 日,河南召开了全省各地农民自卫武装代表会议,许昌也派出代表参加了会议。

在许昌县农民协会的领导下,全县的农民运动蓬勃兴起、遍地开花。他们抗租抗税,收集敌人的政治、军事情报,反对军阀和土豪劣绅的压迫,积极迎接北伐军。蒋介石、汪精卫叛变革命后,他们又建立起苏维埃政权,武装反抗国民党反动派的血腥镇压,在许昌县革命斗争史上写下了光辉的一页。

1926 年 11 月,中共许昌县地方执行委员会认真分析了许昌县农民运动的实际情况,确定在反动统治组织相对薄弱的许昌县西北乡的司堂和西南乡的长村张等村组织农民协会,打豪绅、分田地,从而树立旗帜,推动许昌县农民运动的全面开展。县地方执行委员会明确由李杜、陈云登、薛朝立负责司堂一带,张梦梅、张兆梅负责长村张一带的农运工作。

薛朝立从小在司堂村的舅舅家长大,对司堂及周围的情况非常熟悉;长村张是张梦梅、张兆梅的故乡,其父张钟端为辛亥革命河南起义军总司令,社会名望很高。张钟端和张兆梅、张梦梅被后人尊称为"一门三杰"。这些得天独厚的条件,对发动和组织农民开展斗争十分有利。他们因势利导,苦口婆心引导群众认识到穷人长期受压迫的根源,明白只有跟共产党才能得解放的道理。这两个村的农民协会迅速建立起来,薛朝立任司堂农民协会主席,张兆梅任长村张农民协会主席。

司堂和长村张两村的农民协会正式成立后,塘坊李的 50 多位农民、大路陈村 60 多位贫苦农民纷纷加入农民协会。与此同时,城南水口张、城西河街乡等地的农民协会也如雨后春笋般成立起来。

不久,许昌县农民协会利用沙门寺古会召开盛大集会,吸引了农会会员 2000 余人和来自四面八方的赶会群众参加。李杜、陈云登、张兆梅在会上分别就如何进一步发展农运工作讲了话，整个会场一片欢腾。当即就有许多村庄的群众要求县农会派人帮助他们建立农民协会。之后农协会遍及全县许多村庄，会员达到 5.3 万人，农民自卫团 2.5 万人，步枪 800 多支。

许昌县城西南老官赵村保长赵黑生，无视农会，流窜到大路陈村继续变本加厉地向农民逼粮派款，当地农民极为愤慨。张兆梅闻讯后立即冒雪骑着毛驴到大路陈发动群众严惩赵黑生。赵黑生闻讯仓皇出逃，由于极度害怕，不到三天就连吓带病，死在县城，广大群众无不拍手称快。此后，大路陈地主恶霸又被迫接受了农会提出的减租减息条件，欺压群众的行为明显收敛。

不久，县农民协会在沙门寺召开 300 多人的大会，对作恶多端的圪垱寨劣绅张欣斋、主任赵狗定进行公开斗争。

1927 年 3 月 16 日，许昌县的郭春官、陈子林、李保三位代表参加了在武昌农民运动讲习所召开的河南省武装农民代表大会。大会听取了毛泽东、李立三、陈克文所作的工农运动的报告，通过了《河南全省武装农民代表大会宣言》，大会号召河南农民组织起来支援北伐战争。

5 月 29 日，武汉中央战区农民运动委员会将许昌县划分为五个区，并派人成立分区农民协会。中共许昌县地方执行委员会以此为契机，加速培训农民运动骨干。第一期学员 60 多名，主要学习《发展河南农民协会组织案》《河南省农民军组织大纲》《中国社会各阶级的分析》等文件和农民运动的方向道路、斗争方法以及共产党关于农民运动的方针政策。中共许昌县执行委员会还在训练班中发展农民积极分子入党，培养了大批农民运动骨干，壮大了党的力量。

三、支援北伐战争和大革命的失败

在北伐战争前后，许昌县革命形势发展迅速，尤其是农民运动极为活跃。北伐军贺龙的独立十五师、张发奎的第四军都曾在许昌驻扎,他们在许昌轰轰烈烈地开展政治宣传教育工作,给许昌人民留下了深刻印象。

1926年3月,许昌县不仅成立了农民协会,同时还成立了农民自卫团。4月18日,许昌等三县农民协会牵头成立了河南农民协会。11月,中共许昌县地方执行委员会成立。1927年5月,许昌县党组织会同武汉国民党中央农民委员会开办农民运动训练班,培养农民运动的骨干力量。

在中共豫区执行委员会领导下,中共许昌地方执行委员会为迎接北伐军做了大量工作。按照上级党组织的指示,在迎接北伐军时,不能暴露共产党的身份,所有活动都要以国民党县党部的名义出面。中共许昌县地方执行委员会书记彤德忱专门召开会议,研究决定由张宇瑞发展几名国民党员,其中有张福喧,让其担任县党部负责人,并确定县党部的办公地点设在天平街西头路南,挂国民党县党部的牌子。

中共许昌县地方执行委员会除了积极组织农民协会配合北伐军作战,还举办讲习班。讲习班由共产党员、省立许昌第十四中学教师吴干卿负责,主要培养革命骨干,并为北伐军的到来做好食宿安排。彤德忱和丁明道一起到县城西北河街村庙会的戏台上慷慨激昂地向台下的群众讲劳苦大众受剥削、压迫的根源,呼吁劳苦大众铲除战乱根源,跟随北伐军铲除战乱、及早翻身。他们的宣讲在群众中产生了强烈反响。

1927年5月,彤德忱调离,中共豫区执行委员会派赵宗润任许昌地方执行委员会书记,在碾上村建立了许昌、临颍、扶沟三县联络指挥中心,为北伐军提供联络服务。

5月28日下午,北伐军刘兴的三十六军挺进队为先锋尾追敌后,一师由京汉路西侧、三师沿铁路线连夜向许昌方向追击,并出动飞机在许昌投炸弹,扰乱奉军行动。

长村张一带农民协会和农民赤卫队为配合北伐军作战,将大石桥车站一段铁路拆毁,造成京汉铁路中断,使奉军残部行动受阻重创。交战中,农民赤卫队缴获大批枪支弹药,进一步壮大了力量。

奉军在北伐军的沉重打击和农民赤卫队的袭击下,从许昌向北溃退。溃退中炸毁大石桥、碾子桥两座铁路桥,并在许昌城外大肆抢掠、烧毁民房数十间。

北伐军抵达许昌后,受到许昌各界群众特别是广大学生的热烈欢迎。省立许昌第十四中学的共产党员、共青团员带领同学们制作了许多小彩旗,热烈欢迎北伐军的到来。

5月30日上午,中共许昌县地方执行委员会以国民党县党部名义在县公署大门前召开庆祝北伐胜利大会。会后进行了声势浩大的游行示威,游行队伍边走边呼口号"打倒军阀""反对帝国主义侵略",群众将自己制作的慰问袋装上食品送到北伐将士手中。

第二次北伐结束后不久,武汉国民政府的宋庆龄、唐生智、孙科等委员乘火车前往郑州途经许昌时,中共许昌县地方执行委员会,再次以国民党县党部的名义组织数千群众到车站欢迎。宋庆龄、唐生智、孙科等在车站会见各界群众,许昌群众深受鼓舞。

在第二次北伐期间,中共许昌县地方执行委员会组织爱国学生张贴标语、散发传单;组织农民武装扒铁路、剪电线,追剿溃败奉军;组织城内的工人和市民救护伤病员,安排北伐军食宿,慰问北伐军将士,为第二次北伐的胜利作出了重要贡献。

第六节　土地革命战争时期
许昌县党组织的恢复与重建

1927 年 8 月 7 日,中共中央在湖北汉口召集紧急会议,着重批评了大革命后期以陈独秀为首的中央所犯的右倾机会主义错误,总结了大革命失败的教训,确定了实行土地革命和武装起义的方针,提出了整顿队伍、纠正错误而"找出新的道路"的任务,并选出了以瞿秋白为首的新的中共中央临时政治局,史称八七会议。八七会议在中国革命处于严重危急情况下,及时制定出继续革命的新方针,中国革命从此开始了新的历史性转变。

一、中共豫中特委的建立

八七会议后,党派出许多干部分赴各地,恢复和整顿党组织,发动武装起义。由于各地党组织遭到破坏,中共河南省委派下去巡视的共产党员接不上关系,派到农民中活动的党员更是困难,河南的革命形势处于低潮。

中共许昌县委利用一切条件继续发展党组织,开展农民运动。许昌城西北乡司堂一带几十个村庄,西南乡长村张一带几十个村庄,以及城北水口张和城东五女店一带的许多村庄都成立了农民协会,并响亮地提出建立苏维埃政权的口号,在敌人白色恐怖下开展农民运动。

1927 年 9 月,开封行政督察专员公署特务队到许昌逮捕共产党员。此时,中共许昌县委书记赵宇润已离开许昌,中共河南省委任命李杜为中共许昌县委书记。在此紧急时刻,李杜立即召开会议,决定将中共许昌县委撤出县城,转到党的力量较强、群众基础较好的农村。第二天,中共许昌县委的共产党员顺利转入农村继续坚持地下斗争。李杜还亲自撰文,发表宣言,公开揭露国民党背叛革命、屠杀共产党人、破坏农民运动和学生运动的罪行,并严正声明在国民党县党部工作的共产党员一律退出国民党。

1927年9月中旬,为加强对各地武装暴动的领导,中共河南省委决定成立豫南、豫中、豫北三个特别委员会。中共豫中特别委员会(简称"豫中特委")设在许昌,省委常委兼工委书记张景曾任书记。特委的建立,对于领导许昌一带的党组织,推动豫中地区的革命斗争,打击国民党反动统治,宣传和扩大党在豫中地区的影响,发挥了重要作用。

中共豫中特委成立后,张景曾和时任许昌县委书记的李杜,深入农村,积极筹备农民暴动。他们在西北乡戴庄一带创办农民运动训练班,亲自讲课,自编通俗易懂的教材和讲义大纲,深受农民欢迎。

12月,中共许昌县委秘密召开第一次苏维埃代表会议,宣传国际苏维埃发展形势,树立革命信心,扩大武装力量,继续发展农协会员,更好地领导农民运动,会议决定将农运的重点放在司堂村和长村张村。

1928年初,中共许昌县委在许昌城北水口张村召开第二次苏维埃代表会议,到会代表18人,代表2000名农协会员。会上建立了许昌县苏维埃政权,会议推选李杜为县苏维埃主席,张兆梅为长村张区苏维埃主席,薛朝立为司堂区苏维埃主席。

二、河沿周会议与司堂农民暴动

河沿周会议,是大革命失败后我党在豫中地区召开的一次重要会议,在河南省党的发展历史上占有重要位置。

1928年1月14日(农历1927年十二月廿二日),中共豫中特委召开紧急会议,决定在群众基础较好的许昌县西南乡靠近颍河的河沿周村开会,以河沿周村周纪五结婚、亲朋好友来祝贺为掩护。当时参加的有信阳、郾城、临颍、西平等县的同志。会议要求不作记录,主要传达八七会议精神,学习毛泽东领导的秋收起义发动农民暴动。会议由陈云登书记作了报告,最后决定豫中地区沿平汉铁路各县于1928年3月3日同时举行暴动。暴动主要任务是拆毁铁路,扩大组织夺取政权,建立各级苏维埃政权。因豫中地区是平原,易攻难守,计划必要时共同撤往豫西打游击,支援苏区继续开展革命活动。会议上还对联络信号、交通地点、行军路线等相关事宜作了具体安排和规定,届时有特委派人担任暴动总指挥。为期两天的会议结束后,各县疾速回去分头准备。

按照会议的统一要求,陈云登和张秉青立即赶回许昌县城,准备召集全县各乡负责人传达会议精神,研究具体行动方案。不料通知尚未发出,西北乡的司堂农民暴动便提前发起了。

早在1927年10月,许昌县委书记李杜和陈云登、薛朝立、胡子杰等其人员离开许昌县城,先后到城西北的司堂村一带开展工作,谋划组织农民暴动。李杜、陈云登经常在夜间到村外的大坟地、河滩芦苇中向贫苦农民宣传党的主张,动员他们组织起来打土豪、分田地,还在村里多次开展演讲。经过宣传发动,司堂村迅速建立了农民协会,薛朝立被推举为农会主席。

司堂村大搞农民运动的消息,震动了西北乡。郑庄的贫苦农民郑万昌,在司堂一地主家扛长工,是农民协会的积极分子,他回郑庄串连贫苦农民,也建立了农民协会。蔡庄、谢庄、磨李、杜寨、肖庄等50多个村庄的贫苦农民,仿照司堂和郑庄的模式,也迅速建起了农民协会,会员发展到2000多人,其中赤卫队800多名,拥有长短枪100支,大刀、长矛1000多件,以司堂为中心的农民革命运动以燎原之势迅速发展。

河沿周会议后,中共许昌县委立即着手进行暴动准备工作,拟定了23条暴动口号,印制了数千份《告贫苦大众书》,在附近乡镇、村庄广为张贴、散发。同时,还派人加强与禹县、长葛、襄城、临颍、郾城、西华、商水、上蔡、遂平等县农民协会联系,让他们配合行动,迎接革命高潮的到来。

1928年2月12日,磨李村恶霸于金池集合全保地主豪绅,密谋继续向农民摊派粮款,企图破坏农民协会。中共许昌县委得到这一情报后,决定提前举行暴动。他们马上组织成立指挥部,将农民武装分成两大队行动,并通知100多名农协会武装人员到司堂村司中信家门前集合。

当天上午,武装起来的100多名农协会员来到司中信家门前集合,薛朝立作了慷慨激昂的战前动员,要求农协会员齐心协力把地霸和官府斗倒。之后,他带领农协会员,扛着"工农革命军"的红旗,手持大刀、长矛和枪支,颈系红布标志,向磨李村跑步前进,队伍迅速包围了于金池的宅院。于金池不但不低头认罪,反而恶言攻击农民协会。农协会员群情愤怒,陈云登、薛朝立、司聚才三人将于金池捆绑起来,拉到村南的打谷场绑在树上,当场处决。正在该村催逼粮款的县衙差役想逃走,也被农协会员处死,接着把于金池家的粮食,钱财全部分给贫苦农民。

司堂农民暴动的消息一传出,周边蔡庄、杜寨、谢庄、郑庄、湾胡、肖庄等十几个村庄的农协会员也纷纷拿起武器参战。下午暴动队伍到郑庄找大地主郑海成算账,郑海成早已闻风而逃。暴动指挥部遂将郑家所有粮食钱财分给群众。之后队伍开到蔡庄,把逃跑的恶霸蔡老六粮食分了之后,又烧了他家的房产地契。

13日,西北乡一带的农协会员增加到2000多人,持有长枪100多支,大刀、长矛、红缨枪1000多件。队伍经过整编,浩浩荡荡地前往闫庄抓大地主杜建坤,未果。农协会员从地窖里挖出很多银圆和铜板,全部分给贫困农民。

随后,暴动队伍开往杜寨,放火将大地主梁川和李春荣家烧掉。

下午到湾胡村,分了大地主胡海成的家产,击毙了胡海成的儿子胡戌己。当晚,到孟店村,准备和铁路沿线的农民协会会合后,掀起更大规模的武装暴动。

傍晚,队伍到孟店村后立即组织 40 多人,由司中灿带领去扒铁路、割电线,切断敌人的交通。14 日黎明时分,李杜、陈云登、薛朝立得知地主杜建坤、郑海成已去城里告状,立即开会研究,分析情况,临时决定迅速把队伍拉向禹县山区开展游击斗争,伺机再插入大别山。14 日下午,队伍向西开进了肖庄,大地主肖志茂仓皇逃窜,暴动队伍同样将他家的粮食和钱财分给广大劳苦农民。

15 日凌晨,国民党调来大批兵力,逼近肖庄。暴动队伍刚出南门,就与国民党军队遭遇,但队伍已被冲散,农民武装继续向西南方向转移。

农民武装行至码头魏时,又和敌军相遇。暴动队伍大部分被打散。在危急关头,农协会员司林昌、司合昌、司聚银、司聚才、司遂昌、司森等 20 多人冒着生命危险,将李杜、陈云登、薛朝立等领导武装护送到许昌县与禹县交界的水潮店村,使他们脱离了危险境地。县委在此召开紧急会议,决定暴动队伍暂时隐蔽,分散活动,继续发动群众,组织武装力量,为日后的武装暴动做准备。

司堂村革命暴动遭到反动势力的疯狂镇压和清算,他们派出军队妄图把司堂、杜寨、郑庄等十几村的暴动农民斩尽杀绝。当时,司堂村共有 116 户人家,其中农户 103 家,被抄家的就有 66 户,所有家产被洗劫一空。司聚才近族四家,被抢走大车 4 辆、马 1 匹、牛 6 头、驴 1 头、磨 4 盘,家具全被砸毁,甚至连门窗都被扒个精光。郑庄、蔡庄、磨李、杜寨等村也同样遭到洗劫。

国民党当局还三番五次出动兵马、便衣队到处明察暗访,先后逮捕农民 120 多人,押到许昌城内审讯,除 43 人放回外,其余农民由许昌押解到新乡驻军司令赵宋钰处,后又被关押在开封监狱半个多月,最后经司清海、司明等人保释才出狱回乡。由于叛徒出卖，暴动积极分子司中灿、司坤领、司盘增、司金山、司子清、司群成6人二次入狱，其中2人被关押3个月，4人被判7年有期徒刑。

武装暴动失败后，大部分参加暴动的群众隐蔽在西南乡一带，有的逃往豫南、山西，有的遭到屠杀残害。在敌猖狂反扑的血腥镇压中，先后有10名农民武装骨干分子为革命献出了宝贵生命，年仅18岁的郑庄村农会积极分子郑建松和郑长喜，在暴动队伍撤离时未能走脱，被地主肖连生抓住，拉到肖庄寨北门外河坡地的马家潭被乱刀砍死，尸体被剁成肉泥。司堂农会负责人司聚才、高绍霖、司延俊、司根、郑波君、司东振等人也惨遭杀害。

在反革命势力的疯狂报复和凶残屠杀面前，共产党员和暴动群众，大义凛然，无所畏惧，表现出了坚强的革命意志和崇高的革命精神。

暴动领导者之一的薛朝立是磨李村人，他幼年饱受生活的艰辛，1925年在省立许昌第十四中学上学时，先后加入了共青团和中国共产党。后被党组织派遣到武汉农民运动讲习所学习，返回许昌积极开展农民运动。这次暴动失败脱险后，他辗转活动在许昌、繁城、漯河、郾城、西平、遂平、郑州、开封等地，又和党组织取得联系继续进行革命活动，多次设法营救被捕人员，1929年10月，由于叛徒出卖，薛朝立落入敌手，在开封英勇就义。

司堂农民暴动队伍高举"工农革命军"的旗帜，打土豪、焚地契、均钱粮，向反动势力发起猛烈进攻，在河南农民革命运动的历史上留下了光辉的一页。司堂农民暴动虽然由于敌我力量悬殊失败了，但是沉重打击了当地反动势力，极大地鼓舞了广大人民群众的斗争意志，显示了中国共产党领导下的农民阶级威力，揭开了豫中武装斗争的序幕，为之后开展更大规模的对敌斗争积累了经验和教训。

司堂农民暴动农协会员被杀害地旧址——许昌三官庙

三、中共豫中特委的重建和策动兵变

司堂农民暴动失败后,许昌县党组织遭到严重破坏,中共许昌县委机关被迫转往外地。1928年4月,韩子文受中共河南省临时省委派回许昌重建县委,将城东五女店一带作为发动农民群众开展党的活动的重点区域,以此影响和带动全县各地活动开展。12月,党的活动被敌人发现,形势危急,省委及时将韩子文调离,中共许昌县委活动中止。

1929年春,中共河南省委派从苏联学习回来的曹鼎新到许昌建立中共许昌特别支部委员会(简称特支)。特支由5人组成,曹鼎新任书记,辖许昌、西华、临颍、长葛、尉氏、洧川6个县的党组织。1930年春,刘晋、刘仁被充实到特别支部委员会。4月,中共河南省委决定撤销中共许昌特别支部委员会,建立中共许昌中心县委。

5月,中原大战爆发。反蒋联军第四方面军第六路军第三十六师师长宋天才率部倒戈,投靠蒋介石,被任命为国民革命军第七十五师师长,奉命从豫东撤往许昌、临颍一带驻防。宋天才部的参谋长郑宝钟是共产党员,经常鼓励大家走革命道路,秘密发展了一批连排级军官加入中国共产党,将宋天才部两个团的部分下级军官和士兵掌握在共产党手中。基于此,中共河南省委准备策划宋天才部兵变,组成中国工农红军第十五军,并决定重新建立豫中特别委员会,调中共开封市委书记杨建民任中共豫中特别委员会书记。根据斗争需要,将许昌特别支部委员会改建为中共豫中特别委员会,仍保留许昌县委建制,刘殿元担任县委书记。

中共豫中特别委员会成立后,立即着手策反宋天才部的工作,成立了由中共豫中特别委员会书记杨健民、七十五师参谋长郑宝钟、中共临颍县委书记董锡芝和符元亮等5人组成军事委员会,杨健民任军事委员会书记兼红十五军政治委员,郑宝钟任军长。

8月,杨健民、郑宝钟主持召开军事委员会扩大会议,具体研究兵变计划。在具体军事行动上,郑宝钟、杨健民各自坚持己见,双方争执不下,未能形成一致意见。这次会议内容不慎被泄露。次日夜,宋天才以开会为名,诱捕郑宝钟和部分与会人员,并于8月25日在临颍县夏城村西北将他们秘密杀害,兵变遂告失败。这次策反虽未成功,但给国民党反动当局造成一定震撼。

1931年3月,中共河南省委决定撤销豫中特别委员会,建立中共许昌中心县委,刘晋任书记,领导许昌、临颍、西华、长葛、鄢城、叶县等县党的工作。

中共许昌中心县委的成立,离不开人民群众的支持和支援。20世纪30年代初,许昌城南门外土城街(现七一路)路南,有一个不太起眼的小饭店,店主李全是临颍县人。当时,刘晋了解到李全是临颍老乡,并且同情革命,热心为穷人办事,便通过家乡党组织介绍,与李全接触、谈心,启发他的觉悟。经过一段时间的了解,党组织认为李全老实可靠,决定将李全饭店作为党的秘密联络站。党组织也根据李全的觉悟和请求,让他做些力所能及的送信、放哨、散发传单、张贴标语等工作。

中共许昌中心县委成立后,负责领导许昌和周边县区的革命活

动——积极响应中共河南省委的号召,同全省各地群众一起行动起
来,深入开展"发展游击
战,扩大红色区域"行
动,扩大农民协会、穷人
会、学生会等组织,坚持
不懈同国民党当局作
斗争。

20 世纪三十年代许昌县
民众恶劣的生活环境

当时,蒋介石统治
的河南,到处设立特务
组织,大搞"白色恐
怖",大肆捕杀共产党
人,中共党组织的活动
处于极度恶劣的环境之中。在当时险恶的环境下,中共许昌中心县
委在逐步发展党的基层组织、扩大党的队伍的同时,又建立了团的中
心县委、互济会和姐妹会等党的外围组织,为恢复和发展河南全省的
党组织作出了重大贡献。

第七节 反蒋抗日斗争和革命运动的兴起

一、许昌县委领导的反蒋活动

1932 年一·二八事变后，中共许昌中心县委积极响应中共河南省委号召，同全省各地群众一道行动，声援一·二八淞沪抗战。

1932 年 2 月，中共许昌县委发起了向工头和资本家讨要扣发的工资活动。8 月 20 日，因中共河南省委遭到破坏，许昌早期的共产党人谷滋升、黄松岭、李文甫被枪杀。

同年 8 月，许昌县委组织还领导工人进行罢工抗议，使国民党许昌警察局被迫取消了洋车工会会费。

出生于许昌县河街乡刘铁庄村的刘殿元 1926 年加入中国共产党，1927 年 6 月，被中共许昌县委派到苏联学习。革命形势的召唤，使刘殿元向组织申请回国，当时国内白色恐怖肆虐，刘殿元毅然提出了"以革命继续革命、以革命发展革命"的正确主张，走上了充满惊涛骇浪、生死未卜的革命旅程。1930 年 5 月，刘殿元回到国内，党组织安排他担任许昌县委书记。

1932 年秋，许昌党组织决定由许昌县委书记刘殿元负责筹建一个红军师。负责组建的人员一面收集老吴营、刘铁庄一带的枪支弹药，一面组织力量夺取国民党河街、小召等乡公所枪支，扩大武器装备。他们还组织方圆十几个村庄的党员、团员和农会会员 400 多人在板桥庙集会，刘万元（刘殿元之弟）、刘晋在会上讲了话，并处死了在1928 年司堂农民暴动中密报官兵并直接参与镇压农民暴动的大地主郑海成。

12 月初，许昌中心县委书记刘晋到上海向中央汇报许昌党组织状况和河南党组织被破坏的情况,中央决定派吕文远到河南,成立河南省工作委员会。吕文远任省工委书记,刘晋任组织部长。段永建、段凤和、兰德修、杨宗柏留上海参加由赵世兰领导的训练班。

刘殿元烈士证书

12月18日,中共许昌中心县委派党员及时发动士兵开展要饷和罢岗、罢操斗争,但未能成功。

二、许昌车站党组织的恢复及斗争

九一八事变后,许昌人民在地方党组织的领导下,通过召开反日动员大会、改善铁路工人待遇、追悼因公死亡工人、驱逐买办资本家等活动,积极开展抗日救亡运动。

1931年10月上旬,许昌县抗日救国会成立,作出抗日救亡决策,并向全国发出通电。10月中旬,许昌县抗日救国会召开工人群众和各界人士反日动员大会,号召开展反日斗争,会后举行了声势浩大的示威游行,沿途高呼抗日口号,表达许昌县工人和人民抗击日本帝国主义的决心。

1932年3月,许昌地方党组织发动工人与包工头开展说理斗争,不仅要求工头补齐以前扣发的工资,还要求他们也参加劳动,工头迫于众怒,答应了工人的要求。

5月,中央巡视员到豫中巡视工作,中共许昌中心县委汇报了组建以来的斗争情况。听完汇报后巡视员与中共许昌中心县委领导研究后决定,立即恢复建立中共许昌火车站支部委员会,尹仲生任书记。中共中央巡视员参加了车站支部的组织生活会,并讨论确定了"求生存、争人权"的斗争纲领。

中共许昌火车站支部委员会,根据铁路工人遭受铁路当局压迫和剥削的情况,带领许昌铁路工人进行了一次又一次的斗争,其中影响较大的有争取"车皮捐"斗争和追悼铁路工人万斗山的大会。

1932 年 11 月,从许昌火车站电报房职员从电报中获悉,驻马店火车站的铁路工人分到一笔可观的"车皮捐",许昌火车站工人却没得到过"车皮捐"收入。许昌火车站党支部书记尹仲生同共产党员、工会代理秘书李崇山研究后决定串联工友,立即发动工人群众开展争取车皮捐的斗争。

尹仲生和李崇山带领铁路工人,找到许昌火车站站长郑奠和段长郝铁珊,质问车皮捐之事,郝铁珊态度蛮横地说:"车皮捐是酬劳站长段长的,压根没有你们工人的份。"

针对这一情况,尹仲生立即召集共产党员开会研究对策,决定由火车站出面,同段长郝铁珊交涉,以铁路工人的名义向火车站工会提出申诉。第二天,火车站工会郑重发出通知,要求郝铁珊立即到车站工会作出交待。郝铁珊收到车站工会给他的正式通知后,感到事关重大,迫不得已把 3500 元车皮捐包交给了车站工会。

这场斗争使铁路工人们认识到,工人只有组织起来才有力量,才不会受欺负。当时,在铁路上跟随列车打旗、紧闸、挂车辆和负责列车行驶安全的行车夫的工作条件十分艰苦,工人得不到应有的休息,由于长期疲劳作业,导致事故频发。一次,许昌火车站的行车夫万斗山跟随列车值班,当列车行至一山坡时,以极大的惯性顺着山坡往下滑。为降低列车速度,万斗山急忙穿过一节节车厢,寻找盘紧闸,由于劳累过度和精神高度紧张,他一脚踩空,坠车身亡。

万斗山坠车身亡的消息引起了许昌火车站全体铁路工人的极大

悲愤。尹仲生等决定以许昌火车站工会的名义,发动全站铁路工人为万斗山举行追悼会,悼念死难的工友,控诉铁路当局的罪行。

工人们在火车站广场搭起灵棚,数百名工人聚集在广场上哀悼万斗山。尹仲生主持,各铁路工人代表先后发言,抨击铁路当局迫害行车夫的行径,围观群众也纷纷表示支持。铁路工人向铁路当局提出"反对压迫,反对剥削,取消摧残工人的规章制度,提高工人福利,改善劳动条件"等要求,方伯磷和铁路当局迫于各方面压力,不得不重新安装了闸楼和闸椅,同时还改善了行车夫的工作条件。这次斗争的胜利,大长了铁路工人的志气,消减了铁路当局的威风。

1933 年 1 月,英美烟公司卷土重来,大买办邬挺生任总经理,外籍烟叶专家牛森任顾问,在南京注册、修复原来的烤烟厂,成立了许昌烟叶股份有限公司。该公司完全垄断了许昌烟叶市场,击垮了上百家烟商,几十家转运公司倒闭,致使大批搬运工人失业。该公司对烟农残酷盘剥,利用压级、压价、压秤、除水、九扣付款等办法,逼得不少烟农倾家荡产。烤烟厂有千余名职工,该公司强迫工人不断加大劳动强度,而付给的工资报酬却极低。

英美烟公司独霸许昌烟叶市场的行径遭到许昌所有烟行、转运公司、烟商、工人的强烈反对。他们成立了"维护国土委员会"联名上诉,控告邬挺生卖国行径,使邬挺生在法院接受审讯。1935 年 12 月 30 日,在许昌地下党蒋介民、路岩岭组织指挥下,雇佣有正义感的襄县十里铺人李黑吞,埋伏在许昌西门口,将邬挺生击毙。1936 年 12 月 3 日,中共许昌县委负责人蒋介民、路岩岭为打击英美烟公司掠夺许昌人民,排挤民族烟行的气焰,组织人打死英美烟公司顾问牛森。8 日,该公司被迫关闭,停止生产经营。

1936 年 12 月,为了生存,黄包车工人共同进行了罢工斗争,迫使警车局做出让步,车捐归工会收取,也不再统一发号衣。

许昌县铁路工人同国民党铁路当局的斗争,对于团结铁路工人,组织铁路工人争取自身的合法权益,作出了积极贡献,给许昌其他行业的工人作出了表率。

20 世纪二三十年代的许昌火车站

三、开展反筑路斗争

1933 年春,国民党许昌县政府要求抢修许昌至南阳的汽车路,以策应蒋介石进攻苏区和红军的反动意图,强令各区派 1800 民工,限 8 日内完成许昌段 5 丈宽、4 尺高、25 公里长的筑路任务。

因这条公路是通往川陕革命根据地的交通要道,一旦修通,国民党军队便可迅速对革命根据地进行"围剿"。当时正值春荒,小麦即将成熟,修筑这条汽车路,不但使沿线农民大片土地被强占,即将收获的麦子也会毁于一旦,人民群众对此极为不满。

省工委书记吕文远等同志相继来到许昌县,直接领导和组织许昌县西南乡的农民开展反筑路斗争。中共许昌中心县委和城区委很快动员和抽调 10 多名同志深入农村发动群众,于 5 月中旬在城西北乡老吴营村召开反强迫筑路的农民大会,连夜印刷宣传标语并广泛散发张贴,大大鼓舞了农民群众的斗争士气。

省工委领导吕文远、刘晋,巡视员杨宗柏经常深入全县铁路工人和广大农村发动群众,鼓舞斗志。有一次杨宗柏返城时,城关戒严,敌人从他身上搜出党内文件,杨宗柏不幸遭杀害,年仅32岁。

由于共产党的主张深入人心,各界民众反对国民党修路的情绪十分强烈,广大人民群众也进一步看清了国民党加紧修路的罪恶目的。广大民工齐心协力,相互配合,故意制造摩擦、消极怠工,致使工期一拖再拖,工程进展十分缓慢。

反筑路斗争在一定程度上延缓了国民党反动派"围剿"苏区的进度,为红军赢得了时间,争取了主动,也推动了许昌县人民反蒋抗日斗争的进一步发展。

四、抗战时期的许昌国民电影院

1936年1月,中共地下党员蒋介民、贺建华、路岩岭为响应党的号召,动员和组织社会各阶层人士参加抗日救国斗争,依靠社会的资望,与许昌县民众教育馆馆长吴忠甫商议,由他们负责筹资,蒋介民和路岩岭负责组织电影院的工作。双方一致同意兴办许昌电影院,并在许昌城隍庙门前(即原魏都区政府门前)路南租赁了一个戏院,约二百个座位。后迁到南关洋街(今胜利街东段路面)。

路岩岭名义上是民众教育馆的干事,实为许昌电影院的经理。吴忠甫任该院副经理,以此为掩护,开辟地下联络站,进行党的秘密活动,接待上级来往人员并为党的活动提供经费。

电影院开业后,演出了《大路歌》《上海之战》《夜半歌声》等进步影片。豫剧名演员赵义庭、许淑云、田岫玲等常在此演出,深受人们欢迎,为抗日救国营造了革命舆论,为迎接全民抗战发挥了积极作用。

第八节　中共河南省工委的建立及革命活动

一、中共河南省工委的建立及严重受挫

1933 年 1 月,吕文远、刘晋由上海来到许昌,住在福音堂小学教员、共产党员艾伯良家。中共中央决定在中共许昌中心县委的基础上,组建中共河南省工作委员会,使许昌成为河南省政治斗争中心。中共河南省工作委员会建立后,首先把工作重点放在全省各地党组织的恢复和发展上,使河南党的活动重新焕发活力,建立了中共许昌城区委员会等县级党组织。中共河南省工作委员会和中共许昌中心县委共同领导许昌县人民群众开展红五月反筑路斗争,给国民党许昌当局以强有力地打击。

大革命失败后,"左"倾教条主义路线开始在党内占据统治地位。1931 年 10 月,中共中央决定吉国桢任河南省委书记。1932 年 7 月,共青团河南省委书记李寿正叛变,致使中共河南省委书记吉国桢,省委常委、妇女会书记杨斯萍等 11 人被捕后被国民党当局杀害,中共河南省委遭受严重破坏。

1933 年 2 月,因中共河南省委遭到破坏而隐蔽在临颍县海庄的海观澜等人奉命到达许昌,恢复建立中共河南省工委印刷机关,地点在许昌城内北大街刘万元家的后院。之后,为迎接红五月宣传活动,配合第四次反"围剿"斗争,印刷机关日夜赶印省委文件和各种纪念活动宣传材料,使许昌及全省各地群众及时了解党的活动情况,推动党的工作,扩大党在群众中的影响。

6 月上旬,叛徒张乔带领特务窜至许昌,查到省委印刷机关所在地。在围捕过程中,年仅 14 岁的邵秀英趁机推倒信号墙,成功掩护中共河南省工委。印刷机关遭到破坏,海观澜、刘万元等人被捕。同

月，经中共中央同意，中共河南省工委迁往郑州。秋末，海观澜、刘万元惨遭杀害。

刘殿元 1930 年担任中共许昌县委书记，1932 年 6 月，调任鄂豫皖苏区工作，先后参加商潢战役、潢光战役，后在潢川牺牲，时年 28 岁。刘殿元、刘万元兄弟两人，都为革命献出了年轻的生命，被后人尊称为"一门双烈"。

二、河南省临时工委在许昌的发展

为恢复和发展河南党组织，1936 年 1 月，中共中央北方局派到河南的沈东平到达许昌后，召集在许昌坚持斗争的郭晓棠、王定南等人研究形势，提出了以许昌为中心，逐步恢复全省党的工作的意见，并决定成立中共许昌党支部，沈东平任支部书记，隶属于中共中央北方局领导。

为避免党的组织遭受损失，郭洁民、郭晓棠、王定南离开许昌到北平，留下的人员在沈东平的领导下以许昌为中心，扩大到西华、扶沟等县开展活动。

6 月 3 日，国民党许昌专署为欺骗人民，缓和人民群众对其反动统治的不满，召集许昌城各校师生举行"新生活运动禁烟令"，并宣布该日为"禁烟日"。而实际上，政府却暗中支持大烟商公开挂着"官膏局"的牌子兜售鸦片。

会后，学生们在党组织的领导下，为了揭露国民党地方政府骗人伎俩，走上街头开展禁烟宣传。师生们陈述吸食鸦片的危害，揭露当局欺骗民众、公开贩毒的罪行，激起了听讲群众的极大愤慨。群情激昂的学生和群众一起涌向天平街西头的官膏局，破门窗、毁器具，还把搜到的鸦片和海洛因扔到街上当众烧毁。

7 月，根据中共中央北方局的指示，为了扩大工作范围，开展全省工作，沈东平在许昌中心县委的基础上组建了中共许昌中心县委，贺建华任县委书记,领导豫中地区党的工作。后又成立了中共河南省临时工作委员会,临时工委由沈东平、郭晓棠、王定南、董汝琴四人组成,沈东平为负责人。

省临时工委成立后,郭晓棠从中共中央北方局带回了《八一宣言》(即瓦窑堡会议决议)和《关于目前政治形势与党的任务决议》,使党组织及时了解中央关于建立抗日民族统一战线的策略方针,省临时工委逐步执行瓦窑堡会议的精神。10月,沈东平以县立许昌简易师范学校党组织为基础,组建了中共许昌县委,蒋介民任县委书记,隶属于省临时工委领导。

国民党许昌专署专员徐亚平以县立许昌简易师范学校多次策划学生运动、师生涉嫌赤化为名,于10月撤换了共产党员蒋介民的校长职务,并派国民党骨干分子王祥生代理校长一职,王祥生极力控制、镇压学生的爱国运动,校园里革命与反革命的斗争日趋激烈。学生地下党负责人周之焕、蒋介民鼓动学生到国民党专署请愿,要求驱赶反动校长王祥生。

蒋介民身份暴露后离开许昌去北平,周之焕接任中共许昌县委书记。不久,周之焕也调离县立许昌简易师范学校,中共许昌县委的活动停止。

1937年4月,中共中央北方局决定撤销河南省临时工委,成立中共河南省工作委员会。省工委经常到许昌等地巡视和开展工作,并发展了一批新党员和基层组织,为中共河南省委的正式成立和以后全面抗战打下了坚实基础。

三、许昌县委组织安排救治抗日同盟军伤员

1933年5月26日,中共地下党员、著名爱国将领吉鸿昌与冯玉祥、方振武在张家口宣布成立"察哈尔民众抗日同盟军",在热河、察哈尔与日敌激战,并在吉鸿昌指挥下,7月14日收复多伦。战后有一

部分伤员急需救治,然而日、蒋势力都在追捕,吉鸿昌为安全考虑派人暗中将这些伤员转入他的家乡河南。当时中共河南省工委书记吕文远指示许昌中心县委书记刘晋具体安排这些伤员的救治工作,刘晋派得力人员共产党员闫子升(又名闫鸿秀,许昌县五女店镇桃杖村人),负责对伤员的隐蔽救治。闫子升与爱国人士闫心斋秘密地把伤员藏在距村里许的卧佛寺内。闫子升叔叔开有闫家酒坊,他就从酒坊中灌取高度的闫家酒,给伤员清洗伤口、消毒配合做手术(因当时医用酒精奇缺,只能用高度酒代替),还把酒糟用醋拌后炒热敷在伤处消炎。在他们的精心治疗和照顾下,伤员很快痊愈归队,重返抗日战场。闫家酒坊也为革命事业作出了贡献。在救治伤员的工作中,中共许昌中心县委闫子升、闫心斋等人功不可没。

刘殿元烈士　　　　　　　刘万元烈士

故事：

大革命日期许昌省立十四中师生的革命活动

李 民

在许昌市文化街西头路北有一座历史悠久的学校——许昌市二中（现已搬迁至东顺河街路西），它的前身在 20 世纪 20 年代省立许昌第十四中学（以下简称省中），北伐战争后改为省立许昌第四中学，抗日战争爆发后改称省立许昌中学。大革命时期共产党组织派人在这里宣传马列主义，发展党团员，建立党组织，指引一批血气方刚的青年学生走上了革命道路，使省中成了当时共产党进行革命活动的一个重要地点，对推动许昌地区革命形势高涨起到了积极作用。

1926 年春，国民党左派郭耀珊来到省立许昌十四中任博物课教员。他经常利用课余时间在学生中进行反帝反封反军阀的宣传，讲解使中国变革富强的革命道理，传播进步思想，打开了同学们的眼界，也使以前刻板的学习生活增添了新的内容，同时使求索中的青年学生受到新鲜的革命思想的启蒙教育。

就在这学期，共产党员谷滋生从开封第一师范来到省中任数学课教师。他的到来使省中革命宣传的政治空气更加活跃。郭、谷二人关系很好，经常在一起活动。他们把许多追求进步的学生团结在他们周围，如张兆梅、张梦梅、李永钊、丁绍洛等和他们的关系都很密切。课余，他们除向两位老师请教功课上的问题外，就是在一起谈论国家兴亡大事。在郭、谷二人指点下，同学们互相传阅《向导》《新青年》《广东农民》等进步书刊，了解革命形势，学习革命理论；组织"中国为什么会贫困"为题目的讲演会，揭露帝国列强对中国的侵略，抨击军阀政府的反动无能，激发大家的爱国热情。

团员张兆梅主办了一个名为《旭光》的刊物，不定期地油印出刊，在同学们中间散发,郭、谷两位老师还亲自带领学生自编自演文艺节目。他们曾别具一格地编演过独幕剧《火星上的来客》,向广大群众进行宣传,内容新奇。剧中,一位火星上的来客,一身火红,手举大红伞,身穿大红袍,脸上搽着红粉,嘴里呜里哇啦地说着听不懂的"火星话",劳边一位翻译说,"火星来客"正在介绍火星人的生活:那里没有剥削,没有压迫,人人平等,生活安乐…谷滋生扮火星上的来客,郭耀珊当"翻译"。他们通过这些有声有色的活动,宣传共产主义思想,使学生逐渐了解了救国救民的革命道理,启发诱导同学们关心社会、认识社会、改造社会,从而在心中萌发革命的萌芽,收到了很好的宣传效果。

1925 年底,中共豫陕区委派肜德忱来许昌负责党的工作,发展党的组织,开展农民运动。1926 年 11 月,建立了中共许昌县地方执行委员会,肜德忱任书记。党在许昌的革命活动蓬勃开展。1926 年春,肜德忱和戴庄小学教师、共产党员戴善同通过师生关系,找到十四中初中二年级学生丁绍洛(丁明道),向他讲了目前中国人民受帝官封压迫,加上军阀混战,劳苦大众受苦受难的形势,以及劳苦大众要翻身必须起来斗争的革命道理,并发展他加入共产主义青年团。时过不久,肜德忱又交给他一个任务,让他在十四中发展共青团员,并交给他几十张入团申请表。这以后,肜德忱多次到丁绍洛家里或到学校找他研究发展团员的事。于是,在省中发展团组织的工作开始进行,并由校内发展到校外。

丁绍洛在同年级同学中先后发展了张炳耀、叶秉璋,闫鸿秀(闫子升)、常仿农、丁明德、张兆梅、张梦梅、李永钊入团,成立了团小组,由丁绍洛任组长。接着又发展了低年级的薛朝立、蔡鸿业、王世清(尉氏人)、丁中央、张鸿镇、陈坤灿、常松恒、王国钧等同学入团。全校团员达 20 多名,1926 年 8 月开始建立了团支部,丁绍洛担任支部书记。

为了扩大团组织,十四中团支部的团员又都接受了向别的学校、工厂和商号发展团员的任务。阎鸿秀曾在教会办的育德中学上过学,认识不少同学,利用这个条件他在育德中学首先发展了韩子文入团,韩子文又发展了同班同学武毅(吴志远)。丁明德在县一小介绍了一位姓翟的同学入团。

1926 年 11 月,在衙前街张鸿镇家前院客房楼上开了一次党的会议,会上彤德忱宣布丁绍洛转为共产党员,后来阎子升、张兆梅、张梦梅等共青团员也都转为共产党员,革命力量大为加强。

1927 年春,丁绍洛介绍省中的历史地理教师吴干卿入了党。通过吴干卿的介绍,体育教师冯宠锡也成为共产党员。

省中团组织建立后,就经常开展革命活动,活动形式多样,内容丰富,既提高了自身的思想水平,也起了宣传群众、教育群众的作用。

团组织经常组织团员们开组织生活会。会议地点有好几个,最初就在学校内找个地方,或是教室,或是操场,后来转移到新街张炳耀家,1927 年春改在衙前街张鸿镇家。会上主要研究如何进行宣传活动和如何发展党团组织的问题,同时开展批评与自我批评,有时学习党的文件,了解形势,提高思想觉悟。

丁绍洛、张兆梅、张梦梅曾带领团员们编演了进步剧《一片爱国心》,在大同街三星舞台上公开演出,这个剧目有抵制日货的内容,起到了激发观众爱国热情的作用。北伐战争时期,全国农民革命形势风起云涌,团组织开展了多种形式的宣传活动,为开展农民运动建立了基础。1927 年 4 月初的一天,丁绍洛和彤德忱一起来到许昌县河街一个庙会上,在戏台上向老百姓作了讲演,号召农民们行动起来支援北伐军作战。1927 年 5 月 25 日,北伐军到许昌后,省中的团员们积极组织欢迎队伍,做了许多小旗,热情迎接北伐军。张梦梅还去参加了北伐军一个团部办的短训班,了解北伐的目的和意义。这个时期,他们还根据彤德忱的指示编排了一个演唱节目《烟叶泪》,揭露英美烟公司对许昌烟农的欺诈和盘剥。

在这个时期,团员周荣昌还出面组织过"抗日救国会"。这个组织以抵制英日货为目的。会址设在文庙后街关帝庙后。一次,周荣昌带领一些进步青年到南大街一家杂货店里,把店里的英日货统统封禁起来。这次活动使商人们受到震动,群众受到了一次爱国主义的教育。

省中团员们在许昌党组织的领导下,配合革命形势的发展,还开展了其他革命活动,如在城市小学发展儿童团员,建立儿童团,到农村发动群众建立农民协会等。

在省中,党团组织为了便于与团员取得联系,传递消息,大家集资办了一个小商店,作为联络点。为了避免引起官方注意,专门找了一名非团员青年担任经理,会计和店员都是团员,由他负责联络。商店经营文具和生活用品。

同学们的革命活动,得到了教师谷滋生和郭耀珊的支持。郭耀珊因常和同学们一起活动,向他们进行革命宣传,校长对他非常不满,1926 年放暑假前就没再给他发聘书,在同学们的强烈要求下,才补发了聘书。放暑假后,因工作需要,郭耀珊老师去汉口国民党湖北省党部工作了,就没有再回省中。1926 年冬,谷滋生受中共党组织的派遣,从省中回到家乡临颍师范,继续从事党的地下工作。

在省立十四中加入党团组织的学生,毕业后大多成为共产党在许昌革命活动的骨干力量。

(原载《许昌革命老区史典》)

肜德忱在农民运动讲习所学习前后

王长恩

肜德忱,1902年生于新野县樊集乡肜庄村,1925年7月加入中国共产党,1926年1月被中共豫陕区委派到许昌工作,同年4月赶广州参加毛泽东主办的第六期农民运动讲习所学习,11月返回许昌任中共许昌县地方执行委员会书记。1931年1月6日在开封被捕,3月28日被国民党反动当局杀害,年仅29岁。现把肜德忱同志在农民运动讲习所学习前后的一些情况记述于后。

1925年5月30日,上海发生了震惊中外的"五卅惨案"。全国各地纷纷罢工、罢课,声援上海人民的反帝斗争,把大革命进一步推向高潮。在"五卅运动"蓬勃发展的有利形势下,许昌进步教师夏佑民和进步学生艾伯良、熊耀琨等人,按捺不住激动的心情,经过精心策划和组织,在许昌也发起了反帝爱国示威游行和查禁日货、组织募捐等重大活动,有力地推动了马列主义在许昌的传播,为后来许昌地区党组织的建立打下了基础。

在历史发生重大变革的关键时期,共产党员郭安宇受上级党组织的派遣,于1925年9月来到许昌、长葛、禹县三县交界的"三不管"处——石固镇,以小学教员身份作掩护,在石固国民小学任教职员中,秘密发展党员3人,正式组建起许昌县第一个基层党组织——中共石固南寨党小组。时隔不久,中共豫陕区委书记王若飞指派郭安宇在石固党小组的基础上,将其改建为石固南寨党支部。为加强对许昌新生党组织的领导,中共豫陕区委又派肜德忱到许昌开展党的工作。

彤德忱到许后,经过和原支部成员反复讨论分析,一致认为石固镇距县城、铁路都比较远,应向县城及郊区一带发展。于是,他们就派共产党员孙益三(城郊孙庄人)到家乡邻近的碾上村开展工作,先后发展党员5人。接着,又在省立十四中学发展党团员26人,相继建立起了碾上村党支部、戴庄党支部和十四中学党团特别支部。这些党组织,当时统属中共豫陕区委直接领导。许昌党组织虽然建立起来了,但与全国其他地方尤其是南方诸省相比,无论是党组织的规模还是党员人数,都相差甚远。

从当时全国的革命形势来看,革命与反革命势力在斗争过程中分歧和分化日益显现,尤其是一向坚持国共合作的孙中山先生逝世后,这些分化也越来越趋于公开化。对于即将开始的北伐战争,国民党内部各派由于代表的利益不同,各自所抱的目的也不尽相同。作为刚刚诞生不久的许昌县党组织,很难深刻理解和正确把握当时的斗争形势。为更好地开展许昌县党组织工作,1926年3月底,中共豫陕区委决定派遣彤德忱、郭绍仪等同志到广州参加第六期农民运动讲习所学习。

广州农民运动讲习所创立于1924年7月,共举办了六期。第六期由毛泽东同志任所长,肖楚女任教务长,周恩来、瞿秋白、吴玉章、彭湃、邓中夏等同志担任教员,下设政治训练部、教务部、军事训练部和事务部,所址设在广州南郊的番禺。农讲所主要以与农民运动相关的理论开设多门课程,为中国革命培养出了一批重要的骨干力量。

第六期农讲所吸取了前五期的办学经验,将招生范围逐渐扩至全国,同时在教学形式和授课内容等方面都有了很大的改进和创新。这期讲习所共招学员327人,涉及20个省区,其中河南籍29人。学员全部经各地党组织的严格选拔,均为各地农民运动的积极分子和有志于农民运动的进步青年学生,同时,学员必须具备决心从事农民运动、富有勇敢斗争精神、身体强健无疾病和具有一定文化程度等条件。

河南学员在奔赴广州农民运动讲习所时,为应付随时可能发生的意外,根据学员分布情况,党组织研究决定,将学员分两路出发,一路从开封动身,乘坐火车经徐州、南京先到上海,此路有吴芝圃(新中国成立后曾任河南省政府主席)、李清泉、肜德忱等18名同志;另一路由信阳启程,乘车到汉口,然后换乘轮船沿长江到南京,再换乘火车抵达上海,此路自张克选、汪涤源等共计11人。尽管两路学员的出发时间和行进路线不同,但几乎同时到达上海,被全部安排在泰安旅馆下榻。泰安旅馆当时是我党的秘密联络地点,旅馆的店员均为我党的地下工作者。河南籍的29名学员在上海稍事休息后,乘轮船到达广州,所下榻的地方也叫泰安旅馆,这个地方同上海一样,是我党设在广州的一处秘密地点。

第六期农讲所学员入学考试之后,于5月3日正式开学,因课堂被广东第二次全省农民代表大会用作会场,一直延至5月15日才开始上课。这期共安排授课13个星期,计252个小时,设置课程25门。入学后不久,肜德忱就被推选为学员总支委员.因此他有幸经常接触到毛泽东。通过查阅肜德忱生前回忆资料和调访他的同期学友张克选,得知了这样一件趣事:

毛泽东第一次见到他,叫他肜(tong)德忱,他连忙解释道:"我不姓肜,而是姓肜(rong)"。毛泽东有些吃惊。肜德忱接着说:"我原籍是河南新野县樊集肜庄村,我们村的人祖祖辈辈都姓肜,真的!"毛泽东笑了,风趣地说:"看来中国的'百家姓'何止百家呀!"为此,毛泽东记下了这个名字,也记住了这件事,对这位思维敏捷、精明开朗的年轻学员留下了深刻的印象,加之肜德忱又是总支委员,毛泽东曾多次约他到家里,从侧面了解学员们的思想动向和意见,有时还和杨开慧一起共同探讨有关中国前途的重大课题。

另据吴芝圃回忆,新中国成立后不久,毛泽东还想到了这件事,并责成河南省委进行查询,当确认彤德忱已为革命英勇牺牲时,毛泽东感到非常痛惜。

广州第六期农民运动讲习所的主要课程安排是学习马列主义,研究中国革命的基本问题——农民问题,同时也包括中国革命各个方面的基本知识,即政治、经济、军事等方面的内容。毛泽东讲授了《中国农民问题》《农村教育》和《中国社会各阶级的分析》,周恩来讲授了《军事运动与农民运动》,肖楚女讲授了《帝国主义》《中国民族革命运动史》《社会问题与社会主义》,恽代英讲授了《中国史概要》,彭湃讲授了《海丰及东江农民运动状况》,李立三讲授了《中国职工运动》。此外,瞿秋白、陈延年、林伯渠、吴玉章、郭沫若、谭平山、何香凝等领导和学者也曾先后到讲习所给学员们作报告和讲演。

此次在广州第六期农讲所学习,彤德忱收获很大,更加激发了他献身革命的信心和决心。在彤德忱生前回忆中,有这样一段记述:

多位高级领导者的授课和讲演,使我感到大开眼界,耳目一新,尤其毛泽东讲述的《农村教育》,在我灵魂深处打下了深深的烙印。毛泽东在授课时明确指出,要立体地用阶级观点看农村,农村不是平等的,而是有富的、有穷的,也有最贫的,有雇农、贫农、中农、富农、地主之分。由于帝国主义的侵略和封建势力残酷压迫剥削,使中国农村自然经济和手工业大量破产,贫困农民饥寒交迫,流离失所,这就是中国遭受贫困和苦难的根源。特别是占全国农村人口百分之七十的雇农、贫农,没有土地或有很少土地,是农村的无产阶级和半无产阶级,是革命的先锋和主力。土地是农民的命根子,实行"耕田有其田",就是中国在民主革命时期要解决农民的根本问题。同时,毛泽东还特别强调,要深入农村进行调查研究。开展农民运动,就必须和贫苦农民打成一片,和他们结成知心朋友,才能真正了解到农村的实际情况、农民的疾苦和革命的要求。只有取得农民的充分信任,才能够把群众发动起来,进而组织和领导他们进行革命斗争。

彤德忱还详细地回忆道：

第六期学习于 9 月 11 日圆满结束，遵照党组织和毛泽东的指示，学员毕业后，立即分赴全国各地，担任农民运动特派员，深入广大农村，宣传发动群众，领导农民进行反帝反封建的革命斗争。学习结束后，彤德忱和郭绍仪等人一道，绕道香港，经上海回到开封。此时，北伐军虽然占领汉口，但河南省仍为直系军阀所盘踞。

经过系统的理论学习和严格的军事训练，以及在广东的实地考察，彤德忱如虎添翼，他的理论水平和组织能力得到了进一步的提高。根据党组织的统一部署，彤德忱在开封停留不足一个月，就又被党组织再次派回许昌。随着许昌党员人数的不断增加、党组织数量的不断增多以及斗争形势的需要，1926 年 11 月，中共豫陕区委决定，正式成立中共许昌县地方执行委员会，并任命彤德忱为书记，戴善同为组织委员，陈子林为宣传委员，丁明道为学运委员，谢梅村为青年委员。中共许昌县地方执行委员会下辖石固南寨、碾上村、戴庄村党支部和省立十四中学联合支部，此时全县党员已增至 52 人，团员 20 余人，办公地址开始设在城内衙前街张鸿镇家里，后又多次变迁。为安全起见，彤德忱经常住在城郊碾上村吴忠甫家中，以铁路职工身份作掩护，积极开展党的活动。这时，由于生活条件异常艰苦和夜以继日的连续工作，他患上了肺病，但为了革命事业，他仍然顽强地坚持着，为全县党的建设和农民运动鞠躬尽瘁、忘我工作。他和委员们一道，对已建立起来的党组织逐个进行整顿，建立健全必要的制度，严肃党的纪律.不断提升党组织的凝聚力和战斗力。

彤德忱依据在农讲所所学到的理论和方法，在许昌城乡四处奔波，日夜操劳，在许多村庄创办农民夜校，对农民进行革命的启蒙教育，使广大农民逐步懂得贫穷的根源和必须组织起来斗争的道理，自觉参加反对帝国主义和封建主义的革命斗争。他结合许昌县的实际情况，从石固镇开始，首先建立起农民协会，后很快发展到灵沟河（今河街)、杜寨和五女店等周边的 58 个村庄,全县会员多达 5300 余人。与此同时,他还以农民自卫武装红枪会为基础,逐步将其改造为农民自卫军。其中农协会员参加农民自卫军就有 2500 多人,并拥有步枪、手枪 800 余支。这些农民武装组织,在党组织和共产党员的正确引导下,不断发挥着自己应有的作用,尤其在西南乡长村张一带,农协会员们经常带领穷人斗地主、分田地,搞得如火如荼。农民运动像滚雪球一样,越滚越大,很快将周围十几个村庄连成一片,使反动派闻风丧胆,东躲西藏。

1927 年 4 月下旬,北伐军胜利挺进豫南,彤德忱等人及时发动和组织广大党团员、农民积极分子和农民自卫军,大力支援北伐军作战,有力地阻止了奉系军阀张作霖部南下的行动,并策划组织许昌县农民赤卫队,连夜拆毁大石桥一段铁路,造成铁路运输中断,使奉军后勤供应遭到重创。同时他还组织多个农民赤卫小分队,深入奉军后方不断进行袭扰,使北伐军迅速以三师之众,击败了奉军主力,从而加快了奉军在河南的全线崩溃。

1927 年 5 月,彤德忱奉命调任武汉国民政府河南战区农民运动委员会特派员,从此离开了许昌。

(原载 2011 年《许昌县文史资料》总第 24 辑)

第三章
抗日战争时期

本章提要

抗日战争时期,党领导人民建立和发展抗日根据地,开展独立自主的抗日游击战争,国共两党携手合作,取得了抗日战争的胜利。中共许昌县党组织领导全县人民以各种形式支援抗日斗争,掀起了抗日救亡运动的高潮,同时积极开展对国民党顽固派的斗争。国民党爱国将领吕公良誓死保卫许昌城,给日本侵略者以沉重打击,体现了中华儿女同仇敌忾、共御外侮的爱国主义精神。

第一节 九一八事变后的抗日斗争
和中共许昌县党组织的活动

1931年9月18日夜,日本驻中国关东军炸毁沈阳北郊柳条湖附近南满铁路的一段路轨,反诬中国军队所为,并以此为借口,突袭中国军队驻地北大营,进攻沈阳,震惊中外的九一八事变由此爆发。九一八事变后,中国人民在白山黑水间奋起抵抗。九一八事变成为中国人民抗日战争的起点,同时掀开了世界反法西斯战争的序幕。

国民党蒋介石制定了"攘外必先安内"的方针,对日军的侵略采取妥协退让的政策,同时调集大批军队围剿抗日的中国工农红军。这也激起了全国各阶层人士和各族人民的极大愤慨。在这国家生死存亡的紧急关头,中国共产党举起了武装抗日的大旗,中共中央、中央苏维埃临时中央政府多次发表宣言,号召全国人民行动起来,拿起武器,抗击日本侵略者,反对国民党当局不抵抗的妥协政策。

时任国民党河南省政府主席的刘峙,疯狂屠杀共产党人和爱国人士。1933年4月23日,中共河南省工委向全省党组织发出了《关于开展红五月工作的决议》(以下简称《决议》),要求各级党组织以公开或半公开形式,在团体、工厂俱乐部、学校等单位或企业发起纪念会、演讲会、辩论会,并运用出小报、画刊、黑板报等多种形式开展宣传活动,着重揭露日军侵华后国民党投降卖国与镇压反帝民主运动暴行,深入发动爱国民众和学校师生成立爱国会,配合红军反"围剿"。中共许昌各级党组织,积极响应省工委的这一号召,依照《决议》精神,在全县各中小学校、工厂、商号中广泛展开宣传活动。进入5月后,学生爱国运动以星火燎原之势在中州大地上蓬勃兴起,由此点燃了一场反筑路斗争的熊熊烈火。许昌城区师生在进步教师王又之、关延寿的组织领导下,也都个个手执红绿小旗走上街头参加游行示威行动。他们一路高呼"打倒日本帝国主义""誓雪国耻""反对华北自治"等口号。师生们的爱国行动,激起了许昌广大民众的抗日爱国热情。

一、许昌县的抗日救亡运动

1936年12月,中共许昌县委书记贺建华到许昌贺庄一带组建中华抗日救国军北路军,贺建华任书记,决定在腊月二十三趁群众燃放鞭炮过小年之际举行暴动,并印制了大旗、印章、符号发动群众开展斗争。因叛徒常大章告密,活动夭折,暴动失败,贺建华等五人被捕。

1937年七七事变后,在抗日民族统一战线的旗帜下,许昌成立了豫中抗日民众动员委员会,提出了"誓死不当亡国奴""反对汉奸卖国贼,举国一致抗日"等口号,开展抗日救亡运动。大批爱国青年为奔赴抗日前线云集许昌,抗日群众团体纷纷成立,抗日救亡运动空前高涨。

1938年1月,河南大学进步教授范文澜、嵇文甫等率领"河南大学战时教育工作团"从开封徒步来到许昌,在许昌城厢小学(今八中旧址)办起了抗日救亡训练班。范文澜、嵇文甫、马文远等为学员讲授抗战政治形势和军事理论等课程,教唱抗日歌曲,给学员以思想的启蒙,为许昌党组织的恢复奠定了基础。训练班结束后,范文澜、马文远等离开许昌转至舞阳,多数学员由总教官徐干青介绍加入八路军、新四军,奔赴抗日前线。

2月,共产党员李持英、陈遗到许昌县建立中共许昌县民众教育馆支部,以教书为掩护,发展党员,建立党的组织,进行抗日宣传活动,在进步青年中组织读书会。4月,经豫中特工委批准改建为中共许昌县中心支部委员会,以许昌县民众教育馆为基地,组建了许昌抗敌话剧团,陈文宣任团长。剧团中的主要演员多数是共产党员,他们高举抗日民族统一战线的旗帜,以满腔的热血和高昂的爱国热情,排练出了《放下你的鞭子》《保卫黄河》等十几个剧目和20多首抗日歌曲。

1938 年 6 月,根据中心支部委员会的指示,许昌县抗敌话剧团唱着抗日歌曲,走出县城,奔向农村,先后到繁城、五女店、尚集、小召、灵井等地演出,演员们以悲壮的歌声表达了中国人民不畏强暴、抗战到底的决心和意志,深深地感染了台下的观众,教育了成千上万的民众,鼓舞了广大抗日将士的斗志,同时也掩护了中共党组织的活动,为发展壮大革命力量起到了积极作用。

1940 年 11 月,共产党员彭国政从四川重庆回到家乡许昌县三里桥村,以"中国国民党中央军事委员会上校咨议"的身份游说于许昌城乡学校、军队、社会团体和人民群众中间,大力宣传抗日主张。当时三里桥驻有国民党部队,彭国政不断去演讲,也大大激发了部队官兵抗日救国的热情。同时,彭国政还到河湾、赵家拐、李庄、坡底罗、小孙湾、大孙湾、徐场、孔庄、许庄、大坑李等几十个村宣传抗日救国主张,并把三里桥保长宋子和的劣迹排成节目演出,发动群众找其算账,迫使宋子和设宴向群众道歉。联保主任许本荣管城东八个保,将自家十几亩的公粮加在村里民众头上,在彭国政的支持下,村里人集体告状,终于将许本荣告倒。

1942 年,在长葛进行革命活动的共产党员赵吉甫,被国民党反动派发现后,来到许昌县司堂村躲避。他在司堂村继续发动群众发展党组织,建立党支部,并动员在当地乡绅家教书的青年教师成立读书会,向学生宣传灌输革命思想,组织学生到村里演剧、画漫画、演讲等多种形式,开展抗日救亡宣传,揭露蒋介石假抗日、真反共的面目和社会的黑暗,组织民众开展抗日救亡运动。

二、徐干青在家乡的救亡活动

许昌县碾徐村的徐干青,生于 1896 年,1921 年考入北京大学哲学系。在北京大学期间,崇拜革命先驱李大钊,并结识了彭雪枫、李文彬等人。在革命浪潮和北大学潮的影响下,阅读了《新青年》《新潮》《共产主义 ABC》等大量革命书刊,奠定了马克思主义信仰基础。

1927 年,徐干青从北大毕业后,牢记李大钊"离于众庶则无英雄"的名言,满腔热情地回到河南,先在洛阳八中任教务主任,后又到开封省立一高任指导主任。在开封期间,曾为营救共产党员马守宪等人奔走,也曾积极参加声援北平"一二·九"学生爱国运动的游行和卧轨示威活动。1937 年 7 月,抗战爆发,他决心到农村开展抗日救亡活动。这时他结识了以教书为掩护的共产党员刘孜、吴芝圃及刘子厚等同志。10 月,他以"许昌县社会军训总政治教官"身份,率领一批青年回许昌开展抗日救亡工作,住进许昌城内魏胡同。1938 年 2 月,他经彭雪枫、刘子厚介绍,光荣地加入中国共产党,化名彭涛,直属中共河南省委单线领导。从此以教员身份为掩护,展开地下工作。

1942 年初,徐干青在许昌灞陵中学任教。为了抗日救亡,毅然回到自己的家乡碾徐村。他先后找徐申、徐赖人、文献章、周广彬、徐根五等乡亲,以叙旧拉家常的形式宣传抗日。他讲:"现在国难当头,日本疯狂侵华,国土相继沦陷,我们要立即行动起来抗日救亡。当前是年馑,广大父老乡亲没有饭吃,我们要发扬村帮村邻帮邻、富裕人家帮穷人的互助精神渡过难关。只有这样,抗日救亡才有无穷无尽的力量,才能打败日本侵略者。"经过徐干青做工作,当时碾徐村及周围一些村的富裕人家纷纷慷慨解囊,救济穷人,使不少穷人在灾荒年渡过了难关。

阜民乡(民国时期辛集一带为阜民乡)中心小学校址在祖师庙内,校舍是几间破庙,房子坏了无人修,教师发不了工资,眼看就要停学。徐干青得知此事,决心要把这所学校办起来。他先找好友阜民乡乡长胡保亭商量,将中心小学搬到辛集。又反复找自己的学友、朋友及工商业者和热心教育的富裕户,说服他们同心协力,出钱出物把学校办起来。他说:"日本帝国主义侵略我们,就是凭着他们教育进步、科学先进、经济发达。实践证明,落后就要挨打。我们今后要想不再挨打,就必须大力办教育。"经徐干青做工作,不少人积极响应,共捐钱物8500元(旧币),以本村火神庙为校址,扒掉神像,改造、新建校舍24间,购买了桌、凳、黑板等堂器。教师除在当地聘请之外,徐干青还从外边聘请了两位年轻教师,其中一位叫曹殿英,另一位姓胡,都是共产党员。经过两个月的筹备,学校很快就开学了,共6个班,150余名学生。

新办起的阜民乡中心小学,是宣传抗日救亡的阵地。校长张亚山和教师曹殿英等多次召开抗日救亡大会,邀请碾徐、辛集、文庄、墙孙、郭集等村的农民群众和师生参加。曹殿英在校长张亚山的支持下,带领师生写标语、办墙报、画漫画、唱抗战歌曲,还编演小戏曲《走娘家》、快板书《打败日本野心狼》。师生们多次打着"捐躯赴国难,视死忽如归"横幅,高呼着"打败日本侵略者!还我中华!团结起来!共同抗日!""日本鬼子从中国滚出去"的口号,组成浩浩荡荡的游行队伍,从辛集出发到秋胡、文庄、朱寺、梨园等阜民乡各村游行,所到之处都有群众随着师生队伍呐喊助威。师生们还在校园内搭起台子,表演文艺节目。师生的抗日宣传搞得有声有色,对阜民乡民众产生了极大的教育和鼓舞。

第二节　开展对国民党顽固派的斗争

在抗日民族统一战线的推动下,全国各民族、党团帮派在全国各地掀起蓬蓬勃勃的抗日救亡运动,然而,国民党中的顽固派却反对共产党,对日本侵略者妥协、忍让、投降。针对这股逆流,中共中央发出一系列"反分裂、反倒退、反投降"指示,要求全党从政治上、思想上、组织上、军事上做好准备,随时应对可能出现的突发事变和各种意外的突然袭击。

许昌县委根据中共豫中地委指示精神,积极发展在国民党许昌上层机构工作的进步人士为秘密共产党员,并通过多种努力,促使这些共产党员担任国民党一些地方的要职,使这些人成为掩护许昌县党组织的重要力量。中共许昌县委还发动一些地方上有影响的进步人士,积极参加抗日救亡活动,主动联系他们、团结他们,使他们的住所成为党组织活动的联络点。同时,根据形势需要,调整党的工作方针,以退为进,提防国民党顽固派,使党组织由半公开转为秘密状态,在秘密工作中培育干部,布置建立秘密机关,以合法的形式保存革命力量。

1939 年 8 月,豫中地委指派共产党员出面筹办建立了棉织厂,以此掩护党的工作。地委书记张维桢兼任棉织厂经理,他经常以经理的合法身份接待党的交通员和干部,指导各地的革命斗争。10 月,中共豫中地委筹措到一些经费,在许昌开了几家饭店,并以此为联络点。

为了保存许昌县抗敌话剧团,中共许昌县委根据当时的形势,及时转变工作策略,把话剧团转变到自卫团政训处下的《自卫日报》等合法形式中去,并派党员以公开职业领导这些组织的工作。

在妥协成为抗日救亡运动的主要威胁之时,中共地下党组织又利用《自卫日报》发起成立报纸联合会,把所有的报纸联合起来集中宣传党的主张,对妥协和投降倾向起到了一定的抑制作用。同时,党组织还利用国民党县政府举办的新生活运动,在县中、县师范及县立女小等校成立战时青年工作团,继续开展抗日救亡运动。党组织根据国民党假抗日、真反共、暗妥协的反动政策,将国民党的"国家至上、民族至上"等口号经过修改注入了党的宣传内容。

国民党顽固派、许昌县的三青团宣传股长、《自卫日报》剧社副社长姚水田,为了进行反共宣传,竟把《国家至上》一剧中的"日寇"改为"八路"。演出后引起了社会和民众的强烈不满。演员们也对姚水田私自篡改剧本的卑劣行为进行公开抵制和坚决反对。灞陵中学的进步师生在《建国日报》副刊《颍演文艺》上发表文章,对姚水田这一荒谬做法予以严厉抨击。此后剧社演出了《野玫瑰》《雷雨》等优秀剧目,受到许昌民众的一致好评。

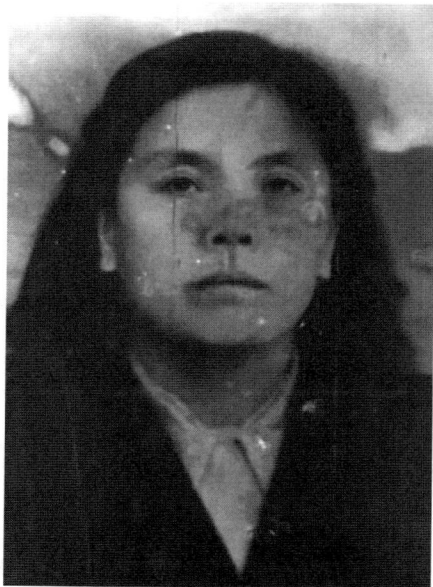

组织抗敌话剧团的中共许昌县中心支部书记李持英

第三节　许昌县党组织的艰苦斗争和秘密撤退干部

1938 年 2 月,中共豫中特别工作委员会改称中共豫中地委,1939年 5 月,中共豫中地委书记张维桢来到许昌视察工作,要求注意吸收知识分子加入中国共产党,同时指示多吸收工人、农民加入中国共产党。同月,中共豫中地委派共产党员王津忱到许昌工作。7 月,中共豫中地委派共产党员戴子侠等二人来到许昌,经中共地下党员徐干青介绍,到灞陵中学和繁城小学以教师身份作掩护进行党的活动。8月,中共豫中地委书记张维桢在许昌县城内王津忱住处召开会议,在中共许昌县中心支部委员会的基础上,成立中共许昌县工作委员会,王津忱任书记,下辖 5 个党支部,共有党员 47 人,办公地点设在许昌县县城内榆柳街丁光裕住处,隶属中共豫中地区委员会。不久,中共许昌县工作委员会发现一张写有王石青等 10 多人的名单,为安全起见,遂决定将暴露身份的共产党员隐蔽起来。王石青等人于 10 月离开许昌到确山县竹沟,中共许昌县工作委员会停止活动。没有暴露的个别党支部和个别共产党员继续在许昌从事革命活动。

12 月,为了组织抗日武装,在许昌仍然坚持革命活动的共产党人,通过国民党第一战区长官司令部的关系,由徐干青和从确山县竹沟派来的共产党员吕某负责,以在确山县竹沟学习回到许昌的 9 名青年为骨干,举办了许昌县民众运动干部训练班,主要学习政治理论、群众运动和游击战术等。一个多月后,引起国民党许昌县党部的怀疑而被停办,至此,训练班先后共训练了 40 名进步青年。

1940 年 5 月,中共许昌县工作委员会原书记王津忱按照中共河南省委的指示精神,组建中共许(昌)临(颍)县工作委员会,王津沈任书记,丁光裕任组织委员,戴子侠任宣传委员。下辖 3 个党支部,共有党员 25 名,隶属中共豫中地区委员会。

1941 年 1 月,由于中共许昌县中心支部委员会原组织委员马鸿儒在皖南事变中被俘叛变,致使许昌县的党组织遭到严重破坏。

竹沟事变发生后,为保存党的力量,根据中共河南省委的指示精神,中共豫中地委先后组织 20 多名共产党员离开许昌奔赴延安或豫皖苏根据区。

2 月,中共河南省委交通科科长杜征远、中共河南省委交通员朱之光来到许昌,向中共河南省委书记张维桢传达中共中央有关河南省党组织撤退的指示。1942 年春,杜征远根据党的指示在许昌会见了隐蔽下来的共产党员,让其通知有关党员干部一同撤退。由于中共中央和中共河南省委对撤退干部高度重视,豫中地委组织得力、措施得当、计划周密,许昌大批党的干部及时撤出国统区,对于保存许昌的革命力量,支援抗日根据地建设,培养领导骨干,意义重大。

第四节 许昌保卫战

1944 年 4 月中旬至 12 月初,日本侵略者发动了豫湘桂战役,其中河南战役从 1944 年 4 月 18 日开始,到 5 月 25 日结束,历时 7 天。4 月 23 日至 5 月 3 日,驻守许昌的国民党暂编十五军新编二十九师,在师长吕公良的指挥下,展开了英勇顽强的许昌保卫战,最终因武器装备差,寡不敌众,许昌沦陷。

1944 年初,日寇大举进攻豫西地区,3 月,吕公良率新编二十九师入驻许昌。4 月,日寇以 12 军团为主力配备步兵、骑兵、飞机、大炮、坦克等多兵种共计 7 万余人,狼群般地向许昌扑来。吕公良对部下慷慨陈词说:"养兵就是为了卫国,练兵就是为了御敌,日寇袭渡黄河,侵我中原,是可忍,孰不可忍! 我们要誓死保卫许昌,抗击日寇,誓与许昌共存亡!"

新编二十九师副师长为黄永淮、参谋长为王元良,师部下辖八十五、八十六、八十七三个团,团长分别是杨尚武(湖南人)、姚俊明(陕西人)、李培芹(山东人)。为固守许昌,吕公良第八十六团驻守在许昌以北的长葛和尚桥担任警戒、阻击任务。

师部及第八十五团、第八十七团同许昌地方武装守卫许昌城。官兵就在残存的城墙根基上修建明碉暗堡,设铁丝网、埋拉线地雷群,严阵以待。

吕公良还严格整饬军风军纪,与地方军政人员、商绅共商抗日大计,疏散地方政府和大商号往城外,动员民众策应国军固守许昌城,清查汉奸敌探。并通电全国,决心抗战到底,誓与许昌共存亡,还亲自下令处决了三名汉奸。

4 月 30 日清晨,日军第三十七师团长野佑一郎中将命令部队向许昌发起进攻,许昌守城战斗打响。5 时,北路日军开始攻击俎庄前哨阵地。守卫该阵地的第五连官兵，在连长欧阳步指挥下，利用残破的寨垣、新修的工事和寨外埋设的地雷群，居高临下沉着应战，日军数十具尸体横卧荒野。

俎庄开战不久，五郎庙、思故台、塔湾3个外围阵地也陆续与日军交火。日军在炮火的掩护下，突破了中国军队在城西五郎庙的前哨阵地，守军且战且退。战至9时30分，双方在英美烟公司旧址展开激烈的手榴弹战，一时战斗呈现胶着状态，日军的进攻被全面遏制。

思故台的守军凭借工事沉着应战，日军久攻不下，便把山炮对准守军阵地轰射，守军伤亡惨重，战至下午奉命撤离。

第八十五团六连守卫的塔湾阵地也被日军攻陷。

吕公良师长深感局势严重，坐镇南门指挥，战斗异常激烈。日军以飞机轰炸、坦克攻击的方式进攻南门。守军沉着应战，顽强抵抗，连续打退日军六次冲锋，伤亡惨重。日军后续部队赶到，蜂拥入城，我军与之展开巷战。5月1日下午1时许，在城破的情况下，二十九师被迫分两面突围。参谋长王元良出西门冲出了日军包围圈。吕公良等带领余部，从城东北冲出去，到三里桥与第八十五团会合后，李树森和杨尚武率突击队先行。至城东大坑李十里庙以南、许鄢大道以北时，陷入了日军重围，双方当即展开激战。杨尚武沉着指挥部队屡挫敌锋，激战持续了3个小时，终因敌众我寡，部队被击散，伤亡十分严重。杨尚武身负重伤、血流不止而牺牲。

激战中，李培芹团长阵亡，吕公良、黄永淮都负了伤。吕公良的战马也在十里庙附近被打死，但他俩仍跑前跑后，指挥部队突围。黎明时分行至十里庙村以东、烟墩郭村以北、于庄村以西一片开阔地内，被聚集在于庄的日军三十七师团工兵联队包围，激战两个半小时，双方伤亡惨重，横尸遍野。其中300多名中国军人战死在这片土地上。

黄永淮和30多名官兵在烟墩郭村以东遭日军前后夹击被俘。黄永淮目睹日军刺杀被俘士兵的残暴行径,实在忍无可忍,趁名日军不备夺过枪支,将一名日军击毙,自己也为国捐躯。

激战中的吕公良,带领四连连长张文远、警卫员鲁丙正和卜金斗,越过于庄西边的小洪河向东南冲击时,腹部多处中弹,血流如注,倒在于庄南面小王庄两片坟地之间的麦田里。5月2日下午2时,这位爱国将领停止了呼吸,时年41岁。大家极为悲痛,把将军的忠骨安葬在岗王村北地里,并用砖块刻上"吕公良之墓"的字样。后吕公良被国民政府授予陆军上将。1986年,吕公良被民政部追认为革命烈士。2014年9月,被列入民政部公布的第一批300名著名抗日英烈和英雄群体名录。

泛东挺进军独立挺进第一纵队根据策应我军主力配合抗击日军的命令,以该军的主力,向许昌东部挺进,协助新二十九师围歼许昌城外之敌。4月30日,挺进军分别在许昌东部的五女店、二郎庙、鄢陵等地与日军发生战斗,起到了滞扰日军的作用。

4月30日上午,日军第六十二师团向襄城颍桥的中国军队发起攻击。上午10时许,日军开始攻击颍桥镇及楚须河右岸阵地,中国军队利用寨墙为掩护顽强抵抗。在阻击日军渡过楚须河的战斗中,第79团团长刘耀军殉国。5月1清晨,刘昌义率部突围。

4月29日,汤恩伯电令第二十师师长赵桂森率部支援颍桥。由于行动迟缓,5月1日各部才陆续到达。中国军队虽顽强抵抗,但终不敌日军,于5月2日下午撤出战斗。

第五节　侵华日军的暴行

许昌沦陷后,日军在许昌横行肆虐,任意烧杀抢掠、奸淫妇女、抓丁拉夫,其手段之残忍,令人发指。日军所到之处鸡犬不宁,哀鸿遍野,制造了许多骇人听闻的大惨案,其暴行惨绝人寰。

日军占领许昌后,立即网罗维持会抓丁拉夫,寻找之前被沿线群众拆除并埋藏起来的道轨、枕木,砍伐树木,抢修铁路。民工们每天被繁重的体力活折磨得死去活来,铁路修成后侥幸活下来的寥寥无几。

1944 年 5 月 2 日,侵华日军中将师团长藤田茂在许昌西南十公里处的黄庄村,残忍地刺杀俘虏 4 名,犯下了滔天罪行。

随后 5 月的一天上午,侵华日军 100 多人在灵井乡兴源铺村城隍庙驻扎,之后开始杀人放火、奸淫掳掠,无恶不作。

日军将抓到的 3 个男人五花大绑,用军刀从背后将三人的头砍下,随后又从临近的刁云家掂了一口铁锅,架上木柴把水烧沸后,将头颅投入锅内煮,日军则在旁边抽烟谈笑,其状惨不忍睹。此股日军在兴源铺驻扎了 18 天,抢劫老百姓物品无数,强奸妇女数十人。

据不完全统计,日军在占领许昌期间,共杀害无辜民众 4456 人,其中刺死 807 人,被飞机扫射或轰炸致死 567 人,奸污妇女 8868 人,奸淫致死 67 人,被征劳役 9576 人、牛车 1400 辆,烧拆民房 6016 间,抢走粮食 151 万余斤,抢走猪羊 11028 头,砍伐树木 7254 棵。

日军为奴役许昌人民,还网罗汉奸爪牙,成立伪政府和维持会为其服务。当时,头号大汉奸明德与汪伪政府勾结,积极充当驻许日军顾问,联络洪帮弟兄及地痞流氓、大小汉奸效忠日军,并安排堂兄弟李雨霖任许昌绥靖公署主任。他组织伪军二三百人、枪四五十支,身穿日军军服,手提盒子枪,经常分赴四乡八保,催粮逼款,抓丁拉夫派车派役,为虎作伥。当时麦子刚收完,日军在汉奸走狗的带领下,下乡抢粮和猪羊家禽。有一次,他们来到三里桥,先把群众驱赶到村南打麦场上,要各家把粮食和猪羊送到场上交给日军。群众不听,日军军官大吼大叫,命令士兵到各家各户去抢粮、抓猪,装了十几车,然后强迫群众赶牲口运往城里。

4 月,日军发动"河南会战"后,许昌及周边各县人民再次饱受蹂躏。1944 年 4 月下旬的一天,日军的汽车、坦克开到陈曹许田村,当时正值小麦抽穗扬花期,车过之后麦田被糟蹋得不成样子。一批日军进村入户翻箱倒柜,抓鸡子找鸡蛋。在冯根秀家里因没找到鸡蛋,一个日本兵竟拿起空鸡蛋罐子摔到冯根秀爷爷头上,顿时冯根秀爷爷血流如注。29 日,新编二十九师一部在许昌城北俎庄完成支援任务撤回许昌城,日军进入俎庄,疯狂地进行大搜查,逢门就进,碰上走动或躲藏的人,不是打死就是打残。俎其明是个残疾人,隐藏在一个洞内,被日军发现,用刺刀戳其头部,鲜血直流,其母惜子,从磨屋内跑出呼救,也被日军杀害。俎子珍的母亲,听到枪声,知道日军进寨了,正同两个女儿向外躲,到街口被日军看到,俎母当即被枪杀在大街上。两个少女边哭边跑,躲在一个红薯窖中,也被敌人发现,日军又把俎母尸体拉到红薯窖内,用机枪对准窖口扫射,两个少女也惨死在窖内。20 多个村民在日军进寨前躲进村西一个棚子里,后被日军发现,用机枪对准棚口扫射,无一幸免。

日本侵略者为实现其以战养战之目的,在对华进行军事进攻的同时,还竭力把社会经济纳入为其侵略战争服务的轨道,疯狂地进行掠夺与榨取。一是利用大汉奸徐立吾(任伪九县宣抚使)、李雨霖(汪伪许昌绥靖公署主任)、姜子和(许昌县维持会会长)等为其筹饷,向许昌城内各商号工厂摊派苛捐杂税,并派遣伪军分赴各乡肆意砍伐树木,强拉牲口猪羊;二是为了加强对许昌金融的控制和垄断,于1944 年 8 月,特在城内天平街设立伪中央储备银行办事处,强迫人民使用中储券,用金银实物兑换伪币,由此而引发物价大幅度上涨。到1945年,伪币大为贬值,已形同废纸;三是日本华北振兴开发株式会社尾随日军而来,在城内关帝庙前设兵站市场管理处,全面垄断工农业产品贸易,用大量伪币廉价收购药材、土布、山货以及禽畜、蛋、蔬菜等装车外运,以供军需;四是日本浪人面川、木乃勇笼络本地汉奸商人投资,以薛少山(北街人)为经理在城关筹建大型酒精厂控制酿造业,并用伪币廉价收购当地的原料,驱赶五六百名中国劳力为其做工,把产品远销沦陷区和东南亚,从中牟利;五是推行毒化政策,鼓励农民种植罂粟,在天平街、党部街、南关洋街公开设立官膏店,大量抛售其所制"天津白""梅兰"牌海洛因,并从老沦陷区运来大批制造海洛因的原料(如醋酸)卖给当地人自行配制,一时毒害泛滥,吸食者之盛空前未有;六是华中振兴烟草株式会社接管了英美烟公司,垄断了整个烟叶市场,把用伪钞收购的烟包经水旱两路运往安徽蚌埠、山东门台子,经复烤后再运到上海、青岛、天津、汉口等地进行卷烟生产,牟取暴利;七是1945年春,日军曾一度打通平汉线,全部实行军事控制,为其军事侵略和经济掠夺服务。

日本帝国主义为达到亡我中华、任意宰割奴役中国人之目的,还强制推行奴化政策,进行奴化教育。当时,日军在许昌四处城门布设了岗哨,士兵个个满面杀气。他们规定过往男女老少一律须向他们鞠躬行礼,若有疏忽者,便挨几记耳光。还在文庙办了一所完全小学,上课前要学生为死亡的日本兵默哀三分钟,上课教学生讲日本话等。大汉奸吴有惠在许昌城学巷街开办训练班,培养奴化教育骨干,所用的教科书,奴化教育气息十分浓厚。1945年春,许昌县日伪教育科还在城内放映奴化教育电影,在工厂、学校强迫大家学唱《满洲姑娘》《有敌无我、有我无人》等歌曲。日寇所到之处,要群众向其脱帽、行礼等,完全把中国人当作亡国奴对待。

第六节　抗战后期许昌县人民的对日斗争

许昌人民面对日本侵略者的腥风血雨,不仅没有屈服,反而奋起反抗,势头愈演愈烈。各类抗日武装力量和抗日团体四方迭起,枪口一致,或明或暗,或集中或分散,袭击敌人据点,炸毁敌人军车,破坏铁路桥梁,夺取敌人武器弹药……沉重打击日寇嚣张气焰。

许昌城北忽庄村有一支以忽兆麟夫妇为首的抗日队伍。1945年春,忽兆麟打入日军护路队,他利用职务之便,发动护路队员抗日,破坏日军铁路线上的设施,出其不意地打击、骚扰日军。日寇的残酷暴行,激起了许昌人民的极大愤慨。1945年春的一天,许昌城4个催粮逼款的伪军来到碾徐村,强迫时任保长的徐赖人向群众派粮派款,被徐赖人当场拒绝。4个伪军无奈,只好悻悻空手而归。

1944年8月,共产党员彭国政回到家乡许昌县三里桥李庄村,在三里桥李庄村秘密成立许昌县人民抗日自卫团和抗日游击队,自任团长,彭长安任参谋长,李保恒任游击队大队长,下设3个小分队,骨干力量30多人,拥有步枪17支、手枪6支、土短枪20余支和大刀等武器。自卫团在坡底罗村罗根生家秘密集会,常常晚上集中,白天分散,活动于三里桥附近的河湾、许庄、陈庄、尚冢、赵湾、坡底罗一带,伺机袭击敌人。

1945年1月下旬的一天下午,游击分队队长以上的干部在三里桥王瑞家召开紧急会议,商议袭击日军事宜。彭国政向大家通报情况后明确分工,由李保恒、彭长安、彭合长、何风仪等人埋伏在一座烟炕的平台上,其余20余人埋伏在白梁桥两侧,待日军汽车从王家院粮站开出来时进行突袭。不料这次行动被当地汉奸关胜武获悉后报告给了日军,当地日伪军倾巢而出,自卫团迅速撤离,行动失败。时隔不久,彭国政等人又在赵拐村赵林山家中开会,研究截击日寇专列,赵林山发现关胜武在门外偷听立即将其抓获。彭国政随后在大坑李村召开群众大会,公布关胜武的汉奸罪行,并亲手处决了关胜武。

1945 年夏,中共地下党员崔永志主持召开秘密会议,安排另一支抗日武装待命出击,给城西日军以打击。经过精心布置,他们查明了日军油库、车库地形和巡逻队的出行规律,然后开始行动。地下党员张炳林放哨,另一同志故意暴露目标,引开敌人视线,青年游击队员罗金发趁夜色潜入油库院内,将一桶汽油点燃后迅速离开,整个油库和车库瞬间变成一片火海。

由于游击队和抗日自卫团不断袭击敌人,驻扎在许昌一带的日伪军、单兵不敢在营区以外的区域随意走动,嚣张的气焰有所收敛。

守城官兵英勇抵抗日军

第七节　抗日战争取得最后胜利

1945 年 8 月 15 日,侵华日军宣布无条件投降,经过十四年浴血奋战,中华民族终于迎来了最为振奋人心的日子。

十四年抗战,许昌县人民付出了沉重的代价。由于消息闭塞,许昌人民分享这一喜悦的时刻却姗姗来迟。起初,人们所看到的只是天空中中国飞机成群结队地飞,日军由气势汹汹变得满面戚容。许昌城四门日军的岗哨撤了,日本人开办的学校散了,教日语的老师溜了,供日军吃喝玩乐的场所关闭了,那些靠日军撑腰为虎作伥的汉奸、皇协军也拿出手表、毛毯之类的东西向人换饭吃、换衣穿,一天比一天收敛了起来。这些微妙的变化使被欺压得喘不过气的许昌老百姓看在眼里喜在心头。人们苦闷的脸庞开始舒展,出入许昌城四门也不再向日本人鞠躬行礼,腰杆也直了起来。后来日军投降的消息逐渐传开,沉闷的许昌城终于沸腾起来。

国民党部队将领高树勋率部进驻许昌那天,街道门店彩旗招展,墙壁上张贴着许多“欢迎劳苦功高的高树勋将军”“庆祝抗战胜利”等标语,大同街西口还搭起了用松柏扎成的彩门。在国民党军经过的路道上,摆上了礼桌,上边放着香烟、茶水、点心以及洗脸盆、毛巾等。11 点左右,从大同街西传来第一声汽车鸣笛声,街上顿时鞭炮齐鸣,呼声震天。先头两部吉普车开道,紧接着十几部军车头尾相接驶来,上面站着全副武装的士兵,人们沉浸在无比喜悦的欢乐气氛之中。数天之后,中国军队押解着一队队无精打采的日本鬼子离开了许昌城。

侵华日军无条件投降后,许昌县被指定为日本俘虏收容所之一,收容的近万名日军,恰是攻打许昌的第十二军。他们分别被安置在许昌城东、城北、城南几十个村庄里,时间长达 7 个月之久,一直到

1946年5月才归国。这些日军曾在中原犯下滔天罪行，但许昌人民不念旧恶，从人道出发，给予这些俘虏以宽厚的待遇，在生活上施饭、施粮，关照他们，使他们深受感动。住在城东的日军，军部设在长村，住有将军等许多军官。由于日军太多，农村空房少，许多农户都把磨房、牲口屋腾出来，供他们居住。于庄还把正在使用的学校改作日军住处。

由于连年战争，经济极为困难，战败日军的给养日渐供应不上，饭菜质量明显下降，一些日本兵有时饿着肚子，吃不上饭。当地群众的生活也很困难，粮食奇缺，家家户户靠吃红薯过日子。人们见日本兵饥饿的样子，常常把蒸熟的红薯送给他们充饥。可以说，在极度困难的情况下，朴实善良的老百姓用红薯养活了这些日本兵。

一些日本兵回国后，有的来信感恩，有的来访谢罪。1987年9月4日，原住在邓庄乡岗王村的日本兵酒井油松、佐藤邦等人，专程来到岗王村探望，对日军过去所犯罪进行忏悔。

曾在长村张乡黄庄村住过的一个名叫吉村进的日本兵，1986年麦收前、1998年6月、2004年8月先后3次返回黄庄探望，看望了黄庄村的贫困学生，资助了一些贫困家庭，表示将永远铭记许昌人民的情谊。

1985年，原住在尚集镇大韩村的一个名叫辰野德太郎的日军少尉，给大韩村韩鑫森寄来一封长达12页的来信。字里行间，充满了对大韩村村民感激之情和对日本侵华战争的切齿痛恨。

原住在邓庄乡长村的4名日本士官，1989年以来，先后3次到长村探望，感谢长村人民对他们的宽待照顾，回忆在长村度过了一段难忘的俘虏生活，不忘当地群众当年的优待之恩。

故事：

回汉青年保护"三绝碑"
胡国民

在许昌县有两块国家一级文物"三绝碑"。这两块碑是东汉末年（220年）曹丕逼汉献帝在繁城让位而刻立的。一块是《公卿上尊号奏》，一块是《受禅表》。此二碑有三个明显特点：一是王朗撰文。当时王朗文采天下第一，无人可比，所写碑文多一字不能、少一字不可，称文绝。二是大书法家梁鹄书。梁鹄当时书法天下第一，无人能比，称书绝。三是大书法家钟繇刻字，也是天下第一，称刻绝。"三绝碑"上的字称为"八分书"，即八分象楷，二分象隶，是汉字由隶书向楷书的过渡，在汉字书法史上有着划时代的意义。"三绝碑"又是从东汉到曹魏政权更替的见证，具有重要的政治价值、文化价值和历史价值，是国家一级文物，无价之宝。

日军占领许昌后，发现了"三绝碑"，阴谋夺取。因日本文字是唐朝时遣唐使阿倍仲麻吕和空海，把中国汉字草书的偏旁和楷书的偏旁作为片假名和平假名创造组成了的。他们为研究日本文字起源，先派专家来研读后，就把典型的字涂上特制药水而后挖走。但这样仍不甘心，必欲窃据全碑而方休。日军在献帝庙频繁活动，欲对"三绝碑"下手，被当地村民发现。在夜深人静时，七八位回汉青年用板车把二碑拉至秘密处掩埋于红薯窖中。时隔一日，日军一个小队保护着几位专家到繁城抢碑。到献帝庙一看，二碑皆无，只留底座，即怀疑是当地村民藏起来了，抓了几个乡民严刑拷问，但一无所获。最后日军为了放长线，就逼令当地维持会作保，放了几人，以诱图碑。到第二年8月日本投降，"三绝碑"终未被日军抢走，国宝得以保全。

新中国成立后，国家对文物非常重视。文物部门派人前来考察，有一人献出了一张图。此图是一张棉纸,用紫水画的,上画有房、树、井、碾、磨等地物,并标有距离、步数。但是这些实物已不存在,后来在一家房后发现一个大碾盘,掀开后是一口井,正是图上画的那口井,并以此井为参照,查距步量,最终挖出了二碑,使国宝重见天日。

对"三绝碑"的保护,充分体现了回汉青年的爱国情怀,也是中华民族不畏强敌、民族团结反抗侵略的又一例证,值得后人景仰学习。

位于许昌塔博物馆的三绝碑复制品

我所了解的许昌抗敌工作训练班情况

艾荣泉

1938 年元月,河南大学进步教授范文澜、嵇文甫等率领"河南大学战时教育工作团"来到许昌,开办了"抗敌工作训练班"。这是当年许昌救亡活动中值得大书特书的事件,也是一次影响当时许昌许多进步青年选择革命道路的活动。我作为这次训练班的一个最年轻的学员,时隔五十八年之后,对它仍保留深刻的记忆。

那是抗日战争全面爆发、抗日民族统一战线正式形成的年月,抗敌救亡的怒潮激荡着中原大地。1937 年 8 月,省会开封出版了由中共河南省委主办的《风雨》周刊,筹办起由范、嵇等教授倡议一并得到中共河南省委支持、赞助的"抗战讲习班"。两个月以后,在此基础上建立了"战时教育工作团"。中共河南省委特派了代表确山竹沟新四军留守处的马志远(即刘子厚同志)参加该团的领导工作。工作团由河南大学和省会高级中学的部分师生组成。其中有若干地下共产党员,总共四十多人。1937 年底,许昌籍进步教师徐干青和张宇瑞邀约该团来许昌办训练班。全团从开封徒步出发,经过朱仙镇、尉氏、鄢陵等地,沿途还开展了抗日救亡的宣传活动。

那时虽说是国共合作,但国民党当局对共产党的活动仍处处防范。战时教育工作团尽管打着河南大学的招牌,其"左倾"的政治倾向都是人所共知的。到许昌办训练班,有哪个机关学校肯腾出偌大一片房舍场所供你活动,地方当局能否允许你向社会公开招生,这些都是首先要解决的问题。徐干青和张宇瑞两位教师是许昌教育界的耆宿,凭着他俩在地方上的声望和社会关系,向有关方面晓以抗日救国的大义,终于借得许昌城厢小学(原许昌市八中旧址)的校舍,趁着寒假时间开办,好让在校的师生能够前来学习。招收学员的通告贴出后,人们奔走相告,踊跃报名,很快就有150多人参加,大大超出了原定一个班的计划。

抗敌工作训练班由范文澜和嵇文甫两教授领衔。范文澜当时已是全国著名的研究《文心雕龙》的专家、河南大学的文史教授,他从钻研古籍中走出来成为一位马克思主义的学者,对青年们具有很强的号召力。嵇文甫曾留学苏联,学贯中西,是国内知名的左翼教授。他们两位是训练班的旗帜。马志远就是新中国成立后曾一度担任过河北省委书记的刘子厚同志。他是训练班的党代表。还有徐述之、张师亮等老师,我在《风南》周刊上看到过他们撰写的文章,他们都是进步青年们所敬慕的师长。徐干青和张宇瑞两人也参与了训练班的领导工作,以便解决地方上发生的问题。这些老师的学术造诣高,政治思想水平高,抗日救国的热情高。他们不辞辛劳地讲课、辅导,而且没有一点学者、教授的架子,跟青年学员们同吃、同住、同活动,打成一片,亲如一家。至于那一班工作人员,既是训练班的辅导员,又是宣传员。他们早晨练唱、教唱救亡歌曲;白天跟我们一起听课,参加小组讨论,耐心辅导;自由活动时间深入学员中间交流思想、亲切谈心;晚上写画抗战的标语漫画,排练演出节目。有时间就整队外出,到集市街道搞宣传活动,全身心地投入到抗敌救亡工作里面。当时我就想,抗战青年就应该像他们这样学习、工作、生活,在实践中经受锻炼,增长知识和才干。

训练班完全按照延安的陕北公学和陕北安吴堡青训班的模式进行办学。全天的活动安排是:早晨上操、跑步,队列训练,学唱救亡歌曲。上午露天上大课,学员们席地而坐,有时把讲课人围成个半圆形,边听课边记笔记。下午分组讨论或者自学。晚上自由活动。在这里,不论男女、师生、长幼,都全神贯注地进行学习和活动。这种新型的教学形式,真叫人大开眼界。

　　训练班的教学内容大致有抗战军事政治形势、哲学、历史、经济学和游击战术等，每天讲一个内容，中间穿插一些必要的学习活动。范文澜主讲形势，讲抗日民族统一战线的理论，讲青年修养。他戴一副高度的近视眼镜，身体清瘦，穿一件蓝灰的长袍，看样子是个典型的文弱书生。大家都知道他是全国闻名的大教授，为了参加抗日救亡工作，不辞劳苦，不避风寒露天讲课，这种精神实在动人。他是南方人，不耐北方冬寒的侵袭，讲话中连连咳嗽，更激起听课人的由衷感激。我印象最深刻的是有一次讲青年修养问题，他现身说法，讲起自己的治学、思想的转变，联系到目前的救亡工作。大家都知道这是非常难得的一次讲话，连工作团的所有人员都前来聆听。他浓重的绍兴口音人们不易全部听懂，必须高度集中注意力，甚至都顾不上记笔记了。全场鸦雀无声，只有他的绍兴口音和阵阵令人揪心的咳嗽声在寒空中回荡。

　　嵇文甫比范老显得壮实一些，着一身得体的黑色中山装。他讲社会发展史、中国历史和中国革命史，是自古到今贯串一气讲的，如数家珍，非常熟练。他讲话轻声慢气，像谈家常一样，斯文而有条理，原话记录下来就成一篇文章。

　　徐述之讲哲学——辩证唯物论和历史唯物论。他身材比较魁梧，赤膛面孔，戴一副玳瑁框的近视眼镜，语音瓮声瓮气的，语调比较急促激昂，颇有点中年学者的风度。他讲的内容多来源于李达译的爱森堡所著《唯物论辩证法教程)，但又不是照本宜科。张师亮讲经济学，他留有黑色的长胡须，看上去像个健壮的老头，其实他是个中年人，好像是在被捕期间或者被通缉期间留下的长胡须，以后不再剃去，装扮成老年人活动起来更为方便。他讲战时经济，用政治经济学的理论分析当前的经济形势和经济政策。

　　当时，我和几位同学已读过几本进步的社会科学入门读物，但多是一知半解，生吞活剥。这些老师深入浅出、联系实际的讲授，使我们原来自学的知识得到了融会贯通、巩固提高。

最受欢迎的是马志远讲游击战术。他是一位老革命,在训练班里他并不避讳自己是共产党人、老红军战士的政治身份。他穿了一件灰色的、破旧的羊皮长袍,又长又胖大,显然不是为他量体裁衣,而是为了到蒋管区工作临时找了一件穿上的,连个罩袍的长衫都没有。加上他举止洒脱,谈吐风趣,另有一种职业革命家坦荡乐观、落拓不羁的风范。当时人们对游击战尚感到陌生、神秘,马志远讲的游击战术,结合介绍一些具体生动的战例,有许多还是他本人参加过的实战经历,讲得绘声绘色,生动感人。这样的授课形式实在是闻所未闻。

为了执行抗日民族统一战线政策,训练班也请了国民党驻军长官来班讲话。那时在许昌驻扎的是汤恩伯的第十三军,担任许昌城防司令的是旅长陈大庆。他身着正规军的戎装,神态威严袭人,用一种居高临下的训斥口吻,讲了国民党正面战场的军事形势,对国民党将领刘峙在平汉铁路前线节节败退,保定、石家庄、安阳相继沦陷,讳莫如深,只字不提,言语间还对八路军游击战争颇有微词。他的讲话跟马志远所讲的形成特大的反差,听者也大为反感。

训练班还请了一位姓曹的驻许昌的"民运专员"来讲民运工作,内容泛泛,印象不深。后来得知,曹实际上是一位地下党员,请他以官方人士的身份来班讲话,就无形中抵制了别的官方人士再来讲话。那时节虽然是国共合作全面抗战的初期高潮,但国民党当局屡屡设障碍、搞摩擦,明争暗斗不断,训练班的处境并非一帆风顺,而且越来越困难。

抗敌训练班的学员包括四种成分。一是经河南省当局批准、由徐干青带领、深入许昌农村作为"政治教官"的 72 名青年学生。他们都是从开封来的高中学生,被分派到许昌各联保进行过宣传动员工作和军事训练,因战局和政局的变化而提前结束,全体进入了训练班。二是许昌城乡的小学校长和教师。就我所如,许昌城厢小学的校长和全体教师都报名参加了,其中我所认识的就有王兆瑞、周安民、徐焕文、蔡健民等。还有五女店、繁城等地的几位小学教师,名字我记不得了。三是本地的进步社会青年,他们多是往届毕业生或从外地回来的知识青年,其中我所认识的有:孔繁珍(烈士)、王征瑞(王云,已故)、寇卓然(寇禹铭,已故)、徐振鹏、许淑凌、颜世庚、寇翠兰(已故)、丁光裕(已故)、张凌霞、高彦宾、马鸿儒(已故)等。四是我们省立许昌中学的在校同学,有王石青(已故)、郝延诏(郝寿卿,烈士)。金万盛(已故)、张世杰(张明舜,已故)、王效堂、刘国建、郑敏贤(郑觉民)、张福根等等。

抗敌训练班在旧历年前结束,河南战时教育工作团移往舞阳北舞渡。训练班虽然只办了两个星期,它像一只火把,照亮了被国民党的专员公署、县政府、县党部、正规军、保安队层层封锁禁锢的阴沉沉的许昌大地。它的影响是多方面的、深远的。

首先,训练班给学员以思想上的启蒙、政治上的启迪,使许多爱国青年走上了革命的道路。训练班之后,在许昌青年中兴起了奔赴抗日根据地的又一次高潮(按:1937 年奔赴延安的为第一次高潮)。据我所知,训练班结业时,随战时教育工作团参加工作的有:孔繁珍、张福根、寇卓然、寇翠兰、王效堂、高度宾等,其中,孔繁珍于信阳前线牺牲,是我们同学当中的第一个抗日烈士。1938 年 3 月,有王征瑞、王林堂、张勇智、张申西、闫树德、徐振鹏、徐振乾等到确山竹沟参加新四军教导队,此后又有王石青、沈顺卿、郝延诏等辗转奔赴延安。就是留在地方上的其他学员,大多就地参加了抗日救亡活动。至于那 72 名"政治教官",在训练班结业后,一部分回乡参加当地抗日救亡活动,多数经"总教官"徐干青介绍,从许昌出发,参加了八路军、新四军。

其次,训练班揭开了许昌县抗日救亡运动的序幕,它训练出一批救亡工作的骨干和积极分子,教给学员以救亡的理论、工作方法和活动方式,教育工作团还以自己的行动作出了"示范动作"。1938 年可以说是许昌城乡抗日救亡活动的高潮年。在社会上,许昌民众教育馆建立了抗敌话剧团,到城乡各处演出;在学校里,省立许昌中学几乎各班都成立有抗敌宣传队到街头开展宣传。一时间,《放下你的鞭子》《三江好》《毁家纾难》《捉汉奸》等活报剧、街头剧经常演出,《义勇军进行曲》《教亡进行曲》《松花江上》等救亡歌曲到处演唱。到了下半年,以石固、五女店、繁城、长村张等地的小学为据点,形成了全县星罗棋布的救亡活动网点,其中的骨干多是在训练班里学习过的小学教师。

再其次,训练班还为许昌县的建党起了催化作用。1938 年 3 月,中共豫中地委派陈遗、李持英(女)来许昌建立中心支部,首批发展的党员有王石青、沈顺卿、刘国建、郝延诏、丁光裕、马鸿儒等,他们都是参加过训练班的学员,并在此后的救亡活动中经受考验而被吸收入党的。

在此后的岁月中。我曾多次地回味过这件事:为时仅仅两个星期的"抗敌训练班",为什么能释放出这么大的能量?这说明"形势逼人强",顺应历史潮流而动,人们就能创造出比平常多得多的业绩来。

(原载 1996 年《许昌文史资料》第九—十辑)

第四章
解放战争时期

本章提要

抗日战争胜利后,全国人民热烈期盼和平、民主,但是国民党蒋介石政府玩弄假和平、真内战的伎俩。1946 年 6 月 26 日开始,国民党军队悍然进攻中原及其他解放区,全面内战爆发。中共许昌县党组织领导全县人民不断掀起反蒋政治、经济斗争,动员全县人民踊跃参军,掀起剿匪反霸和支前高潮,为人民解放军解放许昌作出了重要贡献。

第一节　许昌地下情报站的建立

许昌县地理位置非常重要,不仅是国民党中原战场的重要屯兵站和物资补给地,还是周边县城反动势力的活动和聚集中心。

由于国民党发动全面内战,中共中央晋冀鲁豫军区与豫皖苏军分区,分别于 1947 年 4 月和 5 月派贺群和李文彬到许昌秘密建立地下情报站。这两个情报站严守地下工作原则,互不发生横向联系,各自按照隶属关系,通过各种渠道和方法搜集敌方政治、经济和军事情报,为解放许昌做准备。

贺群曾任晋冀鲁豫二分区政治处组织科科长、七纵队政治部组织部长,许昌县贺庄人。1947 年 4 月,受中共晋冀鲁豫中央局城工部王幼平派遣,回许昌开展地下工作。到家乡后,便与中共豫皖苏五地委取得联系。在伯父贺升平(国民党河南省参议员)的帮助下,他打入国民党保安队担任秘书,不久,地委派鄢陵县委副书记曹国典和冀鲁豫六分区工作站参谋李岩协助贺群在许昌建立起地下情报战,贺群任站长。贺群利用对家乡比较熟悉的优势和各种关系,在艰苦的环境里千方百计地开展工作。他首先动员大伯贺升平、父亲贺清平、三叔贺永平、姐姐贺一新、表弟丁喜全、爱人郭君化等亲属协助自己开展秘密工作。他经常头戴毡帽,身穿长衫,化装成商贾名流,穿行于许昌的大街小巷和许昌周边村寨,很快把许昌县的地形地貌、社会状况、国民党军警以及军事设施的分布情况了解得清清楚楚,将国民党守军的兵力部署、军用物资、仓库等情况绘制成图,及时传递给中共豫皖苏第五地委城工部。

为了工作方便,不暴露身份,贺群改随母亲丁姓,曹国典化名韩国典,李岩化名郭延德,分别以许昌救济院职员和西关药店伙计的身份作掩护,积极开展工作。为了迷惑敌人,他们经常变换住所和联络接头地点。为避开敌人的封锁、检查,确保能把情报送出去,贺群动脑筋想出了很多办法,冒着生命危险与敌人斗智斗勇,出色完成了上级交给的各项任务。

在搜集敌人情报的同时,贺群还和曹国典、李岩一道,想方设法地为解放军购买和运送枪支弹药和药品,有力地支援了前线。仅在山东德州,就一次性购买长短枪80多支、子弹2万余发,并及时送到豫东部队。

为粉碎国民党军队的进攻,根据中共中央指示精神,许昌情报站立即开展政治宣传和政治攻势,对国民党军队进行分化瓦解,争取在国民党军队内部组织起义,同时也对国民党内部的上层人士进行分化瓦解。贺群的伯父贺升平,1910年加入孙中山先生创立的同盟会,民国初当选为国会议院议员、外交委员,1946年在山东菏泽参加共产党领导的地下工作。贺群在许昌收集敌人情况的同时,还利用其伯父的影响和其他关系,主动接触国民党上层人士,向他们宣传共产党的主张,共同讨论分析国共两党的前途和命运,争取他们弃暗投明,站到广大人民一边。贺群也通过其伯父贺升平做工作,使许昌的著名律师王一公转变了立场,自愿为共产党工作。王一公还让在家度寒假的儿子王诗传跟随贺群到豫皖苏解放区当联络员。贺群和王一公还多次找到国民党河南省政府主席刘茂恩,动员其起义,但因刘茂恩思想摇摆不定,最终起义未能实现。

当时情报站活动经费非常紧张,贺群除利用社会关系为其他同志安排食宿外,还把家中的钱财给情报站用作经费。许昌首次解放后,贺群任许昌市人民民主政府第一任市长。后许昌县、市合并,贺群任许昌人民民主政府县长。贺升平及其子贺建华、堂侄贺群三人,均为人民解放战争作出了杰出贡献,被许昌人尊称为"贺氏三雄"。

在贺群建立情报站的同时,赵吉甫等人建立了豫东情报站。由于当时白色恐怖严重,赵吉甫被迫转移到晋冀鲁豫军区,朱吟秋等数十名地下党员仍坚持工作,并在许昌成立由辛九如为组长的党小组,以合法职业做掩护继续开展党的工作。中原突围后,鉴于赵吉甫掌握着许昌、开封两地的情报组织情况,党组织决定派他到许昌具体负责情报传递及恢复党组织工作。

1947 年 5 月,赵吉甫在豫皖苏解放区派交通员到许昌,分别与许昌邮政局的辛九如和救济分署的闫卫中接上了关系。此后,辛九如、闫卫中、蒯成来等人在豫东情报站的领导下,开始为豫皖苏解放区收集情报。蒯成来在一所小学教书,以教师的职业作掩护,暗中调查国民党在许昌的驻军、地方武装的军事布防和党团警宪的活动情况。辛九如利用在许昌县邮政局工作之便,收集各类政治、军事情报。

辛九如他们还将国民党许昌驻军的布防、工事、火力设置等情况绘制成详细的地图,并附加说明材料,交给交通员带到豫皖苏解放区。辛九如等在许昌县当时国民党反动统治区的艰苦工作,获得了大量重要情报,受到上级领导的高度肯定和赞誉。后来,赵吉甫任许西县长时,曾收到晋冀鲁豫野战军参谋长李达的亲笔表扬信。信中称赞,辛九如提供的国民党驻军调查表是全国解放战争以来最全面、最详细的一种情报,是一份完整的敌人军事布防图。

许昌情报站及时将各方面的情报报送到上级党组织,为解放许昌、解放全国作出了重要贡献。

第二节　许昌县民众的反蒋政治经济斗争

由于国民党当局违背全国人民休养生息的迫切要求和和平建国的愿望,执行反动的内战政策,加上官员们的贪污腐败,迅速失去了人心。为筹集内战经费,国民党反动政府除对人民征收多如牛毛的苛捐杂税外,还无限制发行纸币导致物价飞涨。严重的恶性通货膨胀,使人民一次又一次遭到了洗劫,民族工商业走向破产,国民党统治区的工农业生产严重萎缩,国民经济遭受到严重的危机。广大农村饿殍遍野,全国公教人员和学生、民众的生活也陷入了极度困境。

日寇投降后,逃离许昌的国民党当局地方官员,争先恐后地返回许昌,抢占日伪机关、工厂、学校。国民党当局依仗权势对许昌县工人阶级进行严格控制,严禁工人罢工、集会、游行示威,极力剥夺工人阶级的政治权利。官府或资本家还从经济上对工人阶级进行更加残酷的剥削,苛捐杂税多如牛毛,工资福利一压再压,除增设社会科外,又专门成立了劳资调解委员会和新中国建设协会。1946 年冬,国民党许昌县总工会在衙前街成立,理事长王瑞安系国民党许昌县国民党部执行委员会指导员,是国民党派去的骨干分子,他到处收买人心、笼络群众,加强对工人运动的控制。

1946 年开始,物价涨幅愈演愈烈,甚于战事。1946 年秋,小麦每斤为 200 元,1947 年春涨到 3517 元,几个月涨了近 18 倍。由于物价狂涨,票面不断贬值,5000 元票面的钞票在市面上已不再流通,工人无法养家糊口。官僚资本垄断企业的现象更加明显,如许昌县商联会理事长周锦堂、省商会长孔绍周,加紧垄断许昌县卷烟和华纱布市场,对工人展开更加残酷的剥削,致使许昌县工人阶级无法生存。美国商品潮水般地涌入中国市场,形成独占的地位,许昌县市场上棉花纱锭、皮鞋等洋货的涌入,直接摧毁了许昌县的民族工商业。中统特务张贯一,在许昌县城内南大街开设中美合作商店,洋货充斥市面,致使地方的产品滞销,一些小型工厂或作坊倒闭。本来就濒临危亡的许昌县经济更加雪上加霜,到了崩溃的边缘。

1946 年,许昌县党组织领导工人群众开展争取生存权利、改善生活待遇和经济斗争,宣传党的方针,揭露反动当局的罪恶,鼓动广大市民知识分子、商铺店员、企业老板以各种形式变相进行抗捐抗税的斗争。

民不聊生

许昌县私立灞陵中学师生发表进步文章,针砭时弊,与三青团所办的《中原周报》的反动论调展开笔战。许昌五区联师开展索薪罢教斗争,私立进德中学举行了反特投毒罢课活动,许昌县简易师范为改善学生生活也举行了罢课活动。

不少农民也不断掀起了反抗国民党当局抓壮丁、反对征粮、征税的斗争。

第三节　许昌的解放

一、人民解放军首次解放许昌

1947 年 7 月,人民解放军挺进中原后,许昌成为国民党军的一个重要屯兵站和补给基地。国民党军利用许昌城高、壕宽的特点,严加防守。华东野战军第三纵队第八师在平汉铁路破击战开始的当天,已将许昌城团团围住,并制订了详细的作战计划:七师二十一团主攻北门,八师第二十二团一个营袭取南关、第二十三团袭取西关、第二十四团一个连袭取北关,控制许昌的外围。根据许昌守敌已陷于孤立的情况,华东野战军第三纵队首长认为,打下许昌对我军有着重要的意义。华东野战军指挥部同意后,华东野战军第三纵队于 1947 年 12 月 14 日夜发起总攻。

总攻开始后,第二十二团首先向南门发起攻击,轻重机枪一起开火,爆破组连续三次爆破后,突击班迅速向城门扑去。但由于攻城准备不充分,组织不严密,进攻南门的战斗失利。第二十三团担负主攻西门的任务。西门外护城河上只有一座木桥,三根圆木上钉着几块薄木板,是进入西门的唯一通道。华东野战军第三纵队首长要求第八师无论如何保住这座桥。在第八连指导员、甲等战斗英雄李华的指挥下,飞行爆破组的同志连续实施了 4 次爆破,仅用 8 分钟就炸开了西城门,突击组越过木桥,没等敌人发现便纵身攀上了城楼。紧跟着,第八连战士全部进入许昌城。七师第二十一团主力在第二营的接应下突破敌人北门的防线,进入城内。他们打退了数倍于己的敌人的冲锋,并俘虏了大批敌人。最后在第二十二团的配合下将南门残敌歼灭。经过 13 个小时的激烈战斗,许昌于 12 月 15 日 12 时宣告解放。

这次战斗共毙俘敌官兵 7000 余人,缴获各种火炮 70 余门、汽车近百辆、一列装满弹药的火车、几个军用仓库和大量军用物资。《人民日报》及《东北日报》等报纸都在显著位置报道了许昌解放的消息，粟裕来电表示祝贺和慰问。华东野战军第三纵队召开了英模表彰大会，命名第八师第二十三团第八连为"许昌连"，并奖励写有"神速突击、顽强制胜"8个字的锦旗一面。

华东野战军第三纵队首次攻克许昌城后，豫皖苏五地委、五专署决定成立许昌县人民民主政府，孙志光任县长。这是中国人民解放军第一次解放许昌。

许昌县人民民主政府配合城市工作委员会接管城市、维护社会秩序、宣传我党政策、开仓放粮、安顿兵马粮草及军队食宿等工作。

二、敌我拉锯状态持续

12月31日，许昌举行了万人祝捷大会，欢庆许昌解放。当全副美式装备的解放军城防部队进入会场时，群众夹道迎接，掌声雷动。在军乐的伴奏声中，解放军代表、华东野战军第三纵队宣传部部长车文仪发表了热情洋溢的讲话。

不久，华野三纵撤离许昌，南下漯河、郾城，国民党军再度占领许昌。1948年1月3日，华东野战军第一纵由郾城北上，于1月6日攻克许昌。许昌守敌溃逃，许昌第二次获得解放。华东野战军第一纵队在许昌进行新式整军训练半个月后主动撤出，国民党军再次占领许昌。2月12日，解放军第三次占领许昌，7日后主动撤出。国民党孙元良兵团由郑州南下，许昌又落入敌手。4月7日，华东野战军陈唐兵团为掩护晋冀鲁豫野战军主力西越平汉铁路，转移至豫陕鄂解放区进行整军训练。盘踞在许昌的国民党许昌专署专员范仁带领专署人员和太康、鄢陵等县的国民党自卫总队2000余人弃城而逃，许昌第四次解放。

华东野战军陈唐兵团撤离后，范仁带领残兵败将重新返回许昌。5月14日，华东野战军陈唐兵团八纵在参加了宛西战役后拟进驻许昌地区集合待命,得知许昌城内的敌军尚未发现第八纵队的行动,便奔袭50多公里,连夜包围了许昌。战斗从夜里2时开始,部队突进四关。第八纵队部队两个团以迅雷不及掩耳之势,从北、西、南三面冲入城内。范仁等见大势已去,便带了许昌专署专员及一帮亲信从北门突围而逃,在许昌北关被第八纵队一个营迎头截击。经过四个小时的战斗,第八纵队全歼反动武装共计2270余人,俘虏范仁等人,缴获轻重机枪66挺、长短枪1459支、子弹14万余发、骡马112匹。许昌第五次获得解放。

三、许昌得到最终解放

5月23日,华东野战军第八纵队一部在许昌县城北与国民党第八十八师的一个旅发生战斗。为参加开封战役,解放军主动向东撤退,中共许昌县委、县人民政府及地方人民武装也向鄢陵方向转移。同日,国民党第七十五师由和尚桥南窜,占领许昌。5月24日,国民党第十一师由襄城县颍桥进发至许昌。国民党第十一师、第七十五师东去后,国民党第二十六旅驻守许昌。他们在许昌的50天时间里,群众损失5000亿元(旧币)以上,房屋被拆毁2000余间,130余名积极分子被暗杀、活埋。土匪蒋全彬、杨文周两部数百人结合流氓、烟鬼,到处勒索抢劫、制造谣言、威吓群众,暗杀积极分子。人民痛苦不堪,顾虑很大。6月7日,中原野战军一部在豫皖苏第五分区地方部队和许昌县大队的配合下,第六次解放许昌。国民党第二十六旅向郑州方向逃窜。至此,敌我拉锯局面彻底结束,许昌永远回到了人民手中。

许昌的最终解放使豫皖苏解放区和豫西解放区连成一片,切断了中原之敌南北之间的联系,使国民党军队在中原地区失去了一个重要的补给基地和战略要点,为中国人民解放军在中原战场实施战略机动、更主动地歼灭敌人创造了有利条件。

第四节　许昌城市的接管与改造

解放前,许昌城是国民党中原地区的统治中心之一,也是许昌周边的政治、经济、文化中心。

许昌刚解放,华东野战军第三纵队就成立了以政治委员丁秋生为书记的中共许昌城市工作委员会,负责收复后的善后工作,并任命第八师二十三团团长石一宸为许昌城防司令,进行城市政策纪律的宣传教育,维护社会秩序。由于准备工作充分,部队攻入城后,城内秩序井然。

城市接管部队还把城内有影响的社会名流请出来,成立临时市政维持委员会,稳定了社会秩序。后来由于战略需要,华东野战军第三纵队便主动撤出,城市接管工作也随之暂停。

虽然这次许昌城市接管工作时间不长,但在许昌城乡中产生了很大的政治影响,在各界人士中树立了共产党人的良好形象。后来华东野战军第三纵队就接管许昌、执行城市政策的经验专门写了一份报告,得到上级充分肯定。

在接管党政机构方面,军管会积极宣传党的政策。1948年6月7日,许昌第六次解放后,接管许昌的军管会根据不同接管对象组成相应的接管机构,入城后一律有计划有步骤地接管,号召动员国民党党员、三青团团员向政府主动坦白交代,发动群众彻底清理国民党特务机构,彻查国民党党员、三青团团员,彻底砸碎旧的"国家机器",着手建立基层人民民主政权。同时充分调动和发挥广大共产党员和积极分子的积极性,注重从许昌解放和城市接管工作中发现、培养考验积极分子,慎重发展新党员,建立各级党组织、成立区人民政府,建立了人民当家做主的新政权。

接管财政经济方面,财政组在许昌警备部队的配合下,迅速接管相应的部门、仓库,接受档案,清点物资,并严格按照党的工商政策,保护民族工商业,快速着手恢复生产和市场的繁荣。成立管理机构,发动工人组建基层工会,千方百计地使这些企业能在最短的时间内运转起来。财政组的同志到工厂、企业,召开座谈会、报告会,宣传党的政策,了解掌握第一手情况,使问题逐一解决,工厂逐步开工、生产逐渐恢复,社会进一步稳定,市场也逐渐繁荣起来。

中共许昌市(县)委、许昌市(县)人民民主政府还积极协调从外地调运一批粮食到许昌,组织铁路工人调集一批煤炭,使粮食、煤炭严重不足的问题得以缓解。许昌解放3天后恢复了供电,半个月后1000多家商铺开业,20天后铁路开始通车。中州农民银行许昌分行成立后正式使用中州钞,稳定了物价。到年底,各区乡都完成或超额完成了征粮任务,基本上恢复了城市经济的正常秩序。

解放前的许昌县城中国民党党政军机关、特务组织十分庞大复杂,地痞、流氓恶霸横行,贩毒、吸毒、卖淫场所到处可见,反动会道门、小偷、土匪招摇过市,龌龊污秽的东西五花八门。

许昌解放后,许昌城防司令部曾宣布戒严,逮捕国民党特务和敌对分子。戒严虽取得了一定成果,但也造成了粮食和其他物资运不进城、城内商铺不能营业的状况,直接影响了居民的生活。鉴于此,许昌市(县)人民民主政府、城防司令部取消了戒严令。根据上级"极谨慎地清理国民党统治机构"的指示精神,对国民党统治机构进行调查,不断向人民群众宣传、揭露国民党的罪行,建立民主秩序,集中力量逮捕罪大恶极的反革命分子。到1948年9月,共破获国民党特务组织6个、逮捕各种罪犯400多人,缴获枪支120多支、子弹6000多发、电台4部,还有大量的文件和档案。

4月20日,许昌市(县)委全体会议研究生产救灾群运情况和会道门活动等问题,并采取了有效措施。4月25日,市(县)委针对目前青黄不接之际、群众生活困难的实际情况,作出了生产自救发放救济粮、开展政治攻势为中心的生产度荒方案,并要求太丰烟草公司大批提价收购烟叶,通过发放贷款、贷粮、发救济粮的途径进行生产核实,以资进行春耕、种菜、编席、运粮、运煤等。

根据地委指示精神,许昌市(县)委做出 5 月份工作计划,并发动妇女参政,根据当时情况和精兵指示,县大队整编 4 个连 500 人、区队 200 人,二、三、七、九区 40 人,一、四、六、八区各 10 人,日后农村主要是发展民兵武装,城市应积极培育人民警察,整顿县警察组织。

在社会秩序逐步稳定的情况下,许昌市县的城市改造正式开始。许昌市县人民民主政府发布通告,下令取缔吸毒和卖淫,对制造贩卖鸦片的罪犯和拐卖妇女的人口贩子,予以严惩。对吸毒者,限期戒毒,并成立戒毒所,对吸毒成瘾者进行统一集中戒毒管理。取缔妓院,将妓女组织起来进行学习教育,为她们检查身体,治疗疾病,组织她们参加劳动,逐步树立自食其力的观念。禁止任何单位和个人推销鸦片,对举报和查获制造贩卖鸦片者,给予适当的奖励。到 1949 年 6 月,妓女和吸毒问题基本得到解决。

许昌市县委、市县人民民主政府针对各阶层的思想动态,除利用报刊和成立民教馆进行宣传外,还派出大量干部深入街道,挨门挨户做艰苦细致的思想工作,掌握了各阶层的思想动态后,许昌市县委、市县人民民主政府镇压了一批特务恶霸,巩固稳定了基层政权,并以民主方法改造了基层街道政权,积极组织广大贫民进行生产自救,进一步深化了城市改造工作。

许昌县城的接管与改造工作在较短的时间内取得了显著成效,较快恢复了正常的政治、经济和社会秩序,为以后许昌县的发展打下良好的基础。同时,也为党和人民军队接管中小城市工作提供了宝贵的经验。

第五节　掀起支前高潮

平汉铁路穿许昌而过,许昌在支援前线,尤其是在支援淮海战役和渡江战役中发挥了巨大的作用。许昌市、县委领导全市县人民,在加紧开展剿匪反霸斗争的同时,掀起了一场规模空前的支前高潮。

1948 年 12 月初,根据上级指示和工作需要,许昌市党政机关与许昌县党政机关合署办公,办公地点仍在南关白庙,但对外仍保留市、县名义,各建制不变。许昌市、县合并后称中共许昌市县委,曹志真任市县委书记,王鹤洲任副书记,郑旭任市县长,王新学、宋显民任副市县长,实行统一领导,共同开展工作。

12 月 6 日,中共许昌市县委召开第一次会议,讨论市县委分工,确定县市公安局合并办公,县委宣传部兼市委宣传部,县委组织部兼市委组织部。12 月 19 日,许昌市县人民民主政府发布命令:奉豫西第五行政督察专员公署命令,任命王新学为许昌县县长,宋显民为许昌县副县长兼许昌市县支前司令。县委书记曹志真任政治委员,会议还任命了十一个区的区长、副区长。这十一个区分别是:第一区祖师,第二区五女店,第三区伍连,第四区尚集,第五区苏桥,第六区河街,第七区灵井,第八区椹涧,第九区沙门寺,第十区繁城,第十一区杜曲。

支前司令部下设粮秣股、人力股、宣传股、组织股,在将官池、五女店、伍连、尚集、灵沟河、灵井、椹涧、圪垱设立 8 个供应站。粮秣股负责粮食、柴草及各种物资的筹措、储存、发放等事宜;人力股负责组织人力、牛、马、车辆,保证部队短距离运输;宣传股负责广泛宣传、动员,增强民众支援前线意识和积极性;组织股负责统一调配干部,组织社会力量帮助工作。各区设有供应站、训练点、民运队、担架队、修路队等,乡村还设 5—7 人的支前委员会,具体负责过境部队的迎送、接待和安置等事宜。

淮海战役前夕,许昌市县委未雨绸缪,提前对支前宣传工作了安排,在各乡村及主要交通要道临街房张贴了"打到江南去,解放全中国""庆祝解放军渡江胜利"等鼓舞人心、激励斗志的标语口号,并用广播进行宣传。全县共书写张贴标语口号2.1万多条,起到了较好的宣传鼓动作用。

为保证淮海、渡江两个大战役需要,根据上级的要求,支前司令部研究决定,在极端困难的情况下,采取"一征二购三捐"的方法,即以政府的名义征集一部分,从外地购买一部分,发动社会群众捐献一部分,确保上级交给的任务按时超额完成。

刚刚分得土地、牲畜和农具的贫苦农民打心眼里都十分感激共产党,感激解放军,拥护新生的人民政权。当时的募捐场景非常感人,只要锣鼓一响,工作队员一吆喝,人们便群情激奋,涌向捐献点。男男女女、老老少少纷纷捐款捐物,就连一些城镇贫民、农村雇农甚至无业游民也将家里仅存的米面匀出一些捐献出来。还有农村不少妇女互助结合,自备布料针线,赶制军鞋、棉衣等。据九区时任榆林村村长的朱水长老人讲,当时群众积极性很高,捐款、捐粮、捐军柴(部队做饭用)、捐军草(喂军马)都非常积极。尽管榆林村是个近3000口人的大村,但总是提前圆满完成上级交给的各项任务。六区灵沟河乡组织召开5000人参加的忆苦思甜大会,激发了群众捐款捐物、支援前线的热情。给地主扛长工多年的毛士大当众扛出50斤粮食到现场捐献,气氛相当热烈。在毛士大的带动影响下,群众纷纷捐献粮食和草料。仅3天时间,灵沟河乡就完成了3万斤粮食、15万斤草料的任务,比预定的时间提前了7天。

渡江战役前夕,南下部队在许昌落脚,支前司令部提前做好接待工作,腾出足够的房子,确保战士们不露宿。与此同时,还为部队提供粮油、干粮、草料、薪柴、牲口、车辆、担架等必需物资,使过境的中原独立第一军、三十八军、四十一军、四十七军、三十九炮团等18支部队44万部队指战员、6万匹军马的后勤供应得到保障。

由于工作扎实，宣传到位，措施得力，各级支前任务都能圆满完成。据统计，淮海、渡江两大战役期间，许昌县共筹措小米150万斤、白面52万斤、杂粮189万斤、饲草145万斤、薪柴380万斤、食盐6.7万斤、香油2万斤、中州币4000万元、军鞋1万余双、棉衣1800余件。

为保证过境部队物资运输车辆的通畅安全，许昌市县支前司令部召集近万民工，修复许昌至张潘官道30华里、许昌至鄢陵官道50华里，加修桥梁8座，动用土石1.05万立方米。由于战事迫在眉睫，修路任务重，民工们加班加点，抢时间、争速度，往往干到夜幕降临。

渡江战役前夕，平汉铁路是解放军运送物资的主要交通线，由于许偃路段受到战争的破坏，长期失修，已不能通车。为支援大军南下，支前司令部组织许昌火车站200多名老路工和近千名民工投入到紧张的铁路抢修中。

为早日完成抢修任务，工人们自带行李、口粮和锅碗瓢盆，搭起帐篷，吃住在铁路沿线。工人负责技术、农民干粗活，工农联手配合默契，任劳任怨，仅用20天就排除了许偃路百余处的弯轨、断轨、缺轨枕、塌方等险情，把许昌站残缺不全的五道轨合成两道，又修复了被敌人炸坏的百余节车厢，保证了列车的安全通行。

为保证各路大军在长达50公里的许昌县境内顺利通过，许昌市县支前司令部在所辖的9个行政区（十区、十一区已划归临颍县管辖）内各设一个供应站外，又在汴许线、郑许线、许舞线临近村庄街道增设15个供应小站，随时根据各阶段过境部队的变化调剂余缺。5月，过境部队由原来的走"三线"改为全境推进，支前司令部立即布置沿途各站昼夜不停地调剂粮食、柴草等军用物资，圆满地完成了上级交给的各项任务。

解放大军过境时，许昌市县委、市县人民民主政府积极动员，县城内各级党组织大力宣传党的兵役政策,并通过解放军和国民党军的对比,开展拥军优属等活动,全县上下掀起了踊跃参军高潮,数千名热血男儿加入中国人民解放军的行列。大军南下时,许昌县还从支前民工中挑选 1028 名精壮劳力随大军奔赴前线做战地勤务工作,不少人立功受奖。尚集乡黄庄臧书文在火线上抢运伤员 95 名,一次在运送伤员途中,一人俘敌军 14 人,缴获步枪 14 支,被豫皖苏第五行政公署授予一等支前模范称号。小召乡郑庄刘全昌,49 个日日夜夜前往前线送面粉共 1.25 万公斤,抢运伤员 12 人,也受到上级表彰。

1947 年 12 月,华东野战军三纵破击平汉路官亭至许昌段

故事

马张村拥军记

胡国民

1948年冬,陈粟大军的一个师部和直属队向南阳进发途中,夜宿在榆林乡马张村。因马张村北临颍河,寨墙与河堤成为一体,地形易守,夜间部队悄悄进村,在村西寨口内一片树林中露宿,警卫连设立了高位哨和流动哨。半夜看河的农民张灰子,从窝棚中出来,见河堤内外都有兵,而且靠堤有兵露宿,非常惊奇。他的窥视被警觉的哨兵发现,遂上前问询,张灰子开始非常害怕。当战士对他说,我们是解放军,他不懂。有战士解释说,就是以前的八路军,张灰子转惊为喜,拉住战士的手激动地说:"你们是八路军,八路军回来了,这下可就好了!"当即就要回村告诉乡亲们,被制止了。战士们劝说他先不要声张,夜里不要影响乡亲们休息,等天亮再说。

天刚麻麻亮,村子就沸腾了。听说八路军回来了,乡亲们都纷纷到战士露宿的地方慰问,拉住战士们到自己家吃饭,被婉言谢绝。战士们把街道打扫了一遍,有的给群众挑水,有的帮群众清理牲口圈等,抢着帮老乡干活。乡亲们把自己家里能拿出的吃的给战士们吃,有煮鸡蛋的,有烙油馍的,还有送花生大枣的。

据马张村八十六岁的老共产党员张文成回忆,当时最先发现解放军的是他父亲。天刚苍亮,他父亲从河上回家,说八路军来了。当时张文成只有十三四岁,首先到几个玩伴家传说八路军来了,就在外面。那几家的大人到街上一声张,乡亲们都起来了。见战士们正帮助扫大街,群众纷纷上前问候。张文成的父亲和几个农会的人见了首长,表达了乡亲们对子弟兵的心情,请求首长允许战士们到家做客。首长说这次到村里已经打扰乡亲们了,并再三表示谢意,并说军事行动时间紧,上午就要开拔南下。张文成家拥军最积极,他母亲把家中仅有的一点白面烙成油馍,把仅剩的二十几个鸡蛋煮熟,领着文成带着这些东西送到部队。几乎全村出动,一时间街上战士和乡亲们在一起互致问候,不少人激动地流出了眼泪。上午 10 时左右,部队在村西头寨口处集合列队,部队首长对乡亲们表示感谢,双方鼓掌互致谢意。部队出寨口向西行进,乡亲们和战士们依依不舍,相互挥手告别,情景感人。这短暂的军民交流,显示了浓浓的鱼水情谊。

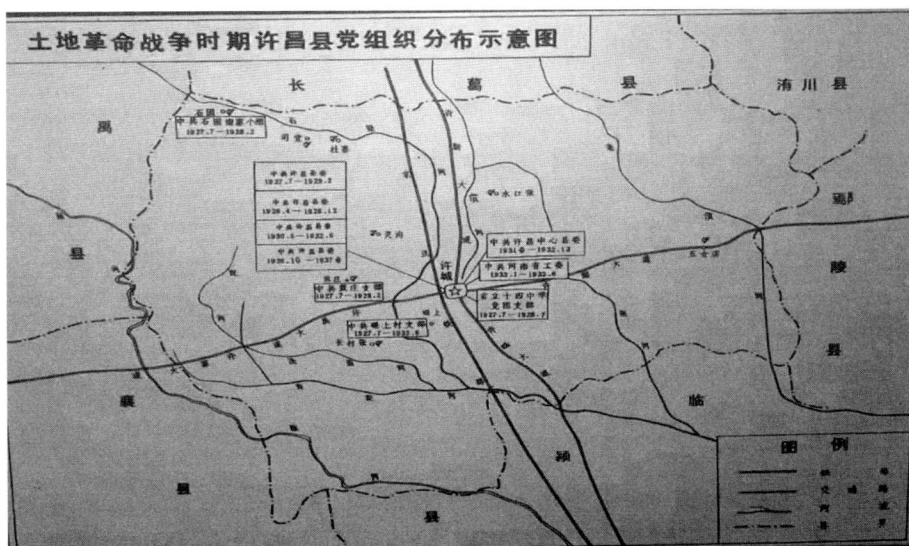

土地革命战争时期许昌县党组织分布示意图

忆昭平

李建彤

刘昭平同志壮烈牺牲,过早地离开了我们,我总是想写点文字纪念他。

(一)

那是 1937 年底,我们一行五个人从家乡河南省许昌县出发,带着地方党组织的介绍信,坐火车北上直奔黄河北岸的新乡城,到那里再继续北上,去参加八路军游击队。这五个人就是我和弟弟李震及同乡刘昭平、陈之平、沈唯彤。

我们五个人,可以说都是文艺青年。刘昭平是位高个头的白面书生,十八九岁。虽然没有上大学,可他初中、高中都是文艺能手,诗、文、绘画、音乐,都能拿出来。在许昌,在开封,都是搞抗日救亡活动的积极分子。走着路,还抱着一本《大众哲学》,随时看看写写,在书上写了密密麻麻许多小字,"立场、观点、思想方法……"。我呢,和昭平、唯彤年龄相仿,是个地道的文艺青年,跳班住过两个文艺学校,高中念的是艺术师范,刚念一期,遇上"一二·九"运动,我们游行示威、卧轨请愿。

地方党组织介绍信上是让我们去新乡城内找"晋东南抗日游击队办事处"。一到新乡,就由刘昭平、陈之平去找"游击队办事处"联系,我们其余的三个人在车站旅社等候。他二人去了很久才回来,带回的消息令人吃惊:"游击队办事处已经撤走了,新乡城里街上很少行人。据传,日本军队离新乡城只有五十里,说到就到。"

怎么办? 我们五个人围着一张桌子焦急地讨论。最后决定去西安找"八路军办事处",由那里再到延安去。于是我们当即托旅馆的人代买火车票。

这天夜里住在火车站旅馆,昭平提出:"要改名字,否则,参加了共产党八路军,家中会遭殃。"怎么改?刘昭平在家名字叫刘松茂,改成刘昭平。我现在的名字李建彤,是昭平当时给我改的。

名字改完后,昭平又提出一个建议。他说:"既然咱们要到延安去,就是要干共产主义。现在咱们就过共产主义生活,把各人身上带的钱都交出来,统一管理,统一支配。"大家都很乐意。觉得刘昭平挺有气魄,有男子汉味道,就一致推举他管理这件事。他欣然接受了。

当天夜里就有南去郑州的火车,到郑州又转车西去,直达古城西安。到西安,我们下榻在大麦市一家小旅店。旅店都被学生住满了,我们五个人只得在一盘炕上坐了一夜。这一夜真把人冻结实了,满屋里只有一盆被灰埋着的木炭火。

天一亮,我们赶快往街上跑,吃点油条豆浆。放下碗,昭平就去"临时大学"找熟人,那里有他的文学朋友。我们当即和小旅店告别,住进了"临时大学"。放下行李,我们又去七贤庄"八路军办事处"。刘昭平和陈之平俩人进去联系。不到一小时,他们就笑着出来了。"办好了,都到云阳安吴堡青年干部训练班学习,明天就走。"我们高兴得把帽子和围巾扔得老高。我们五个人被编为一个"抗日民族解放先锋队"小组(简称"民先",当时是共产党的外围组织)。

这一天,该在西安街上逛逛了。大家都喜欢逛书店。那时的西安街上,来来往往的大都是各地来的学生,有住"临时大学"的,有去延安或安吴堡的,也有被国民党的"战下团"拉去的。这些情况,"临时大学"中"抗日民族解放先锋队"的同志们都向我们讲清了。

(二)

要启程到安吴堡去,我们五个又到"八路军办事处"看了看,算是告别。

五个人坐一辆大马车,向云阳出发,下午要过经河,河岸有盘查的人,看了看我们每个人身上的校徽,问了问我们的去向,就放了行。

在云阳住了一宿。早上就步行出城,往安吴堡去。走不多远,看见这里住的军队正在上早操。不知是八路军还是杨虎城的部队,总之是好军队。因为他们在唱抗战歌曲:"向前走,别退后,牺牲已到最后关头,牺牲已到最后关头。同胞被屠杀,土地被强占,我们再也不能忍受,我们再也不能忍受!"这熟悉的歌声,把我们和他们距离拉近了。我们站着看了一阵,才又向前走。战士的歌声很雄壮,我们一路走着,学着他们唱了起来。我们这群文艺青年的歌声,也变成了陕西战士的歌声。唱着笑着,一直走进安吴堡。

这是"青年干部训练班"的驻地,好大的一座城堡。我们五个人编在一个大队,大队长名叫董毅岫,穿一身灰军衣,是延安"抗大"毕业生,像个知识分子,高头大个儿,很有魄力,会管理这些学生"新兵"。领着我们唱《松花江上》《国共合作歌》《大刀进行曲》。我们在这里学习了工人运动、农民运动、妇女运动、抗日民族统一战线、游击战术等。

最有意思的是有一天晚上,指导员说:"有敌情,大家要警醒些。"那天半夜,忽然吹起了集合哨子,大家赶快起床,不许点灯,只好摸黑穿衣服,十分钟内就集合。我慌得差点把鞋子穿颠倒了,好在我早把皮鞋扔掉,穿的是白色球鞋,黑影里摸着鞋子胡乱绑成几个疙瘩,站起就跑。刚出大门,有几个女同志叫起来:"裤子穿反了!"可不是,那时西服不分男女,都是一个样子。我把西服裤口穿到了后面,怎么也扣不上钮子。没有办法,有敌情,赶快跟上队伍,开着裤口也得跑,再返回去穿一次,就要掉队。

跑了一二十里,天才亮。军事教官在一个山头上等着大家。教官站在山上叫道:"冲!抢这个山头,勇敢地往山上冲!"

他在山上举着小红旗:"冲啊!"上千个男男女女都往山上跑。我抬头一看,李震跑得最快,几乎在最前边。可是刚要到山顶时,他晕倒了。刘昭平赶忙把他扶起来,坐在山坡上休息。

　　这时,教官说话了:"同志们,我向大家宣布,今天是演习,是咱们游击战争的演习! 今天演习很成功。虽然有的同志丢掉了鞋子,有的穿反了衣服,这是初次上战场嘛! 现在解散,各归各队!"

　　部队解散了,顺着山沟、山坡走。看那男女青年,都穿的是原来的行装:有穿长袍的,有穿夹克的,有穿大衣的。女学生还有烫着头发没有剪掉的。我们五个从河南省来的青年,男学生都穿着棉袍,围着围巾。我呢,按昭平的说法是:"上海学生,有点海派。"因为那时的学生都留"妹妹头",我亦如此,刚剪掉的烫发还留点痕迹。衣着也不同,紫红色绒衣上套件咖啡色毛衣,下身是咖啡色西服裤,白球鞋,外面披着咖啡色呢大衣。样式也新,是泡泡袖的。还有我那条红黑方块的花围巾,跑起步来,随风向后飘着。这都成了同乡们开玩笑的借口。开玩笑最多的是昭平,他冲着我叫道:"女游击队员,跳沟!"我一看,沟不深,约有一米半,便把大衣先扔了下去,双手一甩,跳了下去。他连忙把我接上,又抱起大衣:"还真不错,像个搞体育的。"我很不服气:"和你这个白面书生比,怕你不是对手,可知河南艺师的体育课也是一门专业,明天上早操时比一比!"

　　这里早操是跑步,我和大家一块跑圈子,一直坚持到最后,可是昭平不行,跑到中间就要掉队。他是个钻书虫,每天夹着书,拿着笔,皱着眉头思索,从不注意体育锻炼,有时还抽着纸烟。

　　有一天,我向昭平下了命令:"书呆子,从今天起,不准你抽烟!"他忙说:"遵命!"随即向我递过一张纸,我接过看,是一首很不错的诗,写军事演习的,歌颂了青年人的活泼、勇敢,也出了一些人的洋相。还画了一张漫画,一位梳着双辫的女学生,西服裤口开在后面,还画了三个大纽扣。大家一看都跳着脚笑。

　　不到一个月,我们就毕业了。董毅岫队长先找我谈话,他说:"你本来是可以到延安的。但是我们要把你留下工作。"我不假思索地说:"我可以留下,工作由领导定。我什么也不懂,个人没有意见。"戴毅岫马上又提出个问题："你弟弟呢？你愿意让他到哪里去？"

这可有点犯难，弟弟年龄小，念书少，又有胃病，我不能放他单独去个地方。便说："刘昭平到哪里，就叫他到哪里。他独立生活能力差，刘昭平待他像亲弟弟。"

"青训班"的主任是冯文彬，这时他给大家讲形势，动员大家到抗战需要的地方去。

不几天，我们五个人要分手了。刘昭平、李震、陈之平到山西民族革命大学，领导说那里也需要人。那时都年轻，没有依依惜别之情，到哪里都一样。我最放心不下的还是我弟弟。能宽慰的，就是有个昭平，他是个忠厚老实可靠的人，在"青训班"学习期间，和李震已是同行同止。这次同去山西，也会有个照顾。

（三）

1938年初春，我来到洛川，和阿宋一起分配到离城四十里的槐柏镇小学，教高年级语文兼教全校的艺术课。当时，那是白区，我到那里的任务不是去教书，是要开展救亡运动。

3月的一天，昭平和李震来看我，晚上在学校住了一夜。这一夜谁也没睡觉，昭平滔滔不绝地将他们如何到了山西"民大"，日本人侵入山西，"民大"的人又如何四处分散。他们这个剧团要撤过黄河，到了黄河边，日本人追到黄河边，国民党的兵和学生同时抢船渡河，国民党的兵持枪往下赶学生，有的被扔进了黄河。过黄河后，一边演戏，一边行军，沿着村子演戏，群众管他们吃饭。可真是，文艺工作者在战争中，要对敌人斗争，又要和群众结合。

他们是从临晋渡口过河，经合阳、韩城、澄县、黄龙山，进入洛川县境，在百益镇碰见在"青训班"那位大姐，才知道我在槐柏扣镇，这真是偶然中的巧遇。

昭平打开他的包包给我看，是一包剧本，他真是煞费苦心了。战争把所有的衣物都扔光，却背着一大包剧本。这就是他的武器，像战士不能丢掉枪一样。

我笑着说："在战争生活中你改了行？专门搞戏剧了？"

昭平说："光写诗太单调，我们必须演戏，才能聚集群众，大力宣传。我现在是个编剧，又是个导演。"

他们真穷极了，衣服褴褛，鞋袜没底儿，身无分文。

比起他们，我现在是个富裕户。在这里的教员中，我的薪金最高，每月25元。这里的伙食费每月才用两元多。我每月都有余钱，给昭平、李震拿出30块钱，暂解眼前之渴。

第二天，他们两人又背着剧本，往洛川城进发。他们要从那里过介子河，奔向中国革命的心脏——延安。

（四）

1938年6月下旬，组织上调我回到延安。在招待所的时候，昭平和李震来看我。李震念书少，已经在清凉山《解放日报》印刷厂工作，昭平在"抗大"三大队学习，都已入了党。接着我也到"抗大"五大队学习，地址在柳树店，大队长是何长工。到了八九月间，我因生疥疮住进"抗大"医院，地址在排庄。后来我要求出院，医院留住我在那里工作，还选成了党支部副书记。

那时，我最喜欢礼拜天，每到八点来钟，昭平和李震就从城里跑到了排庄。这里离城二十五里路呢，八点钟到，他们六点就得启程了，够辛苦的。每次来看我，他们都带来十来个"油旋饼"，我们家乡叫"油酥火烧"。有时还带一只烧鸡来。这是当时在延安最高级的食品。他们两个的津贴都拿来慰问我了。昭平的津贴是每月1元，李震是工人，津贴每月约3元，两人加起来，我们三个每月可以在排庄会餐四次。

吃罢东西，昭平唱起他自己编词作曲的歌子《八百里山路》。他唱道："延安啊延安！我的向往，我的心愿，走八百里山路，我没有一点疲倦……"他唱得慷慨激昂，感情真挚，几乎要流出眼泪来。

我听呆了，想不到他还会作曲。他脑子太灵，思维太细，随时都在创作。他虽非艺术专科学生，却是个多面手的文艺干部。他为人真挚，心里像一张白纸，自从我到延安后，他每礼拜都来看我。

就在昭平唱《八百里山路》那天，日本飞机来延安轰炸了，我们在排庄，只听飞机的嗡嗡声。第二个礼拜天他俩又来看我时，带来了噩耗：我那个女同学张放被炸死了！他俩说，那个礼拜天，敌机的炸弹主要是扔在了延安西山光华书店门口。敌人也知道礼拜天大家都跑书店，专门往书店门口扔炸弹。

昭平说："平时，我每礼拜天必到书店一次，然后再去柳树店。幸亏你病了，住在排庄，我们一早就往排庄跑，没去书店，救我一条命。不过，死也无所谓，得和敌人拼几个才值得。"

这天，我的心情不佳，眼前老是闪动着张放那张清秀的脸。送走昭平、李震，我一个人在枣林漫步，不由得又想到，不到一年我竟死了三个朋友：张放、刘伟、李君实。我突然预感到，昭平也可能将要离去，他也会牺牲在战场上。因为他身上潜藏着一种勇于牺牲的精神。

后来的一天，我在医院正在写剧本的草稿，接到昭平来信，说已经调到留守兵团政治部工作。他要到前线去，还寄给我一本书，叫《恐惧与无畏》。他劝我，你到延安后，工作时间太长，学习时间太短，应当争取再学习一段，莫把时光流掉。

我沉不住气了，又要求去学习。领导了解我的情况，马上就批准了。我把剧本草稿寄给昭平，请他修改。不知那个剧本他收到没有，再没消息。也许他给我写过信，我没收到。因为当时我已经去了中央组织部训练班，住在桥儿沟的东山上。那个学校很严，不许随便通信、外出和会客，连外出治病都要代号。

从此，我再得不到昭平的消息。1948 年，我弟弟从晋西来信说，昭平 1939 年春离开延安，曾在一二〇师《战斗报》任特派记者，1946年打大同时，在前线牺牲了，他牺牲得很英勇。看着弟弟的来信，我心里说不出什么滋味,昭平那坚毅无畏的目光、白皙英俊的脸庞和颀长飒爽的身影,又闪现在我的眼前,我好像又看到他昂首高歌《八百里山路》和《抢渡黄河》……

（作者李建彤,原中国地质科学研究院党委副书记,曾当选为全国政协委员、中国文联委员、中国作协理事。主要作品有长篇小说《刘志丹》、报告文学《刘志丹在桥山》,本文有删改）

刘昭平发起的圈外文艺社成员合影（前排左二为刘昭平）

第五章
社会主义改造和社会主义制度的建立

本章提要

1949 年 10 月 1 日,中华人民共和国的成立,宣告中国人民当家作主的新时代已经到来,它标志着近代以来中国面临的争取民族独立、人民解放历史任务的基本完成,揭开了中国历史的新篇章。许昌县老区人民在党和政府的领导下,团结一致,同心同德,迅速投入到巩固新生的人民民主政权、恢复和发展经济的斗争中,相继开展了土地改革、剿匪反霸、镇压反革命、抗美援朝、"三反""五反"、宣传婚姻法、平抑市场物价、恢复国民经济等运动,肃清残余匪霸,建立健全各级政权机构,稳定社会秩序,发展市场经济,完成对农业、手工业和资本主义工商业的社会主义改造,初步形成了社会主义公有制占绝对优势的社会经济结构,开始了建设新许昌县的伟大进程。

第一节　许昌县人民民主政权的建立

新中国成立后,许昌县按照中央、省委、地委的统一部署,在建立必要的社会秩序后,开始对全县城乡旧的基层政权进行彻底改造,废除民国时期乡镇、保甲制度,社区政府。1949 年区下设乡,区政府设区长、副区长和民政、财粮、文教、生产等助理,乡政府设乡长、副乡长和财粮员(会计)、民兵队长、妇女主任等,逐步建立起各级政权机构,使纷繁复杂的政府工作迅速打开局面。1949 年 10 月 20 日,根据中共许昌地委指示,许昌县、市分设。许昌县辖城关以外 7 个区(祖师、伍连、尚集、灵沟、灵井、椹涧、沙门)65 个乡 1089 个自然村。王鹤州任县委书记,姜达、李均任副书记,宋显民任县人民政府县长。10 月 28 日,经县委批准,召开许昌县首届各界人民代表会议,出席大会代表共 212 人。大会作出了组织农会、反匪反霸、发展生产、保证完成秋征任务等四项决议。许昌县首届各界人民代表会议后,建立了人民武装,全县 593 个村建立了农会。到 1953 年,共召开许昌县各界人民代表大会八届次,工、青、妇及农会、工商联等各种群众团体先后建立。

第二节　土地改革运动

一、许昌县土地改革前的土地情况

延续两千多年的封建土地制度,是广大农民贫穷落后的根源,成为阻碍生产力发展的桎梏。1948 年,全县地主、富农占总农户的12.7%,却占有总耕地的 35.8%,而占总农户 76% 的贫、雇农只占有49.34% 的耕地。

新中国成立前许昌县除了臭名昭著的吴泽沛、徐立吾等大地主外,还有 5500 多户中小地主和 6300 多户旧式富农,他们共占有土地34 万多亩,盘剥着无地、少地的农民。一般年景农民以糠菜果腹,勉以为生,一遇天灾人祸就要家破人亡。1942 年大旱,全县有 49140 家卖掉土地 21.2 万多亩,有 10962 户卖掉儿女 13678 人,有 1995 户4003 人外出逃荒,全县饿死 43761 人。

封建土地制度是造成农村贫困落后、广大农民受苦受难的总根源,也是阻碍农村生产力发展的最大障碍。解决土地问题不仅是广大贫苦农民的迫切要求,也是中国共产党面临的紧迫任务。

二、土地改革运动

1947 年 7 月至 9 月,中共中央工作委员会在河北省建屏县(今河北省平山县)西柏坡村召开全国土地工作会议,通过了《中国土地法大纲》。

《中国土地法大纲》是一个彻底反封建的土地纲领,规定了彻底平分土地的基本原则,即:"乡村中一切地主的土地及公地,由乡村农会接收,连同乡村中其他一切土地,按乡村全部人口,不分男女老幼,统一平均分配,在土地数量上抽多补少,质量上抽肥补瘦,使全乡村人民均获得同等的土地,并归各人所有。"

《中国土地法大纲》于 1947 年 10 月 10 日正式颁布实施。许昌县的土地改革从 1949 年秋开始,至 1950 年麦收前基本结束。分六步进行。

第一步是发动群众,成立农民协会。1949 年秋,许昌县委派出 576 人组成的土改工作队,深入区、乡、村,由点到面发动群众,与人民群众同吃、同住、同劳动,进行访贫问苦、扎根串联。到 1949 年底,全县成立上千个农民协会或分会组织,农会会员发展到 13.6 万多人,还组建起一支上万人的农民自卫队。农民不仅掌握了印把子,还掌握了枪杆子。

第二步是向剥削者进行说理斗争。在全县召开 2300 多场次的说理斗争大会,人民群众把所遭受的压迫剥削面对面地控诉出来,彻底打掉了地主阶级的威风,大长了人民的志气,为顺利进行土地改革打下基础。

第三步是划分农村阶级。1949 年冬,中共许昌县委专门举办了划分农村阶级培训班,切实弄懂弄通划分阶级的有关政策规定和标准界线。经过细致的阶级划分,全县共有雇农 4608 户 18367 人,占有耕地 8265 亩,人均 0.45 亩;贫农 68356 户 343912 人,占有耕地 509126 亩,人均 1.48 亩;中农、富裕中农 10796 户 53950 人,占有耕地 172640 亩,人均 3.2 亩;地主 5572 户,富农 6390 户,占有耕地 264815 亩。在全县 95722 户中,地主占总户数的 5.82%,富农占总户数的 6.68%,中农、富裕中农占总户数的 11.28%,雇农占总户数的 4.81%,贫农占总户数的 71.41%。

第四步是没收征收土地。全县共没收地主土地 164101 亩,征收富农土地 87419 亩,没收其他土地(庙地、清真寺土地、祠堂土地等) 1329.5 亩,合计 264815 亩。没收征收牲口 11575 匹(头),房屋 31659 间,碾、磨 5165 盘,犁 8567 张,耙 6274 盘,车 6888 辆,树 48117 棵,粮食 1294 万公斤，衣服 64059 件。

第五步是分配胜利果实，即没收、征收地富的土地和财物进行分配。各农会选出办事公道的会员组成评议委员会，清点没收征收的粮食、衣物和农具，逐块丈量没收、征收的土地，澄清底子，张榜公布。同时将雇农、贫农的土地、人口、农具、房屋以及应分的土地、粮食、农具和房屋等一并张榜公布，让群众相互评议、审查、监督。

第六步是土改复查。1950 年夏秋之际，开始进行大规模的土地改革复查，由点到面地开展以"反匪、反霸、反倒算"为中心的土地改革复查运动，同时把镇压反革命与土改复查运动结合在一起进行。各农民协会组织民兵追捕在逃的恶霸地主。独霸县西南的吴泽沛、吴广德叔侄以及劣绅徐立吾，都是在这期间被捉拿归案的，并被公审正法。全县共斗争不法地富分子 2261 人次，还没收征收漏划地富土地 2110 亩和其他什物上万件，进行第二次果实分配。运动后期，县委还组织力量对全县土地进行勘丈，逐户逐块填表造册，加盖许昌县人民民主政府大印，分乡或分片召开群众大会，颁发土地所有证，以巩固农民土地所有权。

经过土改运动，两千多年的封建土地制度不复存在，实现了"耕者有其田"，广大农民的政治觉悟和组织程度空前提高，为巩固和发展许昌县人民民主政权奠定了坚实基础。

第三节　抗美援朝运动

1950年6月,美帝国主义悍然发动对朝鲜的侵略战争,妄图以朝鲜为跳板,进而侵略中国。为保卫新生的中华人民共和国,中共中央作出抗美援朝、保家卫国的决策。10月,中国人民志愿军赴朝参战。

许昌县按照中央、省委、地委指示,迅速成立抗美援朝分会,广泛深入地开展抗美援朝、保家卫国运动。

一、广泛开展抗美援朝运动的宣传教育活动

全县自上而下、通过各种途径层层召开时事训练班,深入开展爱国主义、国际主义教育,全县城乡广大人民群众普遍认识到抗美援朝运动的重要性和正义性。

在此基础上,1951年2月22日,许昌县在五郎庙召开12万人的群众集会,举行游行示威,发动声势浩大的宣传攻势,激发广大人民群众的爱国热情,反对美帝侵略朝鲜。

为了进一步提高人民群众的政治觉悟,在全县广泛进行了查敌人、查当家、查翻身,以甜比苦的"三查一比"教育活动。4月28日,许昌县组织召开抗美援朝控诉和签订爱国公约大会,组织广大人民群众对地主、恶霸的复辟倒算和造谣惑众行为进行了坚决的斗争。在普遍控诉的同时,全县以乡为单位,举行公祭大会,向遭受美帝国主义、日本帝国主义、国民党反动派杀害的死难者致祭,控诉美、日、蒋的罪行,极大地提高了广大人民群众对于美国侵略本性的认识,坚定了誓与美国侵略者斗争到底的决心,增强了积极投入抗美援朝运动的自觉性,为抗美援朝运动深入扎实的发展提供了思想和政治保证。

二、积极参军参战

1951年5月5日,许昌县委召开区乡扩干布置会,并以区为单位

召开了党员代表会、抗美援朝联合代表大会、军属知识分子座谈会、分村思想发动会,动员广大共产党员、青年团员和全县人民踊跃参军参战,很快形成了全县性的自愿参军热潮。整个抗美援朝期间,许昌县共有 4123 名优秀青年自愿报名参军,赴朝参战 2000 余人。全县出现了许多父送子、妻送夫、爷送孙、兄弟相争参军的感人场面。

参加中国人民志愿军的许昌县籍战士,许多人在朝鲜战场上荣立战功,受到嘉奖;上百名人民的好儿子,为抵抗侵略,保家卫国,血洒战场,长眠在了朝鲜土地上。

三、积极捐款捐物

1951 年 7 月,许昌县召开第七次各界人民代表会议,发动全县人民捐款捐物搞好生产,以实际行动支持抗美援朝。全县人民以高昂的爱国热情,深入开展爱国增产竞赛,捐献出 29 亿多元人民币(旧制人民币),购买命名为"许昌县号"战斗机一架,有力支援了志愿军的英勇作战。

四、开展拥军优属活动

在抗美援朝运动中,许昌县十分重视拥军优抚工作。抗美援朝开始后,广大人民群众和学校师生纷纷写慰问信、赠慰问品、寄慰问袋给志愿军,鼓励他们英勇作战。1953 年春节,群众给烈军属送大肉 482.5 公斤、粉条 2550 公斤、豆腐 1.1 万公斤、白菜萝卜 5.3 万公斤、糕点 921 公斤,送慰问信、贺年卡片 9.9 万张、春联 8000 余副。各级党组织利用春节、建军节、中秋节、国庆节等节日,组织慰问团、组,召开军政、军民联欢会、座谈会;组织人民群众慰问军烈属,送光荣匾、光荣灯、贺年卡片,帮助担水、扫地。

拥军优抚工作中重点帮助军烈属解决生产和生活中的实际困难。在农村,向军烈属发放拥军粮,对缺乏劳力的烈、军、工属,组织群众助耕、帮工或代耕,实行固定代耕制度。至 1954 年,年均代耕 1680 户,代耕土地 1.2 万亩;在城市,优先解决军烈属的就业和子弟入学问题,为军烈属减免医药费,帮助修房和解决住房等困难,利用各种方式救济贫困军烈属。拥军优抚工作的深入开展,有力地鼓舞了抗美援朝前线的许昌县将士,激发了广大官兵战胜美国侵略者的斗志和勇气。

通过抗美援朝运动,全县广大人民群众的国际主义、爱国主义和集体主义精神进一步增强,思想达到了空前的统一。同时,抗美援朝与土地改革、镇压反革命、城市的民主改革运动相互作用,共同推动工农业生产的快速发展,形成了积极向上的社会风貌。

许昌专区发动,人民群众积极参加抗美援朝运动,这是许昌当时送军场景

第四节　剿匪反霸与镇反肃反运动

新中国成立初期,各地存在的国民党特务、团骨干分子,反动会道门等敌视新社会的敌对势力,他们或明目张胆地组织土匪武装,公开和人民对抗;或潜伏在人民内部,伺机搞破坏活动,扰乱正常的社会秩序;一些不法地主、恶霸也趁机向农民反攻倒算。因此,坚决镇压反革命分子,对于巩固新生的人民民主政权显得尤为迫切。

1950年3月18日和10月10日,中共中央相继作出《严厉镇压反革命分子的指示》《关于镇压反革命活动的指示》,1951年2月21日,毛泽东主席签发中央人民政府命令,颁布了《中华人民共和国惩治反革命条例》。这些政策和法规规定了处理反革命案件的原则和方法,为镇压反革命运动提供了法律依据。

1950年冬,许昌县委坚决执行中共中央、河南省委、许昌地委指示精神,结合土改复查、反匪反霸、反倒算,大张旗鼓地开展镇压反革命运动。经过一个冬春的努力,挖出国民党残留下来的土匪、恶霸、特务、反动党团骨干中的反革命分子和反动会道门头子、"游击司令"吴广德、赵西海,"许昌保安团长""许长洧三县联防主任"周万全(周鹏飞),许昌头号汉奸、劣绅徐立吾,汉奸官僚资本家孔绍周等上百名反革命分子,公审后依法处决。1952年2月,许昌县镇反运动基本结束,全县捕获反革命分子2070人,镇压反革命分子626人,判处死缓89人,判处无期徒刑或有期徒刑949人。各种反动会道门组织也被迅速摧毁。

1955年7月开始,许昌县委按照中共中央"提高警惕,肃清一切反革命分子,防止偏差,不冤枉一个好人"指示精神,1955年10月开始,分三批在全县的党政机关、人民团体、民主党派、文化教育卫生、国营商业及公私合营等企事业单位的4362名职工队伍中,深入开展肃反运动。县委书记杜俊林任肃反领导小组组长。首先召开职工大会,讲明肃反的意义、目的、政策和办法,接着发动群众,检举揭发,同时动员有历史问题的人,主动交待,坦白从宽,抗拒从严,不搞逼供。其间,组织力量内查外调,重证据不轻信口供。至 1957 年 2 月,共挖出反革命分子 13 人,其中土匪 7 人、汉奸 1 人、反动党团骨干 2 人。

剿匪反霸和镇反肃反运动的开展,有力地打击了反革命分子的嚣张气焰和破坏活动,扫除了国民党遗留下来的反革命残余势力,肃清了曾经猖獗一时的特务、地下军、会道门,进一步安定了全县的社会秩序,同时理清了一部分干部的历史旧貌、使其放下包袱、安心工作,有力地支持、配合了全县的土地改革和抗美援朝运动,进一步巩固了新生的人民民主政权。

解放军士兵张贴剿匪标语

第五节 "三反""五反"运动

一、反对贪污反对浪费反对官僚主义的"三反"运动

1951年12月1日至13日,中共许昌县委按照河南省委《关于开展增产节约、反对浪费、反对官僚主义的方案》和许昌地委部署要求,立即部署在全县开展以反对贪污、反对浪费、反对官僚主义的"三反"运动。

"三反"运动的重点是反对贪污,称贪污犯为"老虎",对贪污的具体数额作出了明确规定。县委、县政府将县直各机关管财管物的干部集中起来,学习文件,交代贪污行为,同时动员各单位的知情人进行检举揭发,还抽调相关单位人员组成"打虎队",督促贪污者坦白交代。群众性的检举揭发后,专案调查落实,查清一个处理一个。同时,建立健全了学习、工作、财务、人事等制度,使机关的工作效率和作风大为好转。许昌县的"三反"运动于1952年秋季结束。

二、打击资本家不法行为的"五反"运动

1952年1月26日,中共中央要求在全国的城市开展一场大规模的、坚决彻底的反对行贿、偷税漏税、盗骗国家财产、偷工减料、盗窃经济情报(通称"五毒")的"五反"斗争。

许昌县委在全县工商业中开展了一场声势浩大的"五反"运动。县委派出若干个"五反"小分队,深入到企业及规模较大的店铺进行宣传发动,先在五女店搞试点,然后在全县铺开。运动中将资本家集中起来,在工人积极分子的督促下,坦白交代"五毒"行为。3月,根据党中央"停止小城镇'五反'"的指示,召开劳资双方代表会议,签订劳资合同,携手恢复经济、发展生产。

第六节　宣传实施《婚姻法》

1950年4月30日,毛泽东签发命令公布《中华人民共和国婚姻法》,自5月1日起施行。这是新中国成立以后制定的第一部基本法律。

1953年3月,中共中央提出在全国开展宣传贯彻《中华人民共和国婚姻法》的运动月活动。

中共许昌县委立即召开会议,制定开展宣传贯彻《中华人民共和国婚姻法》运动的方案,开展声势浩大的宣传贯彻运动。电影放映队到农村、基层各单位巡回放映《小女婿》《小二黑结婚》《儿女新事》等电影,各文艺团体也纷纷演唱《新夫妻》《好妯娌》《罗汉钱》等和《中华人民共和国婚姻法》内容密切相关的剧目,使广大人民群众在生动活泼的气氛中受到潜移默化的教育,普遍认识到包办婚姻、男尊女卑、干涉寡妇改嫁、利用婚姻索取财物等封建陋习的危害性和新的婚姻制度的优越性。

1950年至1953年,全县办理结婚申请登记的9714起。经审查,因父母包办、年龄不实、生理缺陷等原因不予登记的1460起,占15%。1953年,全县自由结婚2486起,因老夫少妻或重婚而离婚的326人,因父母包办强迫订婚而解除婚约的1242人,接回童养媳645人,寡妇改嫁87人。20世纪60年代到70年代,经过婚姻法的宣传贯彻,"娃娃媒""指腹媒"已经基本绝迹。

第七节　平抑市场物价　恢复国民经济

1950年3月3日,政务院会议通过了《关于统一国家财政经济工作的决定》,规定统一全国的财政收支、物资调度和现金管理。6月6日至9日,党的七届三中全会确定了搞好土地改革、稳定物价、调整工商业、整党等工作,争取在三年的时间内实现国家财政经济状况的根本好转,为有计划地发展国民经济创造条件。

许昌县在新中国成立后为恢复国民经济采取了一系列措施:实行土地改革,解放生产力;统一财经管理,掌握市场动向,及时调运粮食,抛售市场,有效地平抑物价;由点到面地动员农民组织起来,解决农民土改后的生产困难,扶持发展国营商业和供销合作商业。1950年秋,成立国营许昌县贸易公司,并合理调整私营工商业;1951年9月,成立许昌县物资交流大会办公室,积极组织领导城乡物资交流大会,促进城乡、内外物资交流,活跃农村经济,发放无息低息农业贷款,扶持农民恢复发展生产;还动员民工30余万人次治颍治淮、修建白沙水库,减少洪涝灾害等,使全县国民经济很快得到恢复。1952年底,工农业总产值3963万元,比1949年工农业总产值2371万元增长67.14%,年递增18.68%;农副产品收购总额2045万元,社会商品零售总额803万元。

1952年10月,许昌县的财政经济状况获得根本好转,基本完成了社会改革和国民经济恢复的历史任务。

许昌县分区地图

第八节　农业合作化运动

土改以后,农民中存在要求发展个体经济和实行互助合作的两种倾向,同时农村中出现了新的两极分化现象。许昌县委根据党中央指示,引导农民由互助组、初级农业生产合作社(简称初级社)、高级农业生产合作社(简称高级社)逐步走上集体化道路。

一、组织农业互助组

1951 年,许昌县委号召农民在自愿互利的原则下组织起来,还号召农村党员干部带头参加互助组。县、区派专干入村,帮助互助组健康发展。1953 年夏,有常年互助组 612 个、临时互助组 3033 个,参加互助组的农户占总农户的 15.5%。

二、发展初级农业合作社

1953 年,开始建初级社。初级社的性质是半社会主义的农业生产合作组织,社员入社的土地归集体统一使用,所有权仍属社员,土地参加收入分配。牲口和大件农具作价入社。入社自愿,出社自由,初级社订有章程,共同遵守。

蒋李集区谷庄村谷彦离合作社是全县第一个初级社。1954 年底,初级社发展到 105 个,入社农民 3500 户,占总农户的 3.5%。1955 年,全县迅速掀起农业合作化高潮。到年底,全县组织初级社 1641 个,入社农户 96463 户,占总农户的 95%。

三、快速普及高级社,实现农业合作化

许昌县委于 1956 年春开始建立高级农业社。第一个高级社是中共许昌地委书记赵天锡在贺庄帮助建立的明星社,社长王西金。高级社一度称"集体农庄",其特征是取消土地私有。到当年 6 月,全县建起高级农业社 220 个,入社农户占总农户的 99.6%。农业的社会主义改造,至此全面完成。

第九节 对手工业和资本主义工商业的社会主义改造

一、对手工业的社会主义改造

引导手工业生产走合作化道路,帮助手工业者组织起来,改变手工业者长期处于小生产者的现状,共同走集体化的道路,是党在过渡时期提出的"三大改造"的任务之一。

新中国成立后,中共许昌县委按照中共中央提出的"发展生产、繁荣经济、城乡互助、内外交流"的方针,采取发放贷款、加工订货、统购包销等形式,帮助个体手工业者解决资金困难,同时疏通供销渠道,让手工业生产尽快得到恢复和发展。

随着农业互助合作的发展,手工业者也逐步组织起来。1951年3月,于庄毛笔生产组建立,成为中南区第一个手工业生产合作组织。之后圪垱铁工组、杜寨编席社筹委会、朱寺铁业社、张潘麻绳社先后成立。8月,召开县手工业代表会议,对手工业合作组织进行整顿、巩固,并积极发展新的合作组织。1954年,县棉织社、西大街印刷社、北关木器社、南大街缝纫社、丈地皮业社、尚集铁业社先后组织起来。

1955年6月,全县第一届手工业生产合作社社员代表大会召开,对手工业的改造达到了高潮。1956年2月,组织手工业生产合作社42个,生产供销社7个,个体工商业者830户1095人,组织起联营或并归供销社,实现手工业合作化。

同年6月,全县99%的手工业劳动者参加了手工业生产合作社,基本上实现了个体手工业向社会主义性质的合作经济的转变,完成了引导手工业走合作化道路的任务。

二、对资本主义工商业的社会主义改造

1955年11月,中共中央政治局讨论通过了《中共中央关于资本

主义工商业改造问题的决议》，随之河南省委、许昌地委也制定了相应的对私营工商业、手工业进行社会主义改造的方法步骤。

1953年以前，许昌县以加工订货、统购包销为主的初级国家资本主义形式已有较大发展。1953年过渡时期总路线提出后，特别是实行粮、棉、油统购统销之后，许昌县按照上级部署开始有计划、稳步地对资本主义工商业进行社会主义改造，对私营工业企业有计划地扩展公私合营，同时按行业由点到面对私营零售业实行社会主义改造。

1955年底，许昌县由个别公私合营迅速推进到了全行业公私合营。许昌县供销社成立对私改造办公室，召开商贩代表会议，贯彻改造政策，各商贩纷纷申请要求组织起来。1956年底，参加合作商店、合作小组，由单干代销、经销直接过渡为供销社员的有923户970人，占商贩总户数的97.9%，占商贩总人数的97.6%。至此，对资本主义工商业的社会主义改造在许昌县基本完成。

1956年1月20日，许昌专区对资本主义工商业的社会主义改造顺利完成。图为成立于1949年的泰兴烟厂，曾是许昌当时唯一一家公私合营企业。

第十节　贯彻执行粮食统购统销政策

全国大规模经济建设开始后,由于工业、外贸、城市消费用粮数量增加,工业所需原料的经济作物种植面积扩大,粮食的种植面积减少,造成粮食供求紧张,引发物价的全面上涨。因此,中央决定实行粮食统购统销政策,以便解决粮食供求之间的矛盾。

1954年,许昌县派出数百名干部组成工作队下乡,开展统购统销工作。

当年,实行粮食多余多购、少余少购、不余不购、缺粮供应的办法;1955年,实行定产、定购、定销的"三定"办法;1956年夏季,全县遭受涝灾,号召节约度荒,四项扣除的标准普遍降低;1957年,原定人均180公斤的口粮标准,改为以人定量,粮食供应量减少。

群众排队凭票购粮

第十一节　"一五"计划在许昌县的贯彻实施

1955 年 7 月,一届全国人大二次会议审议通过了《中华人民共和国发展国民经济的第一个五年计划(1953—1957)》。"一五"期间,党在过渡时期的总路线、总任务及其政策在许昌县得到了很好的贯彻落实,全县的农业、工商业、交通运输业等方面都有较大的发展。

农业方面,许昌县委根据许昌的自然特点和农业生产中的薄弱环节,改粗放耕作为精耕细作,改低产作物为高产作物,改变易渍涝土地的传统耕作方法,全面发展农业、林业、牧业、副业的生产。到 1957 年,农业总产值比 1949 年增长 68.5%,平均年增长 8.6%,粮食产量比 1949 年增长 31.7%,平均年增长 3.96%,农民群众生活水平和生活质量有了一定的提高和改善。

工商业方面,制定工商业发展激励政策,帮助解决流动资金的困难;对手工业和私营工商业者予以政策扶持,实行优先照顾;成立工业生产合作社、供销合作社,帮助解决产、供、销中的具体问题。粮棉市场化管理,实行粮食统购统销,关闭粮棉私营市场,取缔私人经营粮、棉店铺;制订粮食"三定"(定产、定购、定销)方案,三年不变。

交通运输业方面,积极发展交通事业,疏通城乡物资交流渠道,活跃城乡经济和广大人民群众的物质文化生活。1955 年,对许南公路(许西线)按平原五级公路标准实施改建,变土路为碎石砂礓石路面;对许扶公路许昌县境长 16.08 公里实施改建,铺设砖渣路面;修通了许昌至郭桥机场 5 公里的专用公路。在运力上,增加货运汽车 192 辆、客运汽车 21 辆,货运、客运全部完成、超额完成国家"一五"计划任务。

重点项目的建设方面。1953 年,组织民工上万人投入白沙水库建设工作,按时保质保量完成了修建任务。1954 年到 1957 年,许昌县每年出动民工 3 万余人,完成了高底河(清潩河)、清泥河、潩水河工程治理及境内 24 条河道沟汊疏通;1957 年 10 月,动员上万民工治理洼地 2.5 万亩。

1953 年 3 月 26 日,国家决定在许昌县椹涧乡西长店动工修建军用飞机场。县委、县政府周密部署,全力投入工程建设中,搬迁 9 个村庄,安置 850 户 4300 人,调剂耕地 14716 亩,动员 1.3 万多名民工到机场工地。平整地基、铲除岗丘、填平井洼、备草植被、迁移安置等工作均于麦前结束。营房、库房、机窝、跑道等营建工程于 1954 年初完工。

国家"一五"计划时期,许昌县承担了许昌专区及许昌县境内水利重点基本建设项目和国家军用飞机场修建项目,许昌县积极组织全县人民投入到项目建设中,为兴修水利、国防事业建设作出了积极贡献。

1960 年 1 月正式通航的许(昌)扶(沟)运河

故事

新中国成立初期许昌县治理淮河与大兴农田水利基本建设
刘志远

　　河南省是淮河的主要流域之一,历史上由于淮河排水不畅,四处泛滥,极易形成洪涝灾害,造成沿淮人民群众流离失所。

　　1950年夏,淮河流域大雨成灾,河南境内被淹耕地66万余公顷。毛泽东主席从1950年7月20日到9月21日,先后4次对治理淮河水患作出批示,并发出"一定要把淮河修好"的号召。

　　1950年8月25日至9月11日,政务院召开第一次治理淮河会议,提出了"蓄泄统筹"的方针,同时成立治理淮河委员会,治理淮河的序幕从此拉开。

　　1950年10月10日,河南省治理淮河总指挥部成立,动员和号召沿淮人民治理淮河。

　　治淮会战打响后,中共许昌县委、县人民政府积极贯彻政务院《关于治理淮河的决定》和《河南省淮河工程规划》以及许昌地委治理淮河工作会议精神,制定《全县治淮方案》,成立许昌县治淮指挥部,县委书记王鹤洲任政委,县长宋显民任指挥长,各区也成立了相应组织。中共许昌县委、县人民政府全力以赴,先后3次投入治淮大战。

　　1950年春,成立县治淮支队,宋显民为支队长,率万余名民工前往西华县尹坡治理淮河,麦收前完成县分地段。1951年春,又成立县治淮总队,宋显民为总指挥,率一万多名民工前往西华县朱湾村,参加第二次治理淮河。民工戴发旺、周土金、陈炳彦牺牲在工地上。1953年春,万名民工第三次到西华治理淮河。不少党员干部主动请缨,出现了"父子齐上阵,夫妻同出征"的感人场面。

　　新中国成立初期,百废待兴,县财政十分紧张。为了彻底治理水患,战胜自然灾害,尽快恢复农业生产,县委在治淮中积极动员机关党员干部筹粮筹款,捐款捐物,并采取以工代赈、以粮代赈、以物代赈等各种方法,全力投入治淮工程。

许昌县位于黄淮之间,地处清潩河、颍河冲积平原泛流带。境内地势西北偏高而东南略低,境内自西北向东南有颍河、清潩河、石梁河、小泥河、灵沟河、小洪河、老潩河等大小河流20余条,多为西北东南走向,均属淮河流域颍河水系,河水资源数量较多,但水资源分配不均,多为季节性河流。雨季过后,干枯断流,难以蓄引,水害成为许昌县"四害"之首,历代旱、涝、洪灾不断发生。

治理淮河为疏浚许昌县河道、根治洪灾创造了条件,县委不失时机对境内颍河、清潩河两个骨干河道进行了治理。

颍河在许昌县境两段总流长约20公里。颍水原出登封,上游坡降大,两岸多山岗、丘陵。从榆林进入平原,两岸多为沙壤土,质地松软,河线弯曲,每遇大雨,山洪暴发,沙积水涌,泛滥漫溢,屡屡成灾,沿岸农民深受其害。

1949年冬,许昌县动员1.3万名民工,县长宋显民任指挥长,对颍河的姚湾至疯狗湾段进行培堤加固,裁弯取直后总长为13.5公里。

1953年,在许昌专区领导下,许昌县动员民工和禹县民工一起在颍河上游修建白沙水库,减少了下游水涝灾害,其后,又对颍河不断进行岁修,共培堤6次,退堤10处,做砖石护岸工程26处,动员民工25万多人次,完成3000多万土石方,此后,颍河再未发生大的决口现象。在治理颍河过程中,还对两岸进行绿化,植树30万株,防止水土流失和堤防冲刷。

清潩河原为两条河,一条是清泥河,一条是潩水河,都是由长葛入许昌县境东南而下,潩水河在境内因河底高出地面,又叫"高底河",一入汛期多有决口漫溢,危害很大。1954年7月大雨,多处决口,许昌县委书记杜俊林带领数百名干部及潩水河两岸群众堵口、护堤。1955年,高底河两岸民工3.7万人,整修险工250多处,填塞獾洞1544个,复堤250多处。1957年,经河南省政府批准,中共许昌县委决定根治潩水河水患,动员民工1.2万人,对清泥河、潩水河改道治理,废除高底河故道,重新开挖新道,使清泥河、潩水河汇流一处,取两条河原名第一个字而命名为"清潩河",除涝防洪流量分别为203和283秒立方米,配套桥梁12座。至此,清潩河水患缓解。

除对颍河、清潩河进行治理外,许昌县还对石梁河、灵沟河、小泥河、小洪河、老河、黑河、莲花河、碱化河等大小24条河道沟汊进行了不同程度的治理。

许昌县以河流治理为契机,掀起了农田水利基本建设工程高潮。经过调查摸排,对全县农田水利作出具体规划,防旱灾方面,提出"1953年实现1户1亩水浇田、1954年实现人均半亩水浇田、1955年实现人均1亩水浇田"的奋斗目标;防洪排涝方面,县委领导全县人民整故辟新,对受灾较重地区挖沟成渠,疏通河网,完善其防洪排涝体系,力求达到"四成"(排水沟挖成、桥涵配套成、路修成、树栽成)和"两通"(小沟通大沟、大沟通河流),为农业生产的恢复与发展提供有效保障;农田灌溉方面,县委带领全县人民以砖井建设为突破口,大打农业翻身仗。许昌县历代无浇地习俗,掘井多用于饮用,旱时亦用于浇菜,1949年,开始采用井水浇灌农田,全县共有土砖井1.4万余眼,到1952年土砖井最多达2万余眼,许昌县有效灌溉面积新增10万亩;在除涝治碱、抗灾减灾方面,许昌县土地易涝面积30余万亩,主要分布在20多个大坡地。每逢大雨各坡地均一片汪洋,雨过之后,长期积水;冬春少雨,积水干涸,盐碱四起。特别是汪坡、艾坡尤甚,历史上被称作"不毛之地"。新中国成立后,除涝治碱被列为全县水利建设的首要任务。1949至1950年,许昌县按照省、地委统一部署,采取"以工代赈"的方式,先后兴建白沙东干渠、幸福渠、东风灌渠和汝干渠等。同时,开挖疏导10多条河道的部分地段与洼坡地沟渠贯通,全县排除积水面积达 20 万亩,彻底改变了昔日"地上有水坑塘满,地上无水坑塘干""旱不能灌,涝不能排"的被动局面,形成了一套较为完整的河渠网络,改变了许昌县内涝频繁和洼地次生盐碱地的受灾状况,变"碰天收"为"旱能浇、涝能排"的旱涝保收田。

在岗地治理方面,许昌县椹涧、灵井、桂村、河街 4 个乡共有岗地面积 12 万亩,新中国成立前埂堰残缺,沟壑纵横,耕地多凸凹不平,水土流失严重。新中国成立后,按照"防治并重,治管结合,因地制宜,全面规划,综合治理,除害兴利"的方针,岗区社队掀起治岗运动,培地边埂 900 多条,沟头防护近 500 处,建水平沟 600 多条,修鱼鳞坑近 2000 个,这些工程在保持水土、蓄水灌溉中起到了一定作用。

在治淮大会战和大兴农田水利基本建设过程中,县委、县政府通过疏浚河道、开挖沟渠、打砖井、治沙治碱、岗地治理,全力以赴治理淮河、大兴农田水利基本建设,有效缓解了淮河上游地区的洪涝灾害,改变了县域内"大雨大灾,水雨小灾,无雨旱灾"的现状,解除了洪涝灾害威胁,改善了农业生产条件。

(原载《建安风》杂志 2022 年第 2 期,有删改)

第六章
社会主义建设的探索和
曲折发展时期

本章提要

1958 年,中共八届二次全会提出了"鼓足干劲、力争上游、多快好省地建设社会主义"的总路线。许昌县委带领全县人民开展大规模的社会主义建设,对适合中国国情的社会主义建设道路进行了艰苦探索。由于受"左"的思想影响,在大跃进和人民公社运动中,不切实际地提出"大办钢铁、大办水利、大办食堂"等,实行所谓"生活集体化,行动军事化,生产、工作战斗化"的做法,给全县的经济建设和人民生活带来了不良后果,后在贯彻国家"八字"方针中逐步得到纠正。

1966 年 5 月至 1976 年 10 月,中国历史进入到一个特殊时期——"文化大革命"时期。在十年"文化大革命"中,许昌县各级党组织和广大干部群众对"极左"思潮的抵制和抗争一直没有停止过,在极端困难的条件下,克服政治运动带来的重重干扰,社会主义建设在一些领域取得了一定的进展和成就。

第一节　"大跃进"和人民公社化运动

在"大跃进"中,各地纷纷提出工业"大跃进"和农业"大跃进"等的不切实际目标,片面追求工农业生产和建设的高速度,大幅度地提高和修改计划指标。在农业上,提出"以粮为纲",不断宣传"高产卫星""人有多大胆,地有多大产",粮食亩产量层层拔高;在工业上,为实现全年钢产量1070万吨的指标,全国几千万人掀起了"全民大炼钢铁运动"并且"以钢为纲",带动了其他行业的"大跃进"。交通、邮电、教育文化、卫生等事业也都开展全民大办钢铁,把"大跃进"运动推向了高潮。

许昌县委、县政府在当时的社会大环境下,出台了《许昌县1958年十项工作综合规划》,在工业、农业、水利、多种经营、商业、卫生教育等方面,制定了一些不切合实际的急躁冒进的目标。

工业主要体现在大炼钢铁运动。1958年秋,提出了"以钢为纲""钢铁元帅升帐"等口号。9月末,县、社干部带领7000名民工,携带动力机368台、架子车278辆、土小车2512辆和各种生活用品,奔赴钢铁前线。10月,全县组织大批人力物力赴宝丰县九子山建厂炼钢。尔后,全县范围内的"大办煤炭、大办化学工业"高潮也相继形成。1959年,大炼钢铁热逐渐冷却。

农业"大跃进"也出现了一些浮夸风,提出1958年全县粮食总产超出1957年的2.76倍,亩产达到1957年的8.82倍。

"大跃进"反映了当时党和广大人民群众迫切要求改变我国经济文化落后状况的普遍愿望,但违背了经济发展所必须遵循的客观规律。

在"大跃进"迅猛开展的同时,农村掀起人民公社化运动高潮。

1958 年 8 月,中共许昌县委贯彻中共中央《关于在农村建立人民公社问题的决议》,于 8 月 23 日将建立不久急待整顿的 632 个高级农业社和 15 个乡合并为 11 个大公社,实行政社合一。10 月 24 日,成立许昌县人民公社联社,实现一大二公、工农兵学商五位一体、农林牧副渔统一经营的人民公社化。当年 10 月,全县办起公共食堂 2352 个,99330 户、490450 人进入大食堂就餐,全县实现"食堂化"。幼儿园、托儿所、缝纫组、敬老院普遍建立。从公社到生产队建立团、营、连、排、班的劳动组织,实行组织军事化、行动战斗化、生活集体化。

许昌县在人民公社化运动中比较有影响的是尚集人民公社。1958 年 9 月 25 日上午,共青团中央第一书记胡耀邦同志视察尚集人民公社"东风青年试验场"。同年 12 月 25 日下午,许昌县尚集人民公社作为许昌专区唯一的先进集体,参加了全国农业社会主义建设先进单位代表会议,受到了国务院的奖励。

第二节　整风整社　纠正"五风"

在"大跃进"和人民公社化运动中,由于片面强调高指标、高速度、硬措施,出现了"共产风"、浮夸风、命令风、干部特殊化风、生产瞎指挥风(简称"五风"),给农业生产和人民群众生活造成严重危害。1960年11月3日,中共中央要求全党用最大的努力来坚决纠正"共产风",并重申"三级所有,队为基础"、彻底清除"一平二调"、坚决退赔等12条措施。11月15日,中共中央作出《关于彻底纠正"五风"问题的指示》,要求必须在几个月内下决心彻底纠正十分错误的"五风"。

1960年冬,许昌县贯彻中共中央指示精神,开展整风整社、纠正"大跃进"中产生的"五风"。决定从11月下旬起,全县100天内实行半日生产,半日休息,劳逸结合,恢复生产元气。省委、地委派出工作组,分别在五女店、椹涧搞整风整社,又叫反"五风"试点。1960年12月17日,中共河南省委书记处书记史向生带领省、地、县三级联合工作队共计501人,深入到许昌县五女店人民公社进行反"五风"试点,彻底纠正"五风"问题;12月19日,联合工作队入村的第三天,就召开了大战"五风"万人大会。

经过召开万人大会,充分发动群众,对五女店人民公社"五风"严重的115人进行了斗争,退还兑现因"一平二调"无偿侵占集体、农户的现金34588元,房子528间,各种用具及衣物1391件,家禽家畜111头(只),五女店人民公社的"五风"现象得到了初步遏制。随后,在总结经验的基础上,向周围各县(市)推广。1961年春,全面开展反"五风"运动,麦收前基本结束。

农村整风整社运动,中止了"大跃进"的开展,解决了各级领导核心和领导骨干问题,扭转了部分地方工作落后的局面。

第三节　调整国民经济

1960年冬,党中央开始纠正农村工作中的"左"倾错误,提出对国民经济实行"调整、巩固、充实、提高"的八字方针。许昌县制定了一系列政策和措施。至1962年,全县粮食生产连年下降的趋势得到扭转,整个国民经济开始回升。这期间,进行的主要工作有:

其一,停止大办工业、大办钢铁,解散公共食堂。

其二,全面推行人民公社"三级所有,队为基础"的管理体制。

其三,开放自由市场,恢复集市贸易。

其四,恢复扩大自留地,推行预借地,鼓励开垦荒地。

其五,增收节支,稳定市场。

国民经济经过调整,1962年底,全县耕地恢复3万多亩,五分之一的生产队恢复到1957年的耕地面积。粮食亩产增加37.5公斤,总产增加4844万公斤。到1964年,度过国民经济最困难时期,并成为全省恢复到1957年水平的28个县之一。1965年,国民经济开始回升,工农业总产值4581万元,比1957年增长7%。农副产品收购总额1800万元,比1957年增加600万元;社会商品零售总额2235万元,比1957年增加581万元。

第四节　社会主义教育运动

从 1963 年春到 1966 年夏,许昌县委在农村进行"刹黑风""小四清"和"大四清",统称社会主义教育运动。

"刹黑风"　1963 年春,许昌县召开 1000 多人的扩大干部会议,揭阶级斗争盖子,查"黑风"单干风、弃农经商风和投机倒把风的危害,号召干部自觉"放包袱"(自我检查)、"洗温水澡"(自我批评)。会后由点到面发动群众,组织阶级队伍,全面开展"刹黑风"运动,在上万名社队干部中查"三风"表现。

"小四清"　1963 年冬,在全县 210 个公社的社队干部中开展清账目、清仓库、清工分、清财物的"小四清"运动。由县到队武装骨干积极分子 44170 人,采用领导带头、典型推动的办法,揭"四不清"的盖子。"小四清"共清出金额 15 万元、粮食 9 万公斤、工分 36 万多个,并全部进行了退赔兑现。"小四清"至 1964 年 2 月结束。

"大四清"　1964 年冬到 1966 年夏,进行了更大规模的清政治、清经济、清组织、清思想的"大四清"运动。运动分两批进行,西部 6 个区和邓庄区的部分公社为第一批,1965 年麦收前结束。1965 年 8 月,东部 6 个区和邓庄区部分公社为第二批,1966 年 8 月结束。

第五节　治河建渠兴修水利

一、治理清潩河

清潩河由长葛入许昌县境东南而下,在许昌境内因河底高出地面,又叫高底河,解放前多有决口漫溢,危害甚大。1955 年,许昌县在高底河两岸动员民工 3.7 万人,整修险工 250 多处,复堤 250 多处。1957 年,动员 1.2 万名民工,废除高底河故道,重新开挖新道,变地上河为地下河,配套桥梁 12 座。1964 年对清潩河上段进行疏浚治理。1968 年冬春,又在全线进行疏浚和工程配套,达到三年一遇除涝标准和二十年一遇防洪标准,成为许昌县境内河线顺直、断面规矩、堤坝平展、绿树成荫的重要防洪除涝工程。

二、治理颍河

颍河从禹县胡楼村入许昌县境,沿灵井西部的郝庄、后宋和椹涧乡西部的前宋、余张、河湾,入襄城县。过颍桥东下再入许昌县境榆林乡姜庄、刘王寨等,再到蒋李集的沟张村流入临颍。许昌县境两段流长约 20 公里。1953 年,许昌县动员民工和禹县一起在颍河上游修建白沙水库,减少了下游水涝灾害。其后,又多次对颍河不断进行维护,计培堤 6 次,退堤 10 处,做砖石护岸工程 26 处。从 1949 年到 1985 年,共 6 次治颍,动员民工 25 万多人次,完成 3000 多万土石方,之后未曾发生大的决口现象。在治理颍河过程中,还对两岸进行绿化,植树 30 万株,防止水土流失和堤防冲刷。

三、开挖许扶运河

1959 年 12 月,许昌县动员干部、社员、学生三四万人,参与许(昌)扶(沟)运河的开挖工程。1960 年元月底竣工,挖土 121.31 万方,占地

6800 亩。元月 31 日,2 万多人举行典礼,庆祝许扶运河全线通航。

四、兴建颍汝干渠

颍汝总干渠许昌县工段从襄城县的油房李到小召公社的河沿张,总长 40 余公里。1959 年破土动工,许昌县出动民工 2 万余人,挖土 48.74 万方。1974 年复建,境内长 13 公里,动土 150 万方,1975 年兴建第二期工程和配套建筑物,1978 年基本完成,干渠年均供水量 1.2 亿 m^3,设计灌溉面积 37.5 万亩。颍汝干渠的水体功能包括:为许昌市输送地表饮用水、补充地下水的水源,也为许昌市农业、工业、林业、渔业提供水源以及农业灌溉功能。作为一条人工渠,颍汝干渠还可以美化周边环境,并为野生动物提供栖息地。

五、修建白沙东干渠

白沙水库东干渠经禹县城北,由泉店入境。1958 年初,全县动员 7000 名民工参与干渠修建。3 月动工,6 月底基本完成,7 月 8 日放水,13 日开始浇地。后又补修干渠退水闸、支渠闸,延长斗渠,续修农渠。总计完成各种渠道长 384 公里,土石 4532085 方,各种建筑物 326 座。

六、兴修幸福渠

幸福渠位于许昌县椹涧乡,灌溉首闸建在李庄南 500 米处的颍河东岸上,属中型灌渠,1966 年建成放水。工程有干渠 1 条,长 4.3 公里;支渠 2 条,长 14 公里;农渠 21 条,长 20 公里,共完成土石 30 万方,实际受益面积 2 万亩左右。

治河建渠,兴修水利,对于许昌防洪除涝、农业灌溉、城市饮水、改造自然环境等方面具有非常重要的作用,展现了许昌县人民自力更生、艰苦奋斗、勇于改天换地的大无畏革命精神。

第六节　曲折发展中的许昌县

一、知识青年"上山下乡"运动

1968 年 12 月 25 日,《人民日报》一版头条通栏标题刊登了《知识青年到农村接受贫下中农再教育很有必要——河南省郏县广阔天地大有作为人民公社知识青年学习毛主席最新指示座谈纪要》的文章。随后,在全国掀起了知识青年上山下乡的热潮。

为了全面贯彻落实毛主席对"知识青年上山下乡,接受贫下中农再教育"的最高指示和中央、省、地有关会议精神,1968—1978 年,许昌县先后接收、安置来自上海、西安、武汉、洛阳、郑州、平顶山和许昌市等城市知识青年 1.1 万多名。县委和县革委采取办青年队的形式,对这些知识青年进行了妥善安排,大部分安置在 7 个知青场、97 个知青队、105 个知青组,还有一部分知青投亲靠友分散插队。全县共拨知青下乡费 500 多万元,建房 7.5 万多平方米,调配给大型拖拉机 52 台,小型拖拉机 60 台,电动机、磨面机、榨油机 50 台,架子车 1500 多辆。

1969 年至 1972 年,青年队给国家提供商品粮 837000 多斤、储备粮 234000 多斤,还给国家上交肉猪 500 多头、烟叶 420000 多斤、食油 3100 多斤、棉花 15000 多斤。

1970 年 7 月、1972 年 5 月,许昌地区革委会、河南省革委会先后在榆林公社大魏庄村召开知青工作现场会,表彰、学习和推广大魏庄青年队建设的经验。

《河南日报》多次对大魏庄青年队的经验和事迹进行报道。新华社记者撰写了《办青年队好——河南省许昌县榆林公社大魏庄大队知识青年生产队调查》的新闻稿,以内参的形式报送国务院,引起了国家有关领导的关注。

二、"农业学大寨"工业学大庆运动

农业学大寨　1975 年 9 月,党中央、国务院召开全国农业学大寨会议,发出"全党动员,大办农业,为普及大寨县而奋斗"的号召。

1975 年 11 月,许昌县召开全县农业学大寨会议,提出"苦干两年,建成大寨县"的目标,号召全县人民开展"比、学、赶、帮"活动,学大寨,赶林县,插红旗,立样板,走大寨之路,树大寨之人。

全县人民在党的领导下,发扬自力更生、艰苦创业的精神,进行了大规模的治淮、治水、兴水活动。全县对辖区颍河、清潩河、石梁河、小洪河、小泥河、孙庄水库等进行扩建改建、提升改造,水利保障能力不断增强,防汛抗旱减灾体系日趋完善。

1977 年,椹涧公社党委为了兴利除害,提出于此修建水库的设想,并派水利技术人员进行了勘查测量和论证,形成了修建方案。之后,召开了全公社 36 个大队、216 个生产队干部和群众代表参加的动员大会,大家一致表示拥护在此修建水库。

水库开挖工程历时两个来月,投入劳动力 5000 余人,资金 3 万余元,开挖土方 11 万多立方米。水库占地面积 600 余亩,最大容水量 150 多万立方米,正常容水量 147 万立方米。

随后,在椹涧、安庄、方庄、刘庄、西耿、长店、常庄七个行政村的田野里,修筑了自流灌溉渠,可浇地 7000 多亩;在邻近水库四周的孙庄、瓦屋刘、庙张、高庄四个行政村范围内修建了提水灌溉站和渡水高槽,可提水灌溉 3000 余亩。整个流域面积 32.4 平方公里。

"农业学大寨"运动,使全县农业获得了空前的大丰收。1976 年粮食亩产 802 斤,总产 60138 万斤,比 1975 年增产 12467 万斤,增产 21.4%,全县上交公粮 7380 万斤,平均每人 112 斤。

由于"极左"路线的影响和危害,全县学大寨运动逐渐偏离了正确轨道,过分强调"以阶级斗争为纲",搞政治挂帅。同时大寨经验被教条化,片面强调抓粮食生产,搞平均主义和形式主义,违背了自然规律,造成了一些严重后果。

工业学大庆 1964年2月5日,中共中央发出通知,号召全国学习大庆油田的经验。

3月,许昌县委作出决议,号召全县工交、财贸、文教战线上的干部和职工,要以铁人王进喜为榜样,找差距,订措施,忘我拼搏,决心当大庆式工人,创大庆式企业,插大庆式红旗。

通过学大庆活动,许昌县不少企业完善了各种制度,制定了生产和工作规划,加强了民主管理,产生了较好的经济效益。

三、掀起学习杨水才精神热潮

杨水才,1925年6月出生于许昌县桂村乡水道杨村的一个贫苦农民家庭,生前担任水道杨大队党支部副书记、桂村农业中学校长。1949年1月,杨水才参加中国人民解放军,立大功一次、小功两次,获得"人民功臣"的称号。1950年11月,杨水才复员回到家乡水道杨村,被群众推选为农民协会委员。1956年1月,杨水才加入中国共产党。

水道杨村是个两岗夹一洼、岗高缺水的地方,缺水是造成水道杨贫穷的根源之一。为了拔掉贫穷落后的根子,杨水才在党员会上建议抓水利、挖坑塘,解决吃水问题,在此基础上植树造林、发展生产。杨水才带领乡亲们,用竹筒、旧瓶制成"土仪器"进行测量,获得必要的数据,寻求最好的挖坑塘地址,规划最佳的"三级提水"上岗方案。在施工过程中,杨水才累得吐血。在杨水才精神的感召下,经过全体干部群众的共同努力,池塘终于挖成,水道杨村的缺水问题得到了解决。

为了改变水道杨教育落后的面貌,杨水才联合水道杨、桂东、桂西等 7 个村联合创建了桂村农业中学,并被推举为校长。他带领农业中学的师生走"抗大"的道路,自力更生建校舍,开垦荒田。1965 年秋,他带领广大师生连续奋战 40 多天,脱坯 5 万多块,建房 21 间,开垦荒地 20 多亩,使桂村农业中学有了宽敞的教室和农林试验园地。

1965 年冬天,水道杨开始全面实施植树造林,杨水才亲自规划各种树木的种植。

1966 年 12 月 4 日,杨水才拖着患病的身躯,连续忙碌了 18 个小时。12 月 5 日凌晨,在重新绘制水道杨崭新蓝图时,杨水才累倒在工作岗位上,践行了他"小车不倒只管推,只要还有一口气,就要干革命"的钢铁誓言。

1969 年五六月,许昌县、许昌地区、河南省革命委员会相继作出了向杨水才同志学习的决定,学习杨水才精神的活动在全省开展起来。

1969 年 7 月 13 日和 31 日,《人民日报》先后在头版头条发表《一不怕苦、二不怕死的共产主义战士——记共产党员杨水才同志的光辉事迹》长篇通讯和《为人民鞠躬尽瘁》的评论员文章,学习杨水才活动在全国轰轰烈烈地开展起来。

杨水才的事迹被许多文艺工作者作为创作素材,长篇小说《闪光的年华》发行全国,县剧团排演的戏剧《一把嫁接刀》久演不衰。

苏联《真理报》、日本《读卖新闻》等国外媒体都发表了杨水才的事迹。阿尔巴尼亚、朝鲜、越南等国派出代表团前往水道杨村参观学习。

1969 年,水道杨村建起了杨水才生平事迹展览馆,来自国内外上百万各界人士到水道杨村学习了解杨水才精神。2001 年 6 月,杨水才纪念馆恢复重建。

四、河南农大在许昌

1971 年,为响应毛泽东同志"农业大学要搬到农村去"的指示精神,河南农学院(河南农业大学前身)从郑州迁往许昌整体办学,校址在许昌县蒋李集公社。蒋李集公社是个农业大镇,田野肥沃,阡陌纵横,可提供充足的办学场地和农田实验基地。

当时,河南农学院基本上是在一穷二白的基础上开始建设的。许昌县委、县政府对学院的建设给予了大力的支持,从划拨土地、筹建校舍、置办设施,以及学生、教职工的生活等方面,提供了优先、便利的条件。在许昌县各级党委、政府的支持下,经过全院师生的共同努力,短短两三年时间,该校就先后建成了教学区、农田实验基地、教职工住宅区及后勤区。

在许昌办学期间,农学院与许昌县本地紧密协作,坚持将教学、生产、科研相结合,全面加强与许昌县在人才培养和科学研究等方面的合作,依托农村,加强学生生产技能训练,通过聘请当地农业技术人员担任兼职教师等措施,不断把新技术、新品种引入农业生产,在科学实验、成果转化和学生实习方面发挥了不可替代的作用,成为许昌地区生产、教学、科研相结合的重要基地。

从 1973 年至 1982 年,学校为振兴许昌县农业发展培养输送了一批新生力量。他们通过实践锻炼后,大部分学生成了科学种田能手和农民技术员,在生产第一线发挥着骨干作用。他们把从学校学来的科学技术知识,传授给当地农民,在科学种田上充分发挥了宣传、示范和推广作用。

2009 年,河南农大开始与许昌市对接,在许昌恢复办学。2010 年 1 月 6 日,河南农大与许昌市签署校地合作协议,许昌校区同时奠基。河南农业大学许昌校区位于许昌市建安区农大路以南、永宁大道以北、劳动北路以东、清潩河以西,占地面积 1500 亩,包括教学区、国家烟草示范园区和农大涉农专业后期教学实习、实验区,设计规模为容纳师生 15000 名。2012 年 8 月,河南农大许昌校区一期顺利竣工。2012 年 9 月,河南农业大学许昌校区举行启用仪式暨 2012 级新生开学典礼。

20 世纪 70 年代位于许昌的河南农学院

河南农业大学许昌校区

故事

榆林乡颖河军民桥建造亲历记
刘思功口述　刘思明整理

1976 年 6 月,许昌县(现建安区)榆林公社(现称乡)牛庄颖河渡口颖河军民桥建成通车,终结了自古以来渡口无桥、两岸人民过河难的历史。这一创举是军地携手同心、克服重重困难历时 14 个月建成的。我当时是负责规划、绘制图纸、编造预算、指导施工的技术员,参与了建桥的全过程。

建桥前渡口过河难的状况

牛庄(在河北岸)渡口,是颖河流经许昌县境内的最大渡口。河道南北宽 150 米,河道中心的河底垂直深度 8 米,河底宽 120 米。渡口自古以来由牛庄村负责夏季水大时用船摆渡,冬季水小时架木板桥过河,还负责修筑两岸通往河底的上下坡道。新中国成立初期用铁轮牛车从水中过河。河南岸当时的 10 个大队,交公粮,重车怕搁浅河中,都从南岸卸车,空车过河,再将公粮一袋袋扛过河,到北岸再装车拉运。到了 1960 年前后铁轮车淘汰换成了架子车。架子车虽能乘船或走板桥,但因两岸坡陡,从岸上下坡到对岸上坡也很困难。上坡一个人拉两个人推才能过河,再后来有了汽车、拖拉机、仍然从水中过河。但水深时汽车、拖拉机也不能过河,甚至部队汽车都要绕道几十公里外的许南公路上的襄城县颖桥镇。

渡口南 1.2 公里的柏冢古集镇在许昌、临颖、襄城三县交界处,历史悠久。镇上逢阴历单日有晨集,二月十五、四月十七、七月二十二有古庙会。镇上有供销社、卫生院、烟叶收购站、粮食交易所等部门,历来是周围几十里农副产品、手工业产品的集散地,生产生活用品购销市场。集镇上去公社和许昌购进商品、上交收购的农副产品、解放军五七干校及三县交界群众去许昌,以及北岸群众去集镇上赶集上会,来往都经过渡口。无桥通行,直接影响人民群众生产生活、经济发展和部队建设。

榆林公社党委建桥为民解难

时任榆林公社党委一班人顺应民心,下决心解决两岸人民群众出行难的老大难问题。公社党委书记李文绍就是榆林公社管庄大队李庄村人。该村距牛庄渡口3公里,李文绍从小在河边长大,常年往返经过渡口,耳闻目睹群众过河难的痛苦。

1973年开始,公社党委经过调查了解,深思熟虑,从1975年开春把建桥列入党委的重要议事日程。

公社党委首先统一思想,形成了一致决议。李文绍带领党委主要成员联系驻地的解放军五七干校,协调解决建桥资金。干校政委舒静要求编造建桥所需资金和计划物资钢筋、水泥、木材数量,慷慨答应由他们负责请示上级解决。

干校之行,资金和建桥的主材有了初步眉目,接下来的难题就是找建桥技术人员。公社党委成员到全公社26个大队查访无果,最后公社颍河管理段段长安六零推荐了我。

当时我26岁,按当时的背景,家庭出身并不好。父亲早逝,母亲年老多病,我在家干活供养母亲,没事看书自学点知识。我家与牛庄一河之隔,看到渡口无桥、群众过河很难,就选择了自学建桥的相关知识。1964起,我开始用给生产队上山拉煤挣的钱买与建筑有关的书籍。是年夏天我去大姐家,幸遇姐夫黄国珍的父亲黄梅霖教授回许探亲。他离休前是湖北省和武汉市土木建筑学会常务理事兼土木基础学会主任。当听说我立志研究建桥时,非常赞同和支持。他谈了建桥的意见,热心解答了我提出的问题,回武汉后又给我寄来了《水利工程学》《土木工程学》《材料实验》三本书。我还先后买了《工民建识图与制图》《预应力钢筋混凝土张拉工艺》及李瑞环的《建筑木工简易计算法》等诸多书籍。在研读过程中有疑问，及时写信请教，黄大伯及时回信不嫌麻烦。为了理论联系实际，我经常到渡口转悠，研究如何建桥，还时常到颍河管理段办公室找安六零段长交谈。时间长了我们成了好朋友。他到我家发现我买了很多有关建桥的书籍，知道我对建桥的图纸绘制、预算编造等研究了10多年，能胜任这一工作。

公社党委让我拿出建桥规划、图纸、预算的方案。我受宠若惊，起五更熬半夜整理原来所绘草图和所造预算等资料。方案搞好后，由安段长转交公社。党委经过有关方面专家审核，批准了我的方案。随即，轰轰烈烈的建桥工作展开了。

成立建桥指挥部。公社党委副书记宋木祥担任指挥长，公社工业办书记王二田任副指挥长，指挥部下设工程部，安六零任施工队长，聘任我为技术员，负责规划、设计、指导施工。

协调驻地部队。部队按公社预算请示上级，解决了8万元资金；代购调拨钢筋65吨、水泥500吨、木材32立方米。

集全公社之力建桥。召集全公社26个大队书记、大队长和社办厂长参加建桥会议，从各大队抽调建桥民工和开采拉运石料民工。民工由各生产队记工分。建桥民工交工程部，按施工顺序，分班使用。石料民工由张国友、杜俊州带领到襄城县山头店开挖石材，分派给全社干群。李文绍书记带头拉着架子车，与干部群众一起上山拉运石料，运回工地，完成预算上的毛石1500立方米，石子380立方米。河沙就地取材，460立方米混凝土现场配置。小型机械由社办厂无偿提供，保证随用随到。混凝土井管100个由公社打井队提供。

当好技术员，不辜负公社党委信任

用我当技术员是公社党委对我的最大信任。1975年正是"极左"思潮盛行时期，用我建桥，难免暗中有人说三道四。当时李文绍书记敢于担当，鼓励我大胆、细心搞好施工。我决心搞好施工不负重托。

　　1975 年 3 月,各大队民工在渡口搭起工棚,生火做饭。工程部按照施工方案、工程顺序,将各工种分班作业,分工合作。

　　预制构件班。制作模具,加工钢筋,配置混凝土,预制构件。加工钢筋 400# 混凝土桥板,每块桥板长 6 米、宽 1 米、厚 30 厘米,其他栏杆等构件采用 200# 混凝土制作。

　　基建班。在桥址上游一千米处堆土筑坝截断河水,在下游铺路搭便桥方便行人。

　　桥体工程班,因没有仪器和机械设备,采用土方法上马攻坚克难。

　　一是在桥头两端拉四根铁丝,每个桥墩处下垂四根线绳,控制各个桥墩之间的距离和各个桥墩之间的长宽高的平整统一。

　　二是开挖桥墩基础坑,下预制井管,现浇基础梁,基坑长 120 米,宽 20 米,深坑 8—10 米。基坑开挖,指挥部组织社直单位、部队官兵、知识青年与各大队民工一起带工具参战。还动用十几台抽水机在基坑内抽水向下游排放。工地上挖的挖、装的装、推的推、拉的拉,争先恐后,干劲十足,热火朝天。参战人员“下定决心,排除万难、一定要把大桥建成”的口号声和抽水机的轰鸣声、喷水声响成一片,场景十分热闹壮观。当个别基坑挖到七八米深时,突然出现管涌,泉水裹着流沙汹涌而起,一时基坑坍塌无法施工。在这紧急关头,我组织大家用四根竹竿捆绑在预制井管的周围,按照桥墩位置,通过人力晃动,使一个个空心管透过沙层沉入基底(井管高 1 米,直径 1.5 米)。每个井管间距 2 米,每排 4 个,即北起至南,⑬号桥墩基础深 6 米 ×4 =24 个,⑭号基础深 10 米 ×4 =40 个,⑮号基础深 8 米 ×4 =32 个。井管分部安装,随时填平,振实后绑筋支模,浇铸成混凝土承台。基础梁设在 ±0.00 处,主筋 9 根 Ø25、副筋 5 根 Ø16,400# 混凝土浇筑,按照图纸施工。

　　三是砌筑石桥墩,现浇桥墩面梁。为了争抢汛期,指挥部将各个桥墩分给各个大队砌筑。各个大队抽调能工巧匠,由我指导检查,按规格质量完成任务。桥墩长7米、宽1米、高6.6米,用石块加100#水泥砂浆砌筑。桥墩上面梁长8米、宽1米、高0.4米,用钢筋主筋7根22#,副筋5根16#,绑扎支模后用400#混凝土现浇。基础梁以上至桥板底高度7米。

四是桥板安装。每块桥板重5吨左右,没有大型装卸设备,想办法用枣木做成梭子填入板的一头,把板撬起用"东方红"拖拉机拖到桥下,再用吊车一块块吊上桥墩安装好。

五是完成桥面铺设。桥面工程按预先计划,先安装已经预制好的桥两边栏杆和桥两头标志牌碑。碑名是公社和干校领导共同协商命名的,牌碑由我设计,高4米、宽2米,钢筋混凝土预制。正面碑头雕刻五角红星,星两边各有三条黄线,碑正面刻"军民桥"三个大字和竖碑日期,背面刻"自力更生,艰苦奋斗"八个大字。南桥牌碑由五七干校政委舒静手书,北桥牌碑由公社党委副书记宋木祥手书,碑意是在党的光辉照耀下,军民携手、缔结成果、永存不忘。桥面总长150米,宽8米,桥面上机动车道6米,两边人行道各1米,厚0.1米,混凝土200#一次性浇灌压成光面。工程竣工,一座崭新的军民桥傲然屹立,巍峨壮观。

欢天喜地,军民共贺"天堑变通途"

工程竣工后,公社于1976年6月26日在桥前召开庆祝大会。地、市、县有关领导,技术人员,干校官兵,公社干群前来祝贺。上级相关部门对工程质量进行了检测验收,认证合格,批准正式通车使用。公社唱3天大戏,干校演3场电影祝贺。两岸村民蜂拥而至,桥上欢声笑语。不少人眼含热泪说:"今天终于有了祖祖辈辈做梦都盼望的桥,过河再也不上下坡,车辆再也不蹚水了。早晚刮风下雨,过河再也不耽误事了。还是共产党领导得好啊!"

超期服役多奉献，保留老桥留念想

改革开放后，经济发展，国力增强。2003 年，许昌市交通局和省交通厅投资 100 多万元，在紧靠军民桥东面建成现代化的大桥。军民桥服役 28 年退役，比我原设计方案使用期 20 年超期服役了 8 年。退役桥虽饱经严寒酷暑，现在桥墩桥体无裂缝，基础完好。按照当地干群意见，旧桥没有拆除，保留了桥的主体原貌。

军民桥服役 28 年，对部队建设，尤其对两岸村民种植、养殖、客运货运、务工经

重修后许昌军民桥

商办厂等多种经营、经济发展作出了巨大的贡献。饮水思源，老军民桥留住了这段珍贵的历史，留住了浓厚的军民情谊，也给人们永远留住了感恩的念想。

我在大魏庄村的知青生活

周 予

我叫周予,1951 年 11 月生,洛阳板材厂退休职工。每当我回忆起在榆林乡大魏庄村的三年知青生活时,至今仍然心潮澎湃。大魏庄的知青生活给我留下了美好的回忆,让我终生难忘。

1968 年 10 月 18 日,我和洛阳五中 40 名同学,先后来到了许昌县榆林公社大魏庄大队。那是一个靠近颍河河畔、有两三千口人的大村庄,我在那里度过了三年的知青岁月。

我们 40 个学生,加上十几个村里的老农,组成一个独立核算的生产队。因慕名当年革命青年投奔延安的风采,起名叫"新抗大"新建队。

上湾的日子

颍河向东流淌,在大魏庄西北边隆起了一个美丽的河湾,村里人把那里叫作"上湾"。河湾两岸杨柳依依,轻拂水面,河堤上随处可见的白蜡条、紫穗槐郁郁葱葱,犹如围起的绿色屏障。河湾水面开阔,绿波荡漾,是游泳的好地方。我们一到大魏庄就喜欢上了这个地方。

上湾有个机灌站,是大队提颍河水灌溉农田的水利设施。机灌站的设备非常简陋:一台洛拖生产的 75 马力发动机,两台水泵,外加几台磨面机。这里没有大强度的体力劳动,也不受风吹日晒雨淋,是村里最风光的地方了。

当年在农村掂着钳子扳手,会鼓捣机器的就是有技术的人,一身劳动布工装一穿,俨然像城里的工人,村里人都非常羡慕。

到大魏庄那年,我还不满十七岁,在新建队男生里算是年龄较小的几个人之一,再加上身体瘦弱,一米七的个儿,体重才刚过百斤。队领导照顾我,就把我派到上湾了。

机灌站的头儿叫长富,四十来岁,高高的个儿,脸上总是笑眯眯的,对人挺和善的。长富叔对我非常好,手把手地教我开机器、保养机器,时间不长,我就学会了机灌站各种设备的简单操作,以后就鞍前马后地跟着他在十里八村忙活起来。长富叔自然也成为我在大魏庄最亲近的人了。

机灌站的活儿虽然不重,但磨面可是个脏活。机器一开,粉尘荡得整个屋子都是,干一晌活儿,全身除了黑眼睛珠,其他地方全都是白的。磨面还是个拴人的活儿,十里八村的乡亲,都是断面了才往上湾跑,到饭点儿也总有磨不完的面。

一来二去的,本村的、邻村的人都逐渐熟络了。我在村里有个好人缘,除了干机灌站水泵和磨面机的活儿,还管着大队的农耕机械。

当年农业机械化水平很低,村里就一台东方红75履带拖拉机,平日当柴油机用,农忙时犁地。后来新建队被评为省里先进集体后,上级奖励了我们一台小四轮拖拉机和其他农用机械,也划给大队统一管理。机灌站的装备大大增强了,但仍难以改变"僧多粥少"的农机需求的状况。机耕队还是村里非常吃香的地方,特别到农忙时节、犁地浇地时,各生产队甚至邻村的,争着抢着拉机灌站的师傅帮忙。

尽管如此,辛苦却是少不了的。俗话说,季节不等人,一刻值千金。谁家来的都是着急的活儿,有的索性就排队跟着,干完这一家,另一家就把人接走了,接连几天的连轴转都是常有的事,困了就轮换着在地头眯会儿眼,接着继续干。

深夜铡草

在机耕队一段时间后,社员庆法出了工伤,新建队机器房缺人,我又回到了机器房。那时新建队机器房添了柴油机、磨面机、轧米机等,工作量不断加大,但和大田的劳累相比还是轻松的。队里的伙伴们干活都非常实诚,在一次和同伴们共同的劳动中我看到了与他们的差距。

那是下乡头一年的秋收,玉米入仓后已进入深秋。为了秸秆还田,要把玉米秆粉碎撒在大田里,再深翻土地把秸秆压在土里作为来年的底肥。

那天下午,我和大家把柴油机和铡草机在地头固定好,忙活了一阵子,收拾停当,太阳已经快落山了,知青风文就慌忙着开始干活了,一直干到夜色苍茫。我感觉又饥又渴又累,打算回去吃了晚饭明天再来干。

吃过晚饭,风文一声不响地又往南地走去,我也很不情愿地跟着去了。地里砍倒的玉米秆黑乎乎的一大片。这要干到什么时候呀?看到我面露难色,风文说,季节不等人呀,只有将田里玉米秆铡完才好安排劳力深翻,早日种上麦子,明年有个好收成。咱们辛苦点儿,不能误了农时啊。说着他就把袖子一挽,把玉米秆一捆一捆地往机器跟前搬,我手按着玉米秆往粉碎机里填。粉碎后的秸秆尘土飞扬,荡得头上脸上浑身上下像个土人似的。我心里不痛快,像机器人一样机械地干着,回头看看风文,两只胳膊夹着两捆玉米秆往机器边不停地搬运着,好像浑身有使不完的劲儿。望着他那忙碌而又疲惫的身影,我深受感动,也迅速投入"战斗"。就这样,我们两个人歇歇干干,终于在黎明前,把十几亩玉米地的秸秆全部铡完了。望着机器前堆成小山的碎秸秆,很有一番成就感,虽然湿透的衣衫在深秋的晨风中贴在身上略有几丝凉意,我们心中却非常高兴。

进城看电影

当年的知青不仅生活非常辛苦,文化生活更是极度贫乏。那年秋天,有消息说,大型现代舞剧电影《红色娘子军》要在许昌公映,还是彩色银幕的,这对在乡下文化生活贫乏枯燥的我们来说,无疑是久旱中的甘霖,大家都盼望着能到城里亲眼看看。

当时正值种麦的大忙季节,大家干活特别卖力,撺掇着队长们能行个方便,放一天假进城看看电影。那几天,大家干活格外卖劲,天公也作美,种麦前的各种农活基本完成。当队领导告诉我们可以放一天假进城看电影时,大家高兴得又蹦又跳。

吃过中午饭,男生女生都换上干净整洁的衣服,兴致勃勃地踏上进城的路。

秋天的田野艳阳高照,碧空如洗,大家的心情特别好,一路上打闹嬉戏,扯着嗓子吼样板戏。三十多里的路程,不知不觉中就走到许昌市区。此时已接近黄昏时分。

当影片熟悉的音乐旋律响起,彩色宽银幕上美轮美奂的宏大场面深深地吸引我们。高大的椰子树下军民一家亲的歌舞激情澎湃,洪常青英勇就义的场面慷慨激昂,年少的我们热泪盈眶,再一次受到革命英雄主义精神的熏陶。

当晚在县委招待所住一晚上,第二天上午,大家分头到自己爱吃的饭馆吃饺子、喝汤圆,还一同走进南关照相馆照了两张合影照。这是当年在大魏庄唯一的一次最珍贵最完整的合影。

招工回城

下乡的第三个年头,各地厂矿企业陆续来农村面向知青招工。1970年初,已经有几批同学先后离开大魏庄。虽说我们来时都说要扎根农村一辈子,但回城进工厂当工人还是每个人梦寐以求的愿望。招工要经过大队推荐、招工单位政审和医院体检几道关。在当年以阶级斗争为纲的年代,政审对于我们这些"黑五类"子弟,就是一座难以逾越的鸿沟。家庭成分问题一直像一座大山一样压着我,加上身体又弱,自我感觉表现不突出,没有多大希望,只好听天由命。每次有单位来招工,除了企盼,更多的是失望、伤感和难受。剩下的人越来越少,就这样在希望和失落交织的心情中,我一次次地接受着命运的选择。

10月18日,正是下乡大魏庄三周年的日子。这一天命运之神真的眷顾我了。上午9点多,我正在机器房干活,公社驻队干部刘铁根走到我身边,悄悄地告诉我:"让你回洛阳进工厂,你去不去?"我半信半疑,老刘就把我带到宿舍。屋里坐着一个像医生一样的人,拿着听诊器听听我的心肺部,再让我看看挂在墙上的视力表,做一番常规的体检。

我前脚刚回到机器房,老刘后脚就进来,将《招工通知书》放到我的手中。真是喜从天降。我匆匆地收拾自己简单的行李,第二天跟着轻化局的招工干部登上回洛阳的列车,结束整整三年的知青生活。

白驹过隙。离开那片承载着青春艰辛和激情岁月的土地已经整整53年了。这些年来,我曾多次自己,或与大家一起重返那片曾经战斗过的熟悉的地方。每一次回去,都有一种回家的感觉。有一次我一人回去住十几天,重操旧业,割麦、送粪、锄地,住农家院,吃农家饭,和昔日的长辈、同龄人促膝谈心,推杯换盏,共忆往事,好不痛快!

大魏庄,是我人生中踏向社会的起点,是我接受人生磨砺的地方,是我收获关爱和友谊的热土。新抗大,你永远铭记在我心里! 大魏庄村,我魂牵梦萦的地方,是我永远的故乡!

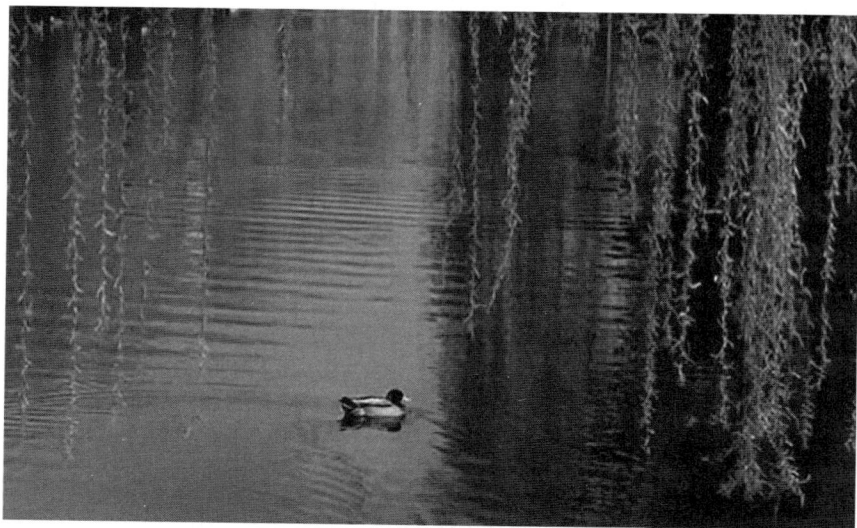

颍河风光

第七章
改革开放和社会主义现代化建设新时期

本章提要

1978 年 12 月 18 日至 22 日,党的十一届三中全会在北京召开,我国的改革开放由此揭开序幕。许昌县委、县政府带领全县人民认真贯彻落实党的十一届三中全会以来的各项路线方针政策,在拨乱反正的基础上,规划制定许昌县改革开放的新蓝图,解放思想,鼓足干劲,干在实处,走在前列,在人杰地灵的古老大地上播种希望,收获硕果。

第一节　拨乱反正　蓄势改革

真理标准问题的讨论　1979 年初,按照省委、地委部署,县委组织开展"实践是检验真理的唯一标准"的学习和讨论。大家联系实际,总结 1958 年到 1978 年 20 年间的经验教训,结合实际批判"两个凡是",明确实践第一、实事求是是党的唯一正确的思想路线,打破长期以来"以阶级斗争为纲"的禁锢。许昌县开展真理标准问题大讨论的经验做法在许昌地委讨论会上进行交流。

揭、批、查　县委按中央、省委、地委部署,于 1978 年初成立清查组织和清理打砸抢组织,在全县深入开展揭发批判林彪、"四人帮"的斗争,清查与"四人帮"篡党夺权阴谋活动有牵连的人和事。1978 年 6 月 20 日,许昌县委成立清理打砸抢办公室,开始有计划有步骤地对"文化大革命"中的打砸抢分子进行清理。7 月 15 日,县委召开"一批双打"动员会,全县 11612 人参加会议或利用有线广播收听了大会的动员报告。1979 年 2 月,召开县、社、大队、生产队四级扩大干部会议,总结揭、批、查运动所取得的成绩。

揭、批、查之后,属"三种人"(打砸抢分子、派性严重者、与"四人帮"有牵连的人)和"双突"(突击入党、突击提干)的逐一审查清理。对犯错误的干部,实行"惩前毖后,治病救人"的方针,分清是非,搞好团结。

平反冤假错案与落实政策　1978 年底和 1979 年初,许昌县委成立专门机构平反冤假错案、落实干部政策。对 1957 年、1958 年因反右扩大化被错划的右派分子全部给予改正,并适当安排工作,对被株连的家属及其子女,也给予合理解决。对在"文化大革命"中,因林彪、"四人帮"推行"极左"路线所制造的冤假错案,全部给予平反昭雪,把强加给受害者的所有诬陷不实之词,统统推倒。同时,对新中国成立以来在历次运动中造成的遗留案件,也本着实事求是、有错必纠的原则,逐一复议,该全部平反的全部平反,该部分平反的部分平反,不该平反的维持原案。对在土地改革、土改复查中,以及后来各种运动中被定的地主分子、富农分子、反革命分子、坏分子,对其中被错划的亦予纠正。此后,还相继落实对国民党军队中起义投诚人员的政策、侨务政策、去台人员及其家属的政策、宗教政策、民族政策、工商业者政策、知识分子政策等。这些措施,对稳定全县政治局面、促进社会主义建设起到了积极作用。

十一届三中全会后召开后,农民在黑板报前了解上级涉农政策

第二节　经济体制改革

许昌县经济体制改革,是以农业为先导。1979 年春,县委贯彻中共中央《关于推行各种形式的联产计酬责任制的指示》,实行定产量、定投资、定上交、定农具、定牲畜,超产奖励的"五定一奖"责任制。1981 年底,"大包干"在全县普遍实行。1982 年 1 月 12 日,中共许昌县第四次党代会,部署在全县开展对家庭联产承包责任制进行完善、巩固与提高。1982 年春,县委贯彻中央一号文件,派出 270 多名干部深入基层,全面完善、巩固、提高家庭联产承包责任制。

家庭联产承包责任制适应现阶段生产力的发展,农业生产很快取得突破性进展。1983 年,许昌县夏粮生产结束长期徘徊在 100 公斤左右的局面,达到每亩 256 公斤,卖余粮万斤的户 200 多个。全年粮食总产由 1981 年的 2.25 亿公斤,上升到 3.4 亿公斤,增产 50% 多。1984、1985 连续两年,粮食总产仍接近 3 亿公斤,人均 400 公斤以上,基本解决农民的温饱问题。广大农民由传统的自给半自给的自然经济向社会主义的商品经济转化,各种专业户、重点户和新的经济联合体竞相发展。

1986 年至 2000 年,许昌县陆续对宏观调控体制、农村经济体制、企业制度、流通体制等进行一系列改革,取得明显的成效,经济得到迅猛发展,人民生活水平显著提高,社会发展取得长足进步。2000 年底,实现国内生产总值 451255 万元,是 1985 年 35311 万元的 12.8 倍;工业总产值 648592 万元,是 1985 年 5214 万元的 124.4 倍;农业总产值 225178 万元,是 1985 年 29600 万元的 7.6 倍;完成财政一般预算收入 12006 万元,是 1985 年 3076 万元的 3.9 倍;粮食总产量 620709 吨,是 1985 年 294435 吨的 2.1 倍;农民人均纯收入 2465 元,是 1985 年 252.1 元的 9.8 倍。

一、农村经济体制改革

1986 年至 2000 年,许昌县先后于 1986 年 1 月、1989 年 12 月、1992 年 12 月和 1997 年 12 月分别召开第五、六、七、八次党代会。

县委紧紧围绕"强县富民"这一目标,对经济体制、政治体制进行了一系列改革,实施开放带动战略,加快工业和第三产业发展,优化产业结构,推进许昌县从农业大县到工业大县的转变,全县经济和社会事业取得长足进步,人民生活水平大幅提高,保持安定团结的良好局面。

经营体制改革　1986 年以来,许昌县农村土地实行以家庭联产承包为主的责任制和统分结合的双层经营体制,至 1998 年 6 月为第一轮土地承包期。1998 年 7 月,在全县范围内开展延长土地承包期工作,承包期一律延长 30 年,对营造林地和"四荒"治理等开发性经营的承包期可延长至 50 年。当年全县共签订土地延包合同 17.8 万份,土地承包经营权证书入户率达 90% 以上。1999 年,又对土地延包中的遗留问题进行扫尾处理,土地承包经营权证书入户率达到 100% 。

村级民主建设　1988 年,《中华人民共和国村民委员会组织法》(试行)颁布实施,许昌县开展以"四个民主"为核心的基层政权建设工作。2000 年前,先后进行三届村委会换届选举工作。1994 年,全县 453 个行政村普遍建立村民自治运行机制,建立村民代表会议,制定《村民自治章程》。当年全县 16 个乡镇、398 个行政村达到村民自治组织建设和制度建设合格乡镇、村。

1997 年 1 月起,在全县农村广泛实行村务公开。村务公开实行"三个统一"。统一公开形式,建立"一栏一会一卡"制度。"一栏"即公开栏。全县每个村都建有公开栏,先后公开涉及群众利益的内容 41787 次;"一会"即村民代表会。全县通过村民代表讨论后,公开内容达51682项；"一卡"即明白卡。全县共制发"明白卡"17万多张。统一公开时间，每季度第一个月的15日公布上一季度村财务收支情况和村年度工作计划等。统一公开程序，县委、县政府根据《村委会组织法》，结合实际，确立宅基地审批使用、计划生育指标的落实等12项重点内容，要求每项内容都要通过村民代表讨论，村务监督执行组审议和签字后再予以公布，并建档以备查询。

许昌县被民政部授予"全国村民自治模范县"称号。1999年4月，全国村民自治工作经验交流会在许昌市召开，国务委员司马义·艾买提和民政部部长多吉才让对许昌县的做法给予了高度评价。与会的代表参观了许昌县尚集镇"三位一体"（组织、服务、活动于一体）民政所，尚集镇吕桥村和小召乡朱庄村。10月28日，县委、县政府召开全县村民自治经验交流会。自此，全县的乡镇政务公开和组务公开工作进入全面启动实施阶段。

二、工业体制改革

1986年，根据省、市《关于加快建立劳动合同制度的通知》精神，许昌县开始在国营企业和集体企业推行劳动合同制度，打破了以前以国营为主体的用工制度（"铁饭碗"）。1996年起，全县各企业、事业、机关单位工人完全推行合同制，取消全民国营和集体单位的集体工制。

1994年至1998年，企业进行产权制度改革。截至2000年底，已改制完成164家企业，改制面为99.3%。其中国有企业70家，改制面为96%；集体企业94家，改制面为100%。改制成股份制的企业39家，改制成股份合作制的企业20家。通过产权制度改革，共为企业盘活存量资产7338万元，新增资金5495万元，核减历史包袱1450万元，使企业负债率平均降低9.5个百分点，安排富余人员1716人。

三、商业体制改革

1986 年以来,许昌县进一步深化物资、商业、粮油、供销、外贸等流通体制改革,计划分配物资逐步减少,市场调节力度大大增加。商业企业实行政企分开,推行"六自主"(即经营范围自主、商品定价自主、劳动用工自主、内部分配自主、机构设置自主、投资发展自主)、"三项制度"(劳动制度、人事制度、分配制度)改革,企业活力明显增强,结束长达 40 年的粮食统购统销历史,粮食价格全面放开,粮油企业逐步推向市场。外贸系统全面放开搞活,实行贸、工、农、商联合出口。

四、供销体制改革

1986 年至 1991 年,改革基层供销社。县社直属企业对部组、门店的管理,将"五定双联一抵押"完善为"双定双联一抵押"(即保差率、保费用率,月底联销计工资、季底联利计奖罚,超利分成、缺利自补)的承包经营责任制。1992 年,"六自主""四放开"改革在全系统推开,供销社经营范围、经营方式、用工制度、收入分配等方面有新突破。1995 年,全县范围内进一步深化供销合作社改革,县供销社对全县 15 个基层社清产核资,召开社员代表大会,修订《社章》,恢复供销社组织上的群众性、管理上的民主性和经营上的灵活性,全县农民入股金额达 40723 万元,入股农户占总户数的 81.7%。

五、粮油购销体制改革

从 1985 年开始,国家改粮食统购为合同定购。1988 年至 1992 年,粮油购销价格先后进行了 3 次调整,达到了购销同价。1993 年 3 月 1 日,国家粮食销售价格全面放开。1998 年至 2000 年,国有粮食企业在粮食流通体制、粮食管理机制以及企业的经营机制等方面进行全方位的改革,顺利推行了"四分开一完善"和"三项政策一项改革"政策,即政企分开、中央与地方责任分开、储备与经营分开、新老账务账目分开、完善价格机制;按保护价收购农民余粮、国有粮食收储企业实行顺价销售、农业发展银行收购资金封闭运行、加快粮食企业自身改革。在国家政策的指导下,2000年夏季,定购粮和保护价粮实

1985 年许昌县尚集镇东街村农民尚春生培育的高产红薯新品种,单株产量达 111.25 公斤,被列入上海大世界吉尼斯之最

行同价,实现了在政府调控下主要由市场形成价格的粮食价格机制,保证敞开收购农民余粮、顺价销售、收购资金封闭运行和专款专用的政策落实。

第三节　政治体制改革

一、恢复、完善人民代表大会制度和政治协商制度

1981年2月21日,根据《中华人民共和国全国人民代表大会选举法》的规定,实行县级直接选举人民代表的办法,建立许昌县选举委员会,全县共选出县人民代表大会代表345人。

9月27日,许昌县第六届人民代表大会召开。选举组建许昌县人民代表大会常务委员会和许昌县人民政府,产生人大常委会主任、副主任;县政府县长、副县长;法院院长和检察院检察长。李善歌当选为县人大常委会主任,史林堂当选为县人民政府县长;选举张文钊为县人民法院院长、孙廷柱为县人民检察院检察长。

恢复人民代表大会制度,发挥代表主体作用,保障人民群众的知情权、参与权、表达权和监督权,完善基层民主政治,用制度体系保证人民当家做主。1981年5月6日,根据中央、省委指示精神,经许昌地委批准,建立许昌县政协委员会。经过紧张筹备,9月26日,政协许昌县首届委员会第一次会议召开,会议选举产生政协主席、副主席和常务委员。单正修当选为县政协主席。

二、党政机构改革

党委系统机构改革　1986年,许昌县委有13个工作部门,1986年12月,增设保密局。1990年5月,增设社会治安综合治理委员会办公室。1996年12月,根据《许昌县党政机构改革实施意见》,对县委工作机构进行重大改革,精简内设机构和人员。改革后的县委工作部门5个,分别是县委办、组织部(与县直工委合署办公)、宣传部、统战部、政法委(与综治办一个机构、两块牌子);部门管理机构1个,

即县委老干部局,规格为正科级;直属事业单位1个,即县委党校;部门领导事业单位2个,即档案局、党史办;县委保留议事机构2个:编制委员会、社会治安综合治理委员会。

政府系统机构改革　1986年至1996年十年间,根据《许昌县党政机构改革实施意见》,对政府系统各局、委、办进行裁撤、合并、调整,改革后政府组成部门28个,部门管理机构3个,均为正科级。

从1983年开始,许昌县有领导有步骤地推行政社分开改革,社改乡于1984年1月全部完成,人民公社体制退出历史舞台。随后的乡镇机构改革,根据《许昌县党政机构改革实施意见》,全县16个乡镇均设置5个综合性办公室,即党政办公室、财政经济办公室、农业办公室、科教文卫办公室(可挂计划生育办公室牌子)、社会事务办公室(可挂社会治安综合治理办公室牌子)。

3月,开始改革农村基层管理体制,以原管辖范围设行政村,建立村民委员会,设村主任;以原生产队为村民小组,选配组长。原生产大队、生产队同时撤销。改革后的行政村领导班子人数由原来的3293人减为2547人;村民小组干部由原来的7422人减为6639人。

三、人事制度改革

1986年以来,国家机关、企业事业单位相继进行工资制度改革。引入竞争激励机制,推行公务员制度,实行年度考核,充分调动广大干部职工的工作积极性和主动性。

1987年,下放股级干部的管理权限,完善中层干部竞争上岗和任免审查备案制度。1996年,推行和参照执行国家公务员制度,按照《国家公务员暂行条例》和"三定"方案(定机构、定编制、定人员)要求,各单位的"职务分类、人员过渡"工作全部完成。

1997年,开始推行国家公务员制度。全县推行和参照试行的单位68个。1998年,完成820名机关公务员的过渡工作。

第四节 科技 教育 卫生 社会保障制度改革

一、科技体制改革

1988年,县委、县政府提出"科技兴县"战略,配备科技副书记、科技副县长,全县16个乡镇配齐科技副乡(镇)长,并建立乡(镇)科委,453个行政村均配置村科技副主任,形成县、乡、村三级科技管理体系;建立高新技术产业开发区和星火技术密集区。这些措施,有力促进了全县科技事业的发展。1992年,许昌县被国家科委确定为重点联系县。

二、教育体制改革

1983年8月,省委、省政府作出《关于加强和改革教育工作的决定》,许昌县委、县政府提出贯彻落实的具体措施。通过认真落实基础教育分级办学、分级管理体制,大力推动中等职业技术教育综合改革,全县各级各类教育都得到发展。1991年,全县实施小学五年制义务教育。

1985年5月,《中共中央关于教育体制改革的决定》颁布以后,许昌县实行了县管高中、乡管初中、村管小学的三级管理体制。

截至2000年,全县各级各类学校440所,其中职业中专(含职业高中)2所,教师进修学校1所,普通高中3所,初中40所,小学392所;小学入学率达100%,巩固率99%以上,初中入学率、巩固率均达98.2%以上;全县适龄儿童入园率98%以上;全县乡镇成人学校16所。

自改革开放至2000年,全县教育累计投入资金达1.77亿元,先后新建校舍39.4万平方米,改造危旧校舍32.3万平方米。

改革开放以来,许昌县教育事业实现从学前教育到高中教育,从基础教育到职业教育,从收费教育到义务教育,从公办教育到民办教育等多样化的教育模式,形成设施完善、教育优质、结构合理的教育体系。

三、医疗卫生体制改革

医疗卫生体制改革也逐渐推开。院长负责制、聘任制、目标管理责任制等新制度在全县推广实施,标志着医疗卫生体制改革迈出了新的步伐。

1986 年以来,全县的医疗卫生事业不断发展,医疗条件不断改善。截至 2000 年,全县医疗卫生单位已发展为 16 个乡镇卫生院,6个县直医疗卫生单位。全县卫生技术人员达到 1600 余人(不含乡村医生)。全县各行政村均建立卫生室,县、乡、村三级卫生保健网络已基本形成。

农村社区卫生服务工作得到进一步加强。全县已建成社区卫生服务站 265 个、村卫生所(室)133 个,方便农民群众就医。

城镇医疗卫生体制改革逐步开展,人事制度改革、药品集中招标采购、住院患者费用一日清单制得以全面推行。

四、养老保险制度改革

1986 年,许昌县成立社会保险公司。1989 年,出台乡镇企业统筹项目。1991 年,实行临时工养老保险统筹项目,同年,县社会保险公司更名为县社会保险事业管理局。1993 年,养老保险金征收比例调整,同时增加 5 个统筹项目,实行国家、企业、个人三方共同负担,职工个人开始缴纳个人应缴费用。1995 年,根据社会统筹和个人账户相结合的原则,实行新的养老金计发办法,调整缴费比例。自 1996 年底,机关、事业单位保险工作开始运行。1998 年 7 月,基本养老保险纳入财政专户,建立统一的养老保险制度。私营企业也可以参保。当年参保企业 152 家、职工 14169 人。2000 年 7 月,个人比例由 5% 调为 6%,单位比例不变。

五、医疗保险制度改革

1984 年,许昌县公费医疗管理委员会成立,下设公疗办公室和 1 个门诊部,隶属许昌县财政局。1987 年 7 月,公疗办公室由财政局移交卫生局管理。医疗费由国家统管改为门诊包干,住院费个人负担,按一定比例报销。

1997 年,许昌市被国务院确定为全国 57 个医疗改革试点。县公疗办公室更名为许昌县行政事业医疗保险管理中心。2000 年 10 月,许昌县行政事业单位医疗保险管理中心更名为许昌县医疗保险管理中心,并由卫生局移交人事和劳动社会保障局。人事和劳动社会保障局负责管理全县城镇退休、在职干部职工的医疗保险工作,卫生局负责管理全县行政事业单位离休干部及二等乙级以上革命伤残军人的医疗费用。

六、城乡居民最低生活保障

农村居民最低生活保障　1997 年 6 月出台《许昌县农村居民最低生活保障制度实施细则》,当年 7 月 1 日起实施。1997 年,先后调查 1000 余户 4000 余人,经审查,确定首批 900 户 3800 人为保障对象,共发放保障金 68 万元。截至 2000 年,共为 2955 户次、11944 人次发放保障金 142 万元。

根据有关文件规定,农村最低生活保障金按照 3∶4∶3 的比例,实行县、乡、村三级分担。

城镇居民最低生活保障制度　许昌县城镇最低生活保障工作从 1998 年下半年正式开始。民政部门印发《许昌县城镇居民最低生活保障实施细则》(试行),规定凡居住在许昌县并归属将官池镇管理的非农业常住户口的居民,月人均收入低于 100 元的,均属保障范围。当年,经调查确定 17 户 38 人为首批保障对象,发放保障金 12780 元。1999 年 7 月,提高了保障面和标准。至 2000 年底,全县共为 252 户707 人次发放保障金 204934 元。

失业保险　从 1993 年 10 月 1 日起,失业保险金按参保单位工资总额的 0.6% 至 1% 征缴。1995 年 10 月,征缴比例为参保单位工资总额的 1%。从 1996 年 10 月起,失业保险金征缴比例由 1% 提高到1.5%(其中单位 1%,职工 0.5%)。同年,建立个人缴费账户。1998年下半年,失业保险金征缴比例提高到 3%(其中单位 2%,职工 1%)。

1986 年至 2000 年,全县共征缴失业保险金 3861295 元,年征缴率在 98% 以上。1990 年到 1991 年 6 月,为破产企业 107 名失业人员发放失业保险金 11.7 万元。1997 年至 1999 年,共为停产、半停产企业失业职工 1250 人发放失业保险金 22 万元。2000 年,为 81 名失业人员发放失业保险金 1.57 万元。

第五节 富民强县 小康社会建设成效显著

随着改革开放不断深化,中共许昌县委认真贯彻党的各项路线、方针、政策,团结和带领全县人民,战胜各种困难和挑战,在经济、政治及社会保障体制等领域进行一系列改革,并取得明显成效。

尤其是进入二十一世纪以来,许昌县致力于开放型经济的发展,对外开放水平不断得到提升。出口创汇连续多年位居全省第二,综合实力排到全省前列,先后获得"河南省对外开放重点县""河南省开放型经济先进县"等多项荣誉称号。

国民经济快速发展,县域综合实力显著增强。2000 年,全县国内生产总值达到 451255 万元,是 1985 年 35311 万元的 12.8 倍。完成财政一般预算收入 12006 万元,是 1985 年 3076 万元的 3.9 倍。县域综合实力在全省的排序由 1992 年的第 39 位前移到 2000 年的第 22 位,上升 17 个位次。经济结构发生可喜变化。一二三产业的构成比例由 1986 年的 71.3∶9.3∶19.4 调整为 2000 年的 29.1∶44.6∶26.3。城乡居民收入连年稳步增加,生活水平大幅提高。2000 年,全县农村居民人均纯收入达到 2465 元,是 1985 年 252.1 元的 9.8 倍。截至 2000 年,城乡居民储蓄存款余额达 105877 万元。

一、工业主导地位进一步确立

积极优化投资环境,出台优惠政策,鼓励兴办企业,工业结构有明显改善,社会效益大幅上升。

企业数量不断增多,结构趋于合理,优势产业迅速发展成为龙头骨干企业。1986 年至 2000 年,全县新建企业 140 家,新上项目 200 多个。至 2000 年底,全县的工业企业数量已迅速增至 156 家,生产能力大大提高,产值成倍增长。新增企业除国有企业、集体企业外,也有一定数量的非公有制企业,涵盖了机械加工、档发加工、建材、印染、制鞋等行业,为全县经济注入活力,形成以毛发制品、纺织印染、皮革制鞋、高压电气、化学化工、建筑建材、农业机械和农副产品加工等八大工业优势行业,涌现出瑞贝卡发制品股份有限公司、中原建设公司、县农机总厂、远东传动轴有限公司等一大批龙头骨干企业。全县实现工业总产值648592万元,是1985年5214万元的124.4倍。工业经济已成为全县经济发展的重要动力和支柱产业。

工业比重逐步提高,"三资"企业不断融入,拓宽工业发展的前景。按照扶优扶强的原则,实行政策、资金倾斜,培育一批骨干企业,组建企业集团,同时对中小企业实行股份制改造。2000年,一二三产业比重调整为29.1∶44.6∶26.3。

所有制结构日趋合理。"七五"和"八五"期间,全县国有企业、集体企业占比较大,"九五"期间非公有制经济迅猛发展,全县所有制结构发生很大变化,非公有制经济在全县占主导地位,成为全县国民经济收入的重要组成部分。

二、农业特色产业格局基本形成

烟叶生产　许昌县烟草种植已有近百年的历史。历史上河南"许昌烟"以质量好、香味足而享誉国内外。

1949年至1985年,许昌县烤烟种植面积基本稳定在15万亩左右,占总耕地面积的14%上下,被轻工业部定为高级烟原料基地县,为全国41个烤烟出口基地县之一。烤烟畅销苏联、日本、西德、美国等国家和全国28个省、市、自治区,与上海、天津、青岛、南京、合肥、武汉、成都、广州等几十家大卷烟厂签订供货合同。苏联、朝鲜、越南、日本、几内亚、阿尔巴尼亚、菲律宾、津巴布韦等国家的烟草考察团,不断来许昌县参观、考察烟叶生产。国家曾两次在许昌召开全国烤烟现场会议,交流经验。

改革开放后,烟叶产量每亩单产由 1949 年的 42.5 公斤,提高到 1985 年的 168.5 公斤,为 1949 年的 3.96 倍,平均年递增 3.88% ;年总产量由 350 万公斤提高到 2700 万公斤,为 1949 年的 7.71 倍,平均年递增 5.82% ,总产值由 808.44 万元提高到 6270 万元,为 1949 年的 7.68 倍。人均烤烟收入由 1949 年的 6.7 元提高到 1985 年的 90.5 元。烤烟产值每年都占农业总产值的 20% 至 30% ,甚至高达 40% 以上,每年上缴税利都占财政收入的 70% 左右。烤烟成为许昌县财政收入的重要支柱。

1995 年,许昌县被省烟草公司命名为"烟叶生产达标县",多次荣获许昌市"烟叶生产先进单位"称号。

腐竹产业 改革开放后,许昌县的腐竹产业得到迅猛发展,先后经历"生产队模式""庭院加工模式"和"个体私营模式"3 个发展阶段。发展到鼎盛时期,个体加工户达 6000 多家,从业人员 3.6 万人,其产品有 5 大系列 20 多个品种。20 世纪 90 年代后期,河街乡腐竹品牌开始叫响全国。1998 年,腐竹生产达到鼎盛时期。当年,河街乡腐竹生产专业村就达 21 个,占全乡行政村总数的 81% ,专业户 3000 多个,占全乡总户数的 31% ,日产腐竹 20 万公斤。河街乡成为全国最大的腐竹生产销售集散地,并带动周边农户发展腐竹生产,生产区域也以河街乡为中心迅速向桂村、苏桥、椹涧、灵井、长村张等乡镇辐射延伸,生产规模不断扩大。

至 2004 年底,全县有腐竹加工户 2389 户,分布在河街、苏桥、桂村等 9 个乡镇 51 个行政村。全年加工大豆 10.76 万吨,生产腐竹(豆油皮)6 万多吨,年产值 4.777 亿元。腐竹生产量占全国的 2/3,产品远销俄罗斯、韩国、日本、新西兰、香港等国家和地区,市场份额占全国腐竹市场的 60% 以上,销售网络分布在全国 100 多个大中城市。腐竹产业已成为许昌县当地农民的重要经济来源。

随着生产的发展,腐竹产业产销实现分化,结成购销联合体,初步走上"公司＋农户"的发展道路。与此同时,黄豆市场、生产用煤市场、劳动力市场、机械设备与配件市场应运而生,成为许昌县又一个新的经济增长点。

2003 年下半年,中央电视台 2 套、7 套和全省十大新闻单位先后对许昌县的腐竹产业整顿规范情况进行了大量报道。

时任河南省委书记李长春、新华社原社长穆青曾到河街乡视察腐竹生产,给予充分肯定。

花卉苗木　许昌县的花卉苗木生产自 1999 年秋季启动以来,坚持以农业和农村经济产业化发展为方向,以农业增效、农民增收、农村发展为主线,采取"政策引导、强化基础、营造环境、创新发展"的方式和措施,强力推进,初步形成"起点高、机制活、规模大、品种新"的花木生产格局。至 2004 年底,全县花卉苗木面积已发展到 8 万亩,入驻花卉苗木公司 160 家,基地内花木品种已达 1200 多种,年产值达 3.65 亿元,逐步形成 311 国道及 107 国道花卉长廊、沿颍汝干渠两岸的绿色通道林网带和陈曹乡的 5080 亩生态农业植物园。

三、乡镇企业异军突起

改革开放后,乡镇企业在全国呈异军突起之势。许昌县乡镇企业的发展以党的十一届三中全会为起点,大体经历四个发展阶段:

1978 年至 1985 年,是全县乡镇企业的起步创业阶段。1985 年底,全县乡镇企业发展到 13256 个,从业人员 39040 人,实现总产值 1.4 亿元,占农业总产值的 41.9％.实现利润 2771.6 万元。

1986 年至 1991 年,全县乡镇企业进入成长壮大的新时期。1991 年底,全县乡镇企业发展到 25276 个,从业人员 124580 人,占全县劳动力总数的 31.2％,总产值 65900 万元,实现利润 6290 万元,上缴税金 909 万元。

1992 年至 1995 年,全县乡镇企业步入快速发展阶段,呈现出连片发展势头和区域特色,工业小区在一些乡镇和村庄初步形成,乡镇企业成为全县农村经济的重要支柱。乡镇企业对全县农村社会总产值增长的贡献率达70%。1995年底,全县乡镇企业达到37075个,从业人员16万人,占全县劳动力总数的40.9%,总产值23.8亿元,上缴税金1819万元。

1996年以来,呈现出第二次飞跃的新态势。个体和私营企业迅猛发展成为乡镇企业的主力军。档发行业得到长足发展,成为全国档发出口创汇基地。2000年底,全县乡镇企业达到39081家,其中集体企业174家、私营企业946家、个体企业3795家,总产值65.8亿元,上缴税金5200万元,固定资产原值13亿元,出口产品交货值2.65亿元。

1986年至2000年,许昌县乡镇企业在县域经济构成中实现由三分天下有其一到占据半壁江山,再到三分天下有其二的两次跨越,已成为全县农村经济的重要支柱、国民经济的重要组成部分、地方财政收入的重要来源、吸纳农村富余劳动力的最大载体。

四、对外开放成效明显

1992年以后,作为内陆县的许昌县,多次组织人员赴外参观学习,许昌县与浙江省象山县结为友好县市,互帮互助,共同发展。

许昌县委、县政府强力实施开放带动战略,先后制定一系列招商引资的优惠政策,完善招商引资目标管理责任制奖惩措施和监督措施。

1994年至2000年,许昌县共批准外商投资企业17家,总投资额2357.2万美元,合同利用外资1150万美元。在批准的17家企业中,外商独资企业5家。外商投资企业实现产值127978.7万元,实现利税1130.57万元。

到2000年底,全县"三资"企业共有10家,总投资1457.2万美元,合同利用外资900万美元。

外商投资企业渗透全县许多行业,尤其是以河南瑞贝卡发制品有限公司为龙头的档发行业,年均出口达3800万美元,实现产值达127978.7万元,实现利税1130.57万元,占全县"三资"企业出口创汇的60%。全县出口产品已扩展到档发、传动轴、化工、工艺美术、农副产品等七大系列近20个品种,产品销往美国、日本、韩国、匈牙利、香港等国家和地区,出口创汇连续多年位居全省第二,综合实力排到全省前列。

五、社会治安综合治理成效显著

改革开放以来,许昌县社会治安综合治理工作日趋完善。县、乡建立普法领导组织,1990年6月,县社会治安综合治理领导小组成立,全县社会治安综合治理工作成效显著。

预防为主 深入开展普法教育,着力扫除"法盲"。全县453个行政村都设有文化大院,配有业余讲解员,定期给村民讲法制课。1995年,全县落实各级各部门综治责任制。是年,许昌县被评为"全国普法先进县"。

群防群治 在县、乡、村三级建立健全群防群治领导机构,在全县农村大力推广桂村乡"五户联勤、传签值班"、群众夜间义务巡逻、护家、护村的做法。截至2000年,全县共建立县级巡逻队1个、乡级16个、村级446个,巡逻组2.5万个,有16.5万名群众参加义务巡逻。

1990年7月,河南省委、省政府在许昌县召开全省社会治安综合治理工作会议,许昌县介绍狠抓综合治理、稳定治安大局的经验做法。

1990年8月25日,中共中央政治局常委、中央政法委书记乔石亲临许昌县视察,对社会治安综合治理工作给予高度评价,并建议将

"五户联勤、传签值班、义务巡逻"的经验在全国加以推广。

集中整治 1986—2000 年,许昌县不断开展"严打"等各种专项斗争,集中整治重点区域的社会治安,打击邪教组织,全县的治安形势逐步好转。

1990 年,全县开展"打流"(打击流氓犯罪)工作和打击车匪路霸专项斗争;1992 年,全县以反盗窃、打抢劫为主线,把"抓现行、破大案、挖团伙、追逃犯"作为主攻方向,有计划有步骤地组织开展"严打"斗争;1996 年 4 月,按照中央、省委和市委的统一部署,许昌县组织开展一场严厉打击严重刑事犯罪活动的"严打"斗争,共破获各类刑事案件 295 起,其中重大案件 88 起,隐、积案 162 起,抓获各类违法犯罪嫌疑人 556 名,抓获"三逃"犯(负案在逃、批捕在逃、流窜作案在逃)68 名,占全县在册"三逃"犯的 54%。打掉各类犯罪团伙 40 个,涉案人员 148 人。清理整顿公共场所 55 处,特种行业 37 家,治安乱点 32 个,重点整治路段 2 处。

"打黑除霸" 20 世纪末,随着经济迅速发展,许昌县境内一些地方带有黑社会性质的团伙犯罪和农村流氓恶势力犯罪活动趋于猖獗。

2000 年 8 月,许昌县在全县开展了"打黑除霸"专项斗争。共打掉各类犯罪团伙 83 个,破获各类刑事案件 863 起,抓获各类犯罪嫌疑人 397 人,提请逮捕 353 人,其中打掉涉黑涉霸犯罪团伙 49 个,抓获成员 229 人、骨干分子 88 人,提请逮捕 202 人,缴获各类枪支 54 支,子弹 1700 余发,各种车辆 29 台,追回赃款赃物价值 190 余万元。

打掉椹涧乡以刘某为首的犯罪团伙,涉及成员 13 人;桂村乡以号称"抓治安的副乡长"安某为首的犯罪团伙,涉及成员 10 余人;尚集镇以号称"贩枪大王"吴某为首的犯罪团伙,涉及成员 12 人;苏桥镇以苏某为首的犯罪团伙,涉及成员 50 多人。

这次专项斗争的开展,使得县境内的涉黑涉霸犯罪团伙被摧毁,黑社会骨干分子和农村流氓恶势力受到毁灭性打击,达到预期的目的。

六、社会主义精神文明建设得以加强

1985 年 4 月,许昌县召开首次精神文明"双先"会,向 26 个文明单位、42 个文明先进单位、38 名文明积极分子颁发证书、牌匾、锦旗、奖状、奖品。

1987 年 2 月,县"五讲四美三热爱"(简称"五四三")活动委员会改为文明单位建设指导委员会,简称文指委,下设办公室,简称文指办。各机关、团体以及各行政村原"五四三"领导小组做了相应的改动。县文指办参照省、市制定的文明单位标准,出台具体的实施细则,以百分制评分记分,每年有选择性地搞 1 至个试点单位取得经验,指导全面工作。对达标单位、积极分子,召开表彰大会,颁发荣誉证、荣誉牌匾。截至 1993 年底,颁发十星级文明户牌 15 万多块,涌现出文明积极分子 300 余人。

创建文明单位活动　许昌县从 1986 年到 1996 年的 10 年间,共建成省、市、县级文明单位 250 个,共建成"文明农户"800 余户,县表彰的文明积极分子近 300 人,颁发"十星级文明户"标牌 15 万多块。截至 2000 年底,建成文明单位和文明村 340 个,建成文化大院 400 个,创建"五星级文明农户"4 万多户,建高标准,高质量的文明路(新许路)一条。

创"三优"活动　"三优"指优美环境、优质服务、优良秩序。许昌县在精神文明建设中,连续多年在县城新区及驻县各单位开展创"三优"活动,取得显著成效。

创办农村文化大院　1986 年,苏桥乡湾胡村党支部利用集体的 7 间空房,办起一个文化室,吸引农民参加健康的文体活动,并进行政治思想和文化科技教育,收到明显的效果,被许昌市文化局命名为文化大院。文化大院由此得名。

1987年春,苏桥乡党委抓住湾胡这个先进典型,向全乡推广。1988年,该乡已建成文化大院16个,至1996年底发展到32个,拥有活动房舍386间,图书3900余册,活动器材547件。

苏桥镇建设农村文化大院的成就,受到中央、省、市领导的重视和新闻媒介的关注。1990年8月25日,中共中央政治局常委乔石前来视察。其后,全国人大常委会副委员长布赫、河南省委书记侯宗宾等领导同志先后来许昌县苏桥镇视察文化大院,给予充分肯定。《人民日报》《光明日报》《中国青年报》、中央电视台、河南电视台等国家和省级主流媒体给予重点报道,在海内外反响强烈。

1996年10月,县委、县政府发出《关于开展城乡共建文化大院的通知》,要求全县高标准高质量地普遍建立和巩固完善文化大院。1996年12月,又在苏桥镇召开全县农村文化大院建设工作会议。

截至1997年春,全县共办起各层次的文化大院400余个,占行政村总数的85%以上。

七、党的建设取得新成就

"委局联百村"及"双百整建"活动 1999年初,为巩固前几年农村基层组织整顿和建设成果,县委决定在全县实行部门包村责任制,开展"委局联百村"活动。县直党政群54个委局与114个整顿村结成帮扶对子,签订责任书,开展为期3年的包村工作。通过帮扶,多数村在班子建设、经济发展、社会事业、精神文明建设等方面有明显的发展变化,有的村还由过去的三类支部转化为一类支部。2000年,以先进村抓规范上水平,后进村抓整顿上台阶为重点,选择100个先进村和100个后进村,扎实开展"双百整建"活动。县委从56个县直单位、16个乡镇抽调560名党员干部组成66个驻村工作队,驻村开展"整建"工作。通过强有力的措施,使整建村初步达到"整顿思想换脑子、建好阵地变样子、发展经济找路子"的目的。

乡镇党委集中建设　1996 年,按照上级党委统一部署,许昌县认真开展乡镇党委集中建设活动,用整风的精神认真解决乡镇党委班子和干部中存在的"软"和"散"的问题,转变作风、密切党群干群关系。同时结合乡镇机构改革,认真解决乡镇一级组织中存在的职责不明确、关系不协调、制度不健全的问题。活动从 4 月开始,分四个阶段组织实施,到年底基本结束。通过集中建设活动,全面加强乡镇党委的思想、组织、作风建设,建立一个团结协作、开拓进取、能够"强乡富民"的领导班子;培养一支政治业务素质高、具有带领群众脱贫致富奔小康能力的党员干部队伍;树立一种廉洁勤政、求真务实、干事创业、密切联系群众的工作作风;建立一套科学合理、简便易行的规章制度;理出一条符合当地实际的经济发展思路。

"三级联创"活动　按照省委、市委统一部署,从 1999 年开始,在全县开展创建农村基层组织建设先进县、"六好"乡镇党委、"五好"农村党支部活动(简称"三级创建"活动),形成各级领导齐抓共管,县、乡、村积极参与、上下联动、齐头并进的党建工作格局,掀起加强农村基层组织建设的高潮。

"三级联创"活动的开展,有力地促进了农村经济的发展。到 2000 年底,全县有 72% 的村有一个以上集体企业,专业村和专业户分别达到 160 个和 1.5 万户。

2000 年,许昌县被评为全省首批基层组织建设先进县,15 个乡镇党委被评为"六好"乡镇党委,80% 的行政村党支部达到了"五好"标准。同时,通过城市分行业创"五好"活动,县直机关、企事业单位有 54 个基层党组织达到了"五好"标准。由于成效显著,许昌县的经验在全省得到推广。

第六节　发展壮大县域经济　产业结构转型升级

进入新世纪到党的十八大之前,许昌县先后召开第九、十、十一次党代会。县委审时度势,积极作为,广大干部群众奋发图强,锐意进取。经过十多年的发展,全县工业的主导地位初步确立,非公经济迅猛发展,县域经济逐步扩大,产业转型加快,坚定不移地走新型工业化引领"三化"协调发展的路子,城乡一体统筹推进,党的建设全面加强,许昌县经济和社会事业步入快速发展的轨道。

一、发展壮大县域经济

2004 年 4 月 12 日,许昌县委、县政府发布《关于发展壮大县域经济的若干意见》,提出以"工业强县、农业兴县、开放带动、城乡互动、多业并举、全面发展"总揽全局,统筹城镇和农村经济,全面增强县域经济的竞争力和综合实力,推动县域经济持续快速健康发展。

2006 年 7 月 11 日,颁布《许昌县民营科技园发展意见》,提出统筹城乡社会发展,加快经济结构调整步伐,使民营科技园建成布局合理、功能完备、可持续发展能力强的工业聚集区。"十一五"期间,民营科技园的建设规模达到 16 平方公里,初步显现"三园一基地"(即汽车零部件工业园、食品工业园、轻纺工业园、中原鞋业生产基地)特色。入园企业达到130 家,其中投资额超亿元的企业有 10 家(每年不少于 2 家),限额以上企业达到 60 家。

2009 年,根据全县产业发展现状和产业集聚能力,着力发展有比较优势的"三区一谷"等四大特色产业集聚区,即许昌尚集产业集聚区、许昌商贸物流产业集聚区、张潘精细化工产业集聚区和中原电气谷核心区。同时积极培育河街豆制品循环经济产业集聚区和蒋李集汽车玻璃加工产业集聚区。到 2012 年,许昌尚集产业集聚区销售收入达 100 亿元以上,中原电气谷核心区销售收入达 300 亿元以上,2 个产业集聚区努力进入全省产业集聚区 50 强;许昌商贸物流产业集聚区销售收入达 50 亿元以上,成为全省 30 家特色服务业集聚区之一;张潘精细化工产业集聚区销售收入达 30 亿元以上,进入全省产业集聚区规划的"盘子"。

"十一五"时期,许昌县深入贯彻落实科学发展观,按照"新区带动、'三化'协调、'四快两优'、富民强县"的总体思路,围绕"四区三基地"战略定位,以科学发展为主题,以加快转变经济发展方式为主线,以项目建设为抓手,坚持走以新型城镇化引领"三化"协调发展的路子,着力改革开放,着力创新创业,着力改善民生,在中原经济区建设中实现跨越发展。

认真开展服务企业活动,全县经济连续 5 年保持较快增长。2011 年,全县生产总值 181.8 亿元,年均增长 13% ,是 2006 年的 1.69 倍;财政一般预算收入 5.156 亿元,年均增长 13.6% ,是 2006 年的 1.89 倍;税收所占比重提高到85.6% ,比 2006 年提高 19% ,位居省市前列;规模以上工业增加值、全社会固定资产投资、出口总额分别达到 83.6 亿元、127.5 亿元、4.05 亿美元,分别是 2006 年的 2.7 倍、2.5 倍和 2.4 倍;城镇固定资产投资达到 99.3 亿元,年均增长 28.9% ;出口创汇达到 3.08 亿美元,年均增长 19.1% ;农民人均纯收入达到 7186 元,年均增长 13% 。

二、产业转型进一步加快,经济结构更加合理

2011 年 2 月,许昌县作出调整产业结构、加快经济发展方式转变的实施意见,明确要求项目集中布局、产业集群发展、资源集约利用、功能集合构建,大力实施产业集聚工程,重点抓好"一谷三区三园"建设,即中原电气谷、尚集产业集聚区、许昌商贸物流园区、许昌精细化工园区和河街豆制品循环经济园、蒋李集汽车玻璃加工园、灵井能源

循环经济园,逐步形成一批特色鲜明、优势明显的支撑产业。

深化改革改制工作,全县32家企事业单位成功改制,许昌远东传动轴公司改制后实现跨越发展、成功上市。对外开放不断扩大,招商引资成效显著,五年间累计完成引资157.2亿元,年均增长13%;外向型经济发展迅速,具有进出口经营权的企业达到170家,出口总额连年位居全省县级前列;自主创新和名牌兴县战略加快推进,至2010年,全县有博士后流动站2家、市级以上企业工程技术研究中心23家;创建中国名牌3个、中国驰名商标1个、河南省名牌8个、河南省优质产品16个、河南省著名商标18个;拥有国家级高新技术企业4家、市级以上创新型企业12家。2010年,高新技术产业增加值占工业增加值的比重达到27.3%,科技对经济增长的贡献率达到55.3%,高于全市平均水平。

大力发展档发、汽车零部件、轻纺化工、农副产品加工等主导特色产业及新材料、新能源、电子电器等新兴产业。2010年瑞贝卡、远东传动轴公司产值分别突破25亿元、30亿元大关;发制品、汽车零部件、农副产品、轻纺化工四大主导产业实现产值190亿元,占GDP的比重达37%;工业总产值达到407.3亿元,是2006年的2.1倍,年均增长15.8%。尚集产业集聚区、许昌精细化工园区、许昌商贸物流园区共建成面积12.2平方公里,入驻企业331家,其中规模以上企业87家。

协调发展现代服务业,统筹发展商贸物流、房地产等生产和生活性服务业,房地产、商贸物流等城市经济成为新的经济增长点。三产比重持续提高。2011年,二、三产业占GDP的比重达到85%,比2006年提高5.6%。全县财政一般预算收入增速比GDP增速高2%,税收所占比重由2005年的57.4%提高到81.4%,位居省市前列。

大力发展现代农业。粮食总产达到65.86万吨,实现8连增,先后6次荣获全国、全省粮食生产先进县,成功入选国家现代农业示范区。陈曹、五女店 10 万亩高产创建示范区、西部烟叶"金色产业带"等成为现代农业亮点。农业产业化步伐加快推进,豪丰农机、质源腐竹等企业的加工带动能力明显增强。市级以上农业龙头企业达到 25 家,优质小麦、绿色蔬菜种植面积分别达到 70 万亩、21 万亩,粮食总产量连创历史新高,荣获"全国粮食生产先进县"和"国家级优质小麦标准化种植示范县"称号。2009 年 2 月 7 日、2010 年 6 月 10 日,国务院总理温家宝连续两次到许昌县视察农业。

许昌县历来高度重视农田水利建设工作,每年年初都会提出以夺取河南省"红旗渠精神杯"金杯为着力点,推动农田水利建设步伐。为实现夺杯目标,全县水利战线全体干部职工深入基层,真抓实干,结合实际摸索出了一条集责、权、利一体化的水利建设新路子,调动了广大农民投身水利建设的积极性。

截至 2007 年 12 月,许昌县共建设旱涝保收田 60 万亩、节水灌溉田 40 万亩,打配机电井 17000 眼,新增有效灌溉土地面积 80 万亩,解决了全县 70 万人口的饮水安全难题,县域内初步形成一个兴利除害与生态平衡相结合的农田水利建设体系,大大提高抗御自然灾害的能力,促进了农业生产持续稳定发展。自 2001 年起,连续八年夺得全省"红旗渠精神杯"金杯。

三、城乡一体统筹推进,发展框架全面拉开

2008 年 10 月,许昌县行政中心实现顺利搬迁,改写了许昌县"有县无城"的历史,对于县域经济社会发展具有里程碑式的意义。

2009 年 2 月,县委、县政府明确许昌县城乡一体化推进区建设的指导思想和总体要求,努力把推进区建设成为统筹城乡发展的试验区、新农村建设的示范区、特色产业的集聚区、林水生态的旅游区、未来带状城市的新城区,推进区建设进入全面、健康发展的新阶段。

2010 年 1 月 4 日,河南省委常委会议正式研究通过许昌县新区

建设总体方案,新区建设上升为省级战略。省委常委会议研究决定,许昌新区具体空间范围位于许昌市现有城区北部,南至市主城区北外环及延长线,北至许昌县与长葛市行政边界,东至市主城区东外环北延(忠武路),西至规划建设的安信公路(新 107 国道),远期规划面积 180.4 平方公里。在行政区划上,许昌新区共涉及许昌县、魏都区两部分。其中,许昌县部分面积 164.2 平方公里,涉及尚集镇、苏桥镇、河街乡、小召乡等 4 个乡镇,主要包括中原电气谷、尚集产业集聚区。

许昌县抓住历史机遇,大胆探索,科学运作,克难攻坚,举全县之力,凝心聚力开发建设推进区。2006 年至 2011 年五年间,累计投资 147.8 亿元,相继实施天地和光能源等 264 个基础设施、公共服务和产业项目,城市承载功能日臻完善,产业支撑明显增强,生态特色逐渐凸显,一座富有现代气息的新城初具规模。实现新城区从无到有、从小到大的重大转变,促进许昌新区成功上升为省级战略。

产业集聚区和专业园区的集聚态势初步形成。中原电气谷上升为省级战略,并逐步成为全县经济新的增长极。尚集产业集聚区被省政府列为全省首批重点产业集聚区之一,初步形成汽车零部件、发制品、新兴产业 3 个"园中园"。2010 年底,集聚区建成区面积达到 4 平方公里,入驻规模以上企业 57 家,实现销售收入 70 多亿元。许昌精细化工园区初具规模,建成区面积达到 0.75 平方公里,入驻企业 11 家,初步形成医药化工、农药化工、有机化工材料、创业孵化园四大功能板块。许昌商贸物流园区完成"三规一评"及省级专业园区上报工作,为今后发展奠定良好基础。河街豆制品循环经济园、蒋李集汽车玻璃加工园、灵井能源循环经济园初具规模。

统筹城乡发展实现新跨越。2006 年至 2011 年五年间,先后投资 2000 多万元,完成南湖新天地、中心镇区、新型农村社区及城中村规划编制和"汉韵新城"城市设计,实施城建重点项目 127 个,启动建设中心镇区 3 个,新建、改建农村公路 618 公里,29 个新农村示范村建设成效明显,城乡统筹发展步伐不断加快。全县初步构建起老城区、中心镇区、新型农村社区三级层次清晰、衔接协调、互促共进的现代化城镇体系。2010 年全县城镇化率达到 36%,比 2005 年提高9.9%。

四、改革开放迈出新步伐

积极扩大对外开放。"十一五"期间,共落实招商引资项目 669个,累计完成引资 232.9 亿元,年均增长 12.5%;实现出口资金 12 亿美元,实际利用外资 5000 万美元,新批准外商投资企业 5 家;成功引进天瑞集团、神火煤矿等一批战略投资者。扎实推进各项改革,完成企事业单位改革改制 30 家;教育、文化、卫生等关键领域、关键环节改革取得重大进展;大力实施自主创新,全县拥有上市企业 2 家,国家名牌 3 个,国家驰名商标 2 个,省级名牌 6 个,省著名商标 22 个,省优质产品 16 个,省市企业技术研发中心 28 家,国家级高新技术企业 2 家。连续 6 次荣获"全国科技进步先进县"称号,科技进步对经济增长的贡献率达到 56.3%,高于全市平均水平。

五、社会事业均衡发展,人民生活不断改善

县委县政府认真落实各项强农惠农政策,持续增加民生投入,每年坚持办好"十项民生工程",统筹发展文化教育、医疗卫生、社会保障等社会事业,着力解决群众就业、就医、就学、安居等民生问题,新型农村合作医疗、农村低保制度全面建立,新型农村养老保险实现广覆盖。姬家营、下寨移民村顺利搬迁安置,在全市率先荣获"河南省文化建设先进县"称号,人民群众的幸福指数不断提升。

着力打造公共财政,持续加大民生投入,财政用于民生的投入累计完成 32.9 亿元,占一般预算支出的 58.1%。城镇居民人均可支配

收入达到 16345 元,农民人均纯收入达到 8653 元,分别是 2006 年的 1.96 倍和 1.97 倍。

扎实推进"创业富民、就业惠民"工程,累计新增城镇就业 2.8 万人,新增农村劳动力转移就业 7.8 万人。

高标准普及义务教育,高中阶段教育毛入学率超过 65%,强力推进职教攻坚,民办教育不断壮大,大力发展学前教育,教育均衡发展水平不断提高。

协调发展医疗卫生事业,"十一五"期间,共建成标准化村卫生室 359 所,新农合参合率达到 95.3%,城乡医疗体系进一步健全。

深入实施文化惠民工程,至 2011 年底,新建 11 个乡镇综合文化站、360 个农家书屋;实施"农民体育健身工程",成功承办全省第 20 届中学生田径运动会;有线电视覆盖率达到 100%;"许昌人"遗址被评为"2007 年全国十大考古新发现"。

2005 年春节期间,由灵井镇兴源铺村农民赵兰卿任总导演的贺岁电影《鬼子进村》正式开拍,开创我国农民自拍电影、丰富农村文化生活的先河。

《鬼子进村》拍摄现场

不断加强保障能力建设。新建、改建农村敬老院 22 所,城镇养老、医疗、工伤、生育等保险覆盖面进一步扩大,新型农村合作医疗、农村低保制度全面建立并逐步完善,城市低保标准提高到每人每月 160 元,农村低保标准提高到每人每年 1200 元;社会养老保险参保率达到 96%,是全省 20 个"新农保"试点县之一。

大力发展公共交通,全县通客车里程 376.5 公里,群众出行条件进一步改善。

住房保障工作取得新进展,完成廉租房等保障性住房建设4.7万平方米。

生态环境质量明显改善,节能减排取得良好成效,圆满完成万元生产总值能耗下降目标。二氧化硫、COD排放总量分别下降16%、20%,提前1年完成预期目标。水环境质量明显提升,出境断面水质明显好转,饮用水源地达标率达到100%。环境综合整治成效显著,新区垃圾处理厂、新区污水处理厂建成投用。大气质量进一步好转,城市空气质量好于二级标准的天数均达到295天以上。城乡人居环境明显优化,新增4个省级优美小城镇和5个省级生态文明村,全县林木覆盖率达到27.7%。

统筹发展各项社会事业,扎实开展安全生产、群众工作和社会治安综合治理,先后荣获全国"五五普法先进县"、全省"群众工作先进县""信访工作先进县""平安建设先进县""食品安全示范县"等称号,社会大局保持和谐稳定。

深入开展公民思想道德建设和各类城市创建活动,社会文明程度明显提高,城乡环境面貌明显改观,配合市里先后荣获中国优秀旅游城、国家森林城、国家卫生城、全国文明城市等称号。

故事

许昌县榆林乡优抚对象作贡献活动影响全国

朱新正

上世纪 90 年代，全国轰轰烈烈地掀起优抚对象作贡献活动，"党和政府关心我，我作贡献为人民""学一技，创千元，奔小康、作贡献"的口号响彻大江南北。其实这一活动的发源地就是许昌县榆林乡。

1991 年元旦刚过，在许昌县榆林乡民政所所长办公室里，我与所长孙廷栋、小宋村现役军人宋小刚的父亲宋淼钦一起谈论工作。宋淼钦说："孙所长，你看俺儿子在部队当兵，咱乡里也有不少军属，政府照顾得都不赖，是不是咱开展一项啥活动，也显示显示咱军属的精神！"孙所长一听高兴地说："好哇，咱仨都想想，看搞点啥活动好？"我想了想说："如果军属们愿意的话，不妨来个致富竞赛，开展一项'儿在部队保国防，父母在家奔小康'活动，咋样？"二人一听，齐声叫好。

说干就干。孙廷栋不顾年老体弱，骑自行车走村串户，发动现役军人家属参加这项活动。宋淼钦筹措资金，率先在家搞起养殖业。其他一些现役军人家属，甚至复退军人、伤残军人、军烈属也都纷纷行动起来。

乡党委、政府因势利导，及时成立优抚对象作贡献指导办公室。孙廷栋根据优抚对象家住位置，把全乡优抚对象共分为 5 个工作区，各工作区分别成立领导小组。经过宣传发动，全乡 26 个行政村 2000 多名优抚对象都参加了这项活动，并响亮地提出"学一技，创千元，奔小康、作贡献""党和政府关心我、我作贡献为人民"的口号。

老复员伤残军人宋长信，三次骑自行车到禹州学习药材种植技术，种植两亩桔梗，当年收入 3000 多元，并带动一批药材种植户；1938 年参加八路军、带着"人民功臣"荣誉复员回乡的桓坡村桓增荣，过去老婆孩子有病就找政府救济,乡里解决不了就去县里甚至去市里。开展优抚对象作贡献活动后,他说:"我过去给国家作过贡献,党和政府也给了我不少的荣誉,现在我不能再给政府找麻烦了,还要再做点贡献,要对得起'人民功臣'的称号。"

榆林乡优抚对象作贡献活动的开展,引起各级领导的高度重视。1991年4月28日,许昌县人民政府作出在全县推广榆林乡开展优抚对象作贡献活动的相关通知,要各乡镇、县直单位结合当实际扎扎实实开展这项活动。到6月底,全县共兴办21个福利企业,既增加了优抚对象的经济收入,又安定了民心。

河南省民政厅优抚处处长赵汉卿了解到这一消息后,专程来到榆林乡,与宋淼钦、宋长信、黄德昌、张红恩等优抚对象座谈。

1991年6月27日,许昌市优抚对象作贡献活动现场会在许昌县榆林乡召开。同年7月9日,河南省优抚对象作贡献现场会又在许昌县榆林乡召开。1991年底,国家民政部向全国推广许昌县(榆林乡)优抚对象作贡献的经验。榆林乡也由此相继被省、市、县评为"民政工作全优乡""优抚对象奔小康先进乡"。

(原载 2009 年 9 月 27 日《许昌日报》)

"许昌人"头盖骨化石发现始末

郑明煜

2007年12月17日,震惊世界的8万至10万年"许昌人"头盖骨化石,在许昌县灵井镇古文化遗址发掘现场第9号探方中发现。这件头盖骨化石,是河南省境内出土的第一个古人类头盖骨化石,是我国继南京直立人头骨化石发现之后,15年来古人类化石的又一次重大发现。它的发现,对国外一些学者提出世界各地的现代人起源于非洲的论断是一大冲击,对研究东亚古代人类进化和中国现代人的起源具有重大科学价值,填补了中国现代人起源研究的空白。

"许昌人"头盖骨为什么会在灵井发现?发现的过程中曾有过哪些故事?我作为许昌县的一名文物工作者,2005年6月受县文化旅游局的委托,积极配合河南省文物考古研究所灵井遗址发掘队做好各方面协调工作,自始至终亲临灵井遗址发掘现场,所记事情都是我的亲身经历。

1965年春,中国科学院古脊椎动物与古人类研究所的周国兴先生和另外两位同志参加"四清"工作,住在遗址东约100米的一座民房里。1965年的一天早晨,他在调查中发现,池塘东边有一堆还没被铲平的橘黄细砂堆,与周围的土质不同并且在橘黄细砂堆积中采得石器、骨器和其他遗物。他如获至宝,就召集灵井村挖池塘的知情人,了解挖池塘时的情况,动员群众交回挖池塘时捡回家的文物标本和动物化石,最终确定有价值的石片和石器共1353件,石料以石英最多,达942件,占总数的69.6%;燧石271件,各类石英岩98件。面对灵井地区石器时代文化遗存,他认为华北地区特别是黄河流域可能是我国北方地区细石器文化的摇篮。他将在灵井发现的石器时代遗存资料整理成论文发表在《考古》杂志 1974 年第 2 期上。

考古专家发掘灵井遗址梦想的实现

多年来,许多专家和学者为更进一步了解和研究灵井遗址的相关信息,不断到灵井遗址实地考察。1978 年,中国科学院委托著名文物考古学家夏鼐、河南省文物考古研究所研究员李占扬先生,对灵井遗址的变化多加注意。2005 年 4 月,李占扬发现灵井遗址上面的积水干了,立即请求国家文物局对灵井遗址进行科学发掘。5 月,国家文物局批准河南省文物考古研究所在河南省许昌县灵井镇灵井细石器地点发掘,面积 300 平方米,时间定为 2005 年 6 月至 12 月。自 2005 年 6 月开始,多位考古专家对灵井遗址进行科学发掘,研究的梦想得以实现。

2005 年 6 月 10 日上午,李占扬带领 3 名技术人员来到灵井镇政府,镇党委、政府表示大力支持。

6 月 12 日上午,李占扬带领发掘队全体工作人员和发掘民工来到发掘现场,初定从池塘南头东边开始挖方,挖一条 2×70 米的深沟,后来又把所挖的方改为 2×30 米的深沟。

发掘工作自 2005 年 6 月 12 日开始,进行到 6 月 29 日,石英片出土了。开始是很少的几片,接下来是成组地显露。李占扬对灵井遗址前期挖掘工作进行总结,2005 年 9 月 23 日以《河南许昌灵井发掘旧石器时代晚期遗址》为题发表在《中国文物报》上。

2005 年,灵井遗址发掘总面积 90 平方米,开了 2×30 米深沟和 5×6 米探方各一个,出土旧石器和动物化石 5452 件。李占扬初步研究意见是:一、灵井遗址是旧石器时代具有代表性的石器工业,也就是石器的加工场;二、从出土的动物骨骼埋藏所反映的遗址特点来看是灵井遗址泉水形成的湖泊由盛期至逐渐萎缩的过程,所有制造骨器的骨骼都是有选择带入的;三、灵井遗址是以泉水为中心的旷野遗址,以钙板为界,分上、下两组,上组为新石器时代,下组为旧石器时代,钙板层以下又分为上、下两个文化层,即细石器文化层(中石器时代)和更早一些文化,灵井文化遗存的时代不会晚于1.2万年。

继2005年在灵井旧石器遗址进行考古发掘之后,河南省文物考古研究所又于2006年进行第二次考古发掘,发掘面积120平方米,出土石器和化石1万余件,发掘的石制品和化石全系下层文化层,石制品共计5690件,类型有石锤、石砧、石片、断块、碎屑和石器等。

2006年4月底,中国科学院环境与气候研究专家周昆叔先生和北京大学环境学院莫多闻教授到许昌灵井遗址发掘现场考察、研究,并对灵井遗址周边地区进行了考察。

2007年发掘工作继续进行,发掘7×7米探方1个,并继续发掘2006年未到底部分。2007年最低气温仍在零度以上,很适合考古发掘。考古工作者抓住时机奋力发掘。9号探方进入十一层以后,土质变得松软起来,化石和石器突然增多,12月15日即将收工时,几件漂亮的尖状类石器和刮削器出土了。

2007年12月17日上午,在探方东北发掘的民工李翠云就发现了新的骨化石。曹秀梅立即过去清理化石工面的泥土。只见骨头表面光圆,在化石的一侧边上清楚地显露出骨缝,这是人以外任何动物化石所不具有的特征。她激动地给在郑州的李占扬打电话汇报这一重大喜讯。李占扬闻讯,和单位几位同志立即驱车于当日上午11时赶回工地。他看过化石后,立即将消息告诉孙所长,又给中国科学院古脊椎动物与古人类研究所的高星副所长打电话,高副所长嘱咐要保护好现场,他立即派优秀专家赶来增援。

12月18日,省文物局局长陈爱兰、副局长孙英民、文物处处长司治平,市文化文物局局长张琳、副局长高宇平、文物文博科科长毛德新等领导一同前往发掘工地指导工作。省文物局陈局长指示,一定要做好安全工作,保护好现场,等待国家专家的到来,取得科学的第一手资料。

12月19日,中国科学院古脊椎动物与古人类研究所研究员刘武、野外化石发掘专家赵忠义和张双权博士三位专家如约而至。经专家们研究决定,采用顶骨连同同层土质整体提取(40×40×40)的方法取出化石,取出后将化石和土块整体用编织袋包装后装车运北京。3日后,头盖骨化石安全运抵中国科学院古脊椎动物与古人类研究所标本馆。

2008年1月11日,在北京召开"河南许昌古人类头盖骨化石专家研讨会"。专家学者在研讨会上听取了李占扬老师对许昌灵井旧石器遗址古人类头盖骨化石发现情况的汇报,听取北京大学周立平教授关于许昌古人类头盖骨化石年代测定的初步报告,并认真仔细地观察了发掘出土的古人类头骨化石及伴出的石器和动物化石标本,从不同的角度发表自己的看法,并对今后的发掘工作、多学科研究和遗址的保护等问题进行深入交流与研讨。

专家认为,许昌发现的古人类化石,是中国考古学和古人类学研究令人振奋的重大发现。头骨化石16块,其中包括较完整的顶骨、枕骨、颞骨各一块,复原后可为一较完整的人类头盖骨化石,对于研究东亚古人类演化和中国现代人类的起源具有重大学术价值。灵井古人类遗址共出土石制品和动物化石约3万余件,其中包含大量古人类行为信息,是我国最重要的旧石器时代文化遗址之一。据灵井动物群灭绝动物(动物种类18种,灭绝8种)占44%的比例和光释光测年的初步实验结果,专家判断,灵井遗址头盖骨化石出土层位时代为距今8万至10万年左右,是世界古人类学研究史上的最敏感时段,遂将灵井遗址出土的头盖骨化石命名为灵井"许昌人"头盖骨,也就是"许昌人"。

3月初,发掘者将9号探方东边的隔梁再挖掘1.5×7米的探方,果然在原来出土头盖骨的层位又发现了12块头盖骨。经初步鉴定,可能与前面的为一个个体。至此,灵井遗址共发现28块头盖骨化石。

"许昌人"出土后社会各界的反映

"许昌人"出土后,立即引起主流媒体和各级领导、专家学者的极大关注。

1月23日,中央电视台《新闻联播》栏目,《人民日报》、《河南日报》、《许昌日报》均播出或刊发相关消息。新华社发通电说:"许昌古人类头盖骨化石的发现,不但填补中国现代人类起源中重要一环,而且把世界的目光重新引向中国河南,为解开中国现代人类起源之谜带来了新的曙光。"

1月25日,《中国文物报》头版刊登《河南许昌灵井旧石器遗址出土人类头盖骨化石》一文,李占扬研究员将灵井旧石器遗址的发掘情况和发现头盖骨的重要性作了详细的介绍。

2月19日上午,河南省文物管理局在许昌县灵井镇灵井遗址召开现场办公会议,就灵井遗址周边环境的整治、近期保护方案的制定、考古工作站的建立以及遗址保护规划的编制、保护机构的设立等问题进行认真研究并形成会议纪要。

2月20日,许昌市市长李亚在灵井"许昌人"遗址召开现场办公会,实地考察考古发掘现场,对切实做好灵井"许昌人"遗址的宣传保护、利用等工作提出明确要求。

2月20日以后,许昌县文化旅游局、灵井镇政府联合对灵井"许昌人"遗址进行周边环境整治,4月底基本整治完毕。

3月9日上午,河南许昌灵井旧石器遗址发现的"许昌人"头盖骨化石被初评进"2007年度全国十大考古新发现"的24项之内。4月8日,由中国考古学会等主办的2007年度"全国十大考古新发现"评选揭晓,许昌灵井"许昌人"遗址位列榜首。4月9日,省委书记徐光春对河南省五项文物考古项目荣膺2007年度"全国十大考古新发现"工作给予肯定和表扬。

5月30日,国家文物局对十一届全国人大一次会议第2665号《关于在河南许昌灵井遗址建立国家级"许昌人类学研究基地"的建议》予以答复:同意在许昌灵井遗址建立"许昌人类学研究基地。

"灵井许昌人"遗址挖掘现场

（原载《许昌县文史资料》2008年第21辑）

第八章
中国特色社会主义新时代

本章提要

党的十八大后，中国特色社会主义进入了新时代，中国共产党在开放与自信中续写继往开来、团结奋进的时代篇章。

党的十八大以来，许昌县主动顺应经济发展新常态，围绕建设美丽开明幸福许昌县，大力实施"1156"县域振兴规划，务实重干。

"十二五""十三五"期间，许昌县综合实力与发展质量实现了新提升，产业集聚与结构转型呈现了新亮点，改革创新与对外开放集聚了新动能，城乡建设与生态文明开创了新局面，民生民本与社会治理彰显了新成效，民主政治与法治建设获得了新发展，基层党建与作风建设得到了新加强。

第一节　实施县域振兴规划
建设美丽开明幸福许昌县

党的十八大以来,许昌县以习近平新时代中国特色社会主义思想为指引,在市委、市政府的坚强领导下,围绕建设美丽开明幸福许昌县这一目标,大力实施"1156"县域振兴规划,团结带领全县广大党员干部群众,开拓进取,务实重干,县域经济社会发展取得巨大成就,保持了良好发展态势。

2016 年 6 月,中国共产党许昌县第十二次代表大会擘画了许昌县未来经济社会发展的宏图。

2017 年 2 月 5 日撤县设区,建安区进入了高质量发展的快车道。经过多年来持续艰苦创业,建安区如今大发展的框架已经拉开、三次产业融合发展的大格局初步形成、多元开放的科学发展体系更加健全,区位优势、生态优势、产业优势得到充分彰显,正处在蓄势崛起、跨越发展的重要机遇期,迈上了新的发展阶段。

2021 年 7 月,中国共产党建安区第一次代表大会提出了"奋力推进经济社会发展高质量、城乡建设高水平、人民群众高素质,为全面建设社会主义现代化建安区而努力奋斗"的宏伟目标,开启了建安区社会主义现代化建设的新征程。

一、改革创新与对外开放集聚了新动能

产业集聚与结构转型　尚集产业集聚区成为省星级产业集聚区;特色商业区获得省级批复;许昌商贸物流园区成为省级物流示范园区,主要产业载体对全县经济贡献率达 80% 以上。

26.8 万亩高效节水灌溉项目建设任务基本完成,粮食高产示范区建设成为全市标杆,农业产业化水平显著提升。

发制品、汽车零部件及装备制造两大传统主导产业迈入百亿级产业集群,电子信息成为新兴主导产业。

电子商务、商贸物流发展态势迅猛,全县二三产业比重达到91.4%,比"十一五"时期末提高6.7个百分点,呈现出传统产业与新兴产业有机融合、二三产业双轮驱动、三次产业协调发展的良好局面。

"大众创业、万众创新"氛围浓厚,科技进步对经济增长贡献率达60.5%,连续7次荣获"全国科技进步先进县"称号。

"十二五"期间,引进省外资金221亿元,实际利用外资3亿美元,分别是"十一五"时期的2.8倍、2.6倍;出口规模不断扩大,"十二五"末达到5.13亿美元,在全省县(市)区中一直处于领先位次。世界500强、国内第二大通信制造商中兴公司成功落户,信行深国际智慧产业园等智能设备生产项目入驻。

在城乡建设与生态文明建设方面,坚持新老城区、中心镇区互动发展,"汉韵新城"初具规模,人气商气财气不断聚积;老城区承载能力、居住环境持续提升。

三大水利项目建设顺利实施,水系连通工程建成,北海公园成为许昌又一亮丽名片,"四河一海三湿地"水生态景观效应凸显。

四大生态林海建设任务全面完成,全县林木覆盖率达到22.3%,一座河畅、湖清、水净、岸绿、景美的生态之城初显靓姿。

持续开展城乡环境综合整治,美丽乡村建设成效明显。配合许昌市荣获"全国文明城市"等称号。

"十二五"期间,全县用于改善民生的财政支出达到83.2亿元,占公共财政预算支出的71%。

2015年城镇居民人均可支配收入23658元,农村居民人均可支配收入13421元,分别是"十一五"末的1.7倍、1.85倍。

"平安许昌县"建设扎实推进,信访稳定工作机制有效落实,群众合理诉求得到依法维护,全县社会大局和谐稳定,人民群众的安全感、幸福感持续提升。

基层党建与作风建设　坚持全面从严管党治党,党的思想、作风和制度建设不断深化,党风政风为之一新。

严格执行干部选拔任用条例,树立正确用人导向,选优配强了各级领导班子,乡镇党委顺利换届,超职数干部消化任务基本完成,全县干部队伍活力显著增强。

"4+4+2"党建制度体系建设扎实推进,县、乡、村三级联述联评联考机制有效落实,村务监督委员会全面建立,"四议两公开"工作法和基层四项基础制度实现全覆盖、真应用,基层基础进一步夯实。源于椹涧乡前宋村的"一编三定"工作法,有效解决了农村(社区)无职党员发挥作用难、流动党员教育管理难的问题。"一编三定"工作法受到省委领导好评,并在全省推广。

严格落实党风廉政建设责任制和"两个责任",权力监督制约更加有力,党风廉政建设和反腐败工作深入开展,风清气正的政治生态环境正在全县逐步形成。

二、推进新型城镇化,加快城乡一体发展

"十二五"期间,许昌县紧紧围绕富民强县目标,牢牢抓住发展这一主题,以新区建设为引领,抢抓机遇,克难攻坚,实施项目带动,调整经济结构,优化产业布局,转变发展方式,突出科学运作,破解发展难题,不仅实现了三步大的跨越,同时也完成了自身经济发展方式的华丽转身。

许昌县与许昌市区同城,有县无城,城镇化程度低,一直是制约许昌县发展的"瓶颈性"难题。为破解这个难题,许昌县历届领导班子都进行了艰苦探索。

2006年2月5日,许昌市委、市政府作出了沿107国道,在许昌至长葛新区区域内建设城乡一体化推进区的战略部署。2010年2

月,省委、省政府研究通过了许昌新区建设总体方案,许昌新区整体规划面积 180 平方公里,涉及许昌县 164 平方公里。

许昌县上下积极响应,按照"大发展、上水平、作示范、求实效"的总体要求,从县直单位、部分乡镇抽调了 387 名机关干部和 106 名大学生村干部到新区开展工作,加快新区开发建设。

许昌县总投资 10 亿元,完善新区路、水、电、通信等城市基础设施,先后建成了创业大道、滨河路、汉鼎路、中原路等 27 条长达 82.2 公里的骨干道路,初步形成了四面环通的路网格局,城市的承载功能业已具备。

积极培育优势产业,加大项目建设力度,中原电气谷、尚集工业聚集区经省政府审批通过。瑞贝卡原材料基地等 182 个重大项目相继落户开建,产业支撑能力明显提高,大大提升了这里的人气、商气和财气。

三、推进集约集聚发展,打造跨越发展新优势

许昌县坚持把提升质量效益作为转变发展方式的关键环节,坚定不移地推进集约集聚发展,推动经济增长由粗放型、低效益向集约型、高效益转变。

"三区一谷"建设　有效整合各类土地资源,盘活闲置土地,倾全力抓好尚集产业集聚区、城南商贸物流园区、张潘精细化工园区和中原电气谷"三区一谷"建设,同步推进特色园区建设,促进企业、产业集约集聚发展。"三区"入驻规模以上企业 70 余家,年实现营业收入 100 多亿元,实现利税 12 亿元。

四大支柱产业　扶持瑞贝卡、远东传动轴等骨干企业做大做强,着力培育档发加工、汽车零部件及装备制造、农副产品加工和轻纺化工四大支柱产业。四大支柱产业实现产值 155 亿元,实现增加值52.4亿元,占全县 GDP 的比重达到 35.5%,成为全国最大的档发加工出

口基地、汽车传动轴生产基地、腐竹生产集散地。

质量兴县、品牌兴业 提高企业产品质量和技术含量,培育出多个拥有自主知识产权的知名品牌。至 2013 年底,全县共拥有中国名牌产品 3 个,国家免检产品 3 个,省名牌产品 5 个,省农产品名牌 2 个,省免检产品 3 个,省优质产品 16 个。拥有中国驰名商标 1 个,河南省著名商标 18 个。同时,大力发展外向型经济,支持瑞贝卡、远东传动轴等有实力的企业,充分利用国内外两个市场,积极拓展发展空间,扩大产品出口,提高了产品市场占有率。

四、大力发展特色农业

农产品基地建设 加快农业综合开发,推进土地流转和种植结构调整,大力发展现代农业。培育壮大了世纪香食用菌、质源腐竹等一批农业产业化龙头企业。重点打造以椹涧、榆林、蒋李集为核心的西部"金色产业带",叫响浓香型烟叶基地品牌;沿 311 国道东段——S237 省道西段发展轴及现代服务业发展环实施生态县建设,确保花卉面积稳定在 10 万亩以上,着力打造南花北移、北花南移的花卉苗木基地;在榆林、蒋李集等乡镇着力扩大谷子、花生种植面积,积极推广优良品种和绿色种植模式的特色农产品基地。

打造农业品牌 依托优质小麦、玉米、花生、蔬菜、食用菌、肉牛养殖等农业特色产业,规划了粮食、蔬菜、豆制品、畜牧业四个产业集群,积极支持集群内许丰、世纪香、质源等龙头企业围绕核心、拳头产

世纪香食用菌菌菇产业

品建基地。加快实施河街豆制品产业园、中原国际农产品物流园建设，为产业集群发展搭建宽广舞台。2013年，申报全省农业产业化集群4个。陈曹10万亩高产创建示范园区成为全省粮食增产的示范带动基地，温家宝、回良玉等中央领导给予好评。

粮食安全工程　组织实施水利设施、基本农田、防灾减灾、农业科技创新、农业技术推广、农业生态、粮食物流、农业机械化等工程，加强农业基础设施建设，初步形成了旱能浇、涝能排，旱涝保丰收的水利建设体系。

提升农业机械化水平。加快推进大宗农作物生产全程机械化，积极发展农机合作社等服务组织，形成了一整套包括科研、推广、培训、修理、供应、安全监理在内的农机化服务体系。

大力发展专业化统防统治组织。构建新型的植保专业化统防统治组织，提高农作物病虫草害的统防统治能力，提高植保防灾减灾能力，确保粮食生产安全。

都市生态高效农业　着力抓好三大生态水系建设。做好新沟河治理、清潩河景观提升、青泥河综合整治、饮马河贯通等工程建设，全面改善县域水生态环境。围绕三大水利项目建设配套绿化工程1万亩，在苏桥、椹涧、将官池3个乡镇打造林水一体城市森林生态体系。按照"一环""两轴""十廊""百园"的总体布局，以亲水游、采摘游、农耕文化体验游、农家乐为主题，打造了一批高质量、有特色、成规模的休闲产业园。抓好生态循环基地建设，大幅度提升了农业的综合效益和水平。

五、创新农业发展机制体制，推进农业规模化集约化经营

稳步推进土地流转　许昌县通过培育龙头企业、农民专业合作社、种粮大户等新型经营主体，推进农村土地流转，发展农业适度规模经营，把承包土地向专业大户、家庭农场、农民专业合作社等新型

农业经营主体流转。陈曹乡农民万子荣作为当地的种粮大户,流转耕地2000多亩的同时还托管了2万多亩耕地,高标准农田建设给他带来丰厚的收益。

发展农民专业合作社　许昌县围绕优质小麦、蔬菜种植、畜禽养殖等主导产业,引导农村专业大户、经营能人、龙头企业等主体,积极牵头创办或领办专业合作社。五女店镇农民赵保献成立农机农民专业合作社,流转2000多亩地。依靠政策支持、科技助力,土地流转集中后的规模化效应让种粮能手赵保献得以集腋成裘、聚沙成塔,靠种粮实现了发家致富。

培育种粮大户　为有效实现粮食集约化、规模化生产,许昌县积极培育种粮大户191户,种植规模85637亩,种粮大户经济效益也明显高于普通农户,从而也带动和提升了周边农户科学生产意识,大大提高了全县粮食综合生产能力和种粮比较效益,促进了全县粮食生产整体水平的提高。

传统烟区焕发生机　许昌县是传统烟区。进入新世纪后,许昌县烟区以科技为支撑,开展现代烟草农业建设,极大减轻了烟叶生产的劳动强度,并与郑州烟草研究院等单位合作,开展"上六片"技术研究,很好地解决了上部烟叶可用性问题,至今已成为部分中式卷烟代表品牌不可或缺的主要原料。

传统烟区焕发生机

相关职能部门全力为烟叶生产提供技术指导、资金支持,努力为烟农做好产前、产中、产后的系列服务,激发了烟农的积极性,推进了烟农专业合作化建设。2016 年,椹涧乡烟叶种植面积 1.5 万亩,完成交售任务 106 万公斤。

2016 年许昌县种植烟叶 15500 亩,收购烟叶 51680.23 担,其中上等烟比例 59.88%,中等烟比例 40.12%,完成当年市政府下达任务的 116.14%。

现代烟草农业建设保证了烟叶生产可持续发展,也给许昌县烟区生产环境、烟农生活带来了巨大的变化。稳中有升的种烟收益、愈发轻松的种烟环节、严格规范的收购流程,让一户户烟农有了稳定可观的收入,让一个个家庭的小日子过得红红火火。昔日"烟叶王国",如今又焕新光彩!

河街腐竹香飘万里　河街乡是腐竹的起源地。20 世纪 70 年代以后,许昌的腐竹产业在经营管理上由分散走向规范,将传统工艺与现代工艺相融合,步入了黄金发展时期。

2008 年 12 月,国家质检总局批准对许昌县腐竹实施标志性产品保护;2012 年 3 月,河街腐竹地理标志证明商标获准注册。在品牌的推动下,河街腐竹产业发展迅速,产量占全国总产量的三分之二,产品远销北京、山东、陕西、上海等省市和俄罗斯、日本、韩国等国家。

与此同时,全国最大的黄豆市场在河街乡应运而生,这里集中了全国各地 200 多家黄豆经销商,日销量平均在 400 吨以上。河街乡的豆制品生产形成了以腐竹为主,包括豆皮、豆丝、植物肉、豆腐在内的 5 大系列 10 多个品牌的产业链。

榆林小米远近闻名　榆林小米,因其色泽金黄、浓香可口声名远扬,与山东龙山小米、山西沁州黄小米、陕西米脂小米齐名,已成为许昌的特色农产品之一。虽然颗粒不大,但粒粒饱满浑圆,下锅一熬,浓浓的糯香便弥漫开来,熬成后,色如琥珀,黏糯香浓,颇受人们喜爱。

2000 年以后,随着人们健康饮食生活意识的不断提高,小米等杂粮受到追捧。榆林乡农民在原有贡米主产区榆林、胡庄等周边多个村庄开始投入种植,种植面积也逐年增加,最多时,全乡种植谷子超万亩,谷子的品种也几经改良。榆林小米已成为特色经济作物,成为许昌靓丽的特色品牌,带动一方群众增收致富,誉满中原。

六、切实加强水生态文明建设

党的十八大以来,许昌县以发展民生水利为重点,积极调整治水思路,坚持兴利除害结合、开源节流并重的治水方针,全面开展了饮水安全工程、节水灌溉工程、打井配套工程、防洪除涝工程等重点水利工程建设,进一步改善了农业生产条件。

水系连通工程　坚持高标准进行,努力做到"四个一体":把水系建设与城市建设一体规划,使城市更加美丽宜居;把水系建设与产业发展一体规划,使产业布局更加宜商宜业;把水系建设与民生改善一体规划,使群众更加宜游宜娱;把水系建设与文化传承一体规划,使河道更加彰显历史文化特色。

2013 年,许昌市被水利部确定为首批全国水生态文明城市建设试点,其中河湖水系连通工程等就涉及许昌县。许昌县累计完成投资 20 亿元,水利工程、亮化工程、园建工程、雕塑工程等全部完工。

环境的改善,带动了土地资源和旅游市场的升值与发展。碧桂园、建业集团等国内一流的公司纷纷到此考察投资。

在加快工程建设的同时,许昌县把发挥水生态效益作为重中之重,统筹谋划,用心经营水之灵、水之秀、水之魅。按照"监管并重、管重于建"原则,制定完善一系列制度和措施,确保了清水绕城目标实现,并在全县开展河湖水系周边环境专项治理工作,使整个城市水系活起来、动起来、清起来。

高效节水灌溉　高效节水灌溉项目是水生态文明城市建设的重

点工程之一。按照全市 50 万亩高效节水灌溉示范区的统一规划,许昌县承担 28.82 万亩,项目于 2013 年开始规划,2014 年实施,分 3 年完成,总投资 5.38 亿元,涉及陈曹、小召、五女店、张潘、将官池等 5 个乡镇,重点由水务、农开、国土、发改等涉农部门承担建设。

许昌县按照许昌市委、市政府提出的"国内一流、国际领先、打造现代节水农业的标杆和旗帜"的总体要求,统筹规划,整体推进。

县委、县政府主要领导深入一线督促进度、现场协调解决疑难问题。组织相关单位对拟实施的项目逐一进行严格审查,确保灌溉设施和道路、边沟、林网标准一致,形象统一。加大投入,整合水务、财政、发改、国土、农开、林业、交通、电力等涉农资金 3.53 亿元,县财政投入 4000 万元,加快工程进度。实行工程进度每周排名,排名末位的单位在周例会上表态发言,加压驱动,促进项目建设快速推进。

与此同时,坚持建管并重,出台了《加强园区管护的指导意见》,对水利工程实施网格化管护。

项目区经过几年的建设,已形成了集灌排网、信息网、交通网、林木网、电力网、服务网"六网一体"的示范区,经济效益、节水效益十分显著,展示了高效节水农业的新形象。

饮水安全工程 "十二五"期间,许昌县已累计完成投资 2.3715 亿元,建成农村饮水安全集中式饮水工程 65 处,受益人口 59.2312 万,涉及 14 个乡镇 307 个行政村,同时解决了 13 所学校 18 万人的饮水安全问题。

许昌县西部岗区的艾庄乡、灵井镇、椹涧乡、桂村乡的部分群众,前些年吃水还要到几公里外拉,水贵如油。解决这里的供水问题成了当务之急,许昌县共打深井 68 眼、配压力罐 68 套,不仅圆了祖祖辈辈的吃水梦,而且加快了农村致富的步伐。艾庄乡的小牛村是许昌县地势最高的村,旱时吃水要去 3 公里外的村庄拉,涝时靠的是辘轳摇,如今,村民用上了自来水,吃水不出户,而且水质好。河街乡柏树李村由于用上了自来水,全村腐竹专业户由原来的 10 多户发展到几十户,不仅腐竹的产量、质量得到了提高,而且人均收入也得到了大幅度的提高。

七、县域经济核心竞争力不断增强

综合实力实现新提升 党的十八大以来,许昌县委、县政府深刻把握许昌县仍处于工业化中期阶段这一基本特征,抓住经济总量偏小、发展不充分这一主要矛盾,坚持把壮大总量作为根本任务,把握好中求快主基调,正确处理速度、质量和效益的关系,理清了发展思路,确保了县域经济始终沿着正确发展轨道向前推进。

"十二五"末,许昌县生产总值达到 243 亿元,年均增长 11.5%;规模以上工业增加值达到 107 亿元,年均增长 15.5%;公共财政预算收入达到 11.36 亿元,是"十一五"末的 2.8 倍,年均增长 23%,提前两年实现"十二五"计划目标,提前一年实现奋斗目标;5 年累计完成全社会固定资产投资 796 亿元,是"十一五"时期的 2 倍。

经济发展在应对挑战、攻坚克难中攀升突破,产业结构在转型升级、创新驱动中优化升级。全县经济规模稳健扩大,综合实力持续提升,县域经济核心竞争力不断增强,为未来发展奠定了坚实的基础。

产业转型呈现新亮点 "十二五"时期,许昌县把加快转变经济发展方式、着力调整产业结构,不断提高经济增长质量和效益放在了发展的重中之重。瑞贝卡、远东传动、豪丰机械等本土企业转型升级步伐不断加快,石墨烯电池、储能设备等战略性新兴产业项目相继落户……

持续优化产业结构,推动转型升级。"十二五"末,全县三产业结构比调整为 8.6∶55∶36.4,初步呈现出传统产业与新兴产业融合外延产轮驱动、三产业协调发展的格局。

大力推动产业集约集聚发展。尚集产业集聚区成为省星级产业集聚区,特色商业区获得省级批复,许昌商贸物流园区成为省级物流示范园区,许昌精细化工园区承载能力显著增强,9个县域特色产业园初具规模,主要产业载体对全县经济贡献率在80%以上。

同时,许昌县持续推动产业转型升级,现代农业基础不断巩固,其承担的26.8万亩高效节水灌溉项目建设任务完成,粮食高产示范区建设成为全市标杆,农业产业化水平显著提升;现代工业体系基本形成,项目投资促进计划有效落实,发制品、汽车零部件及装备制造两大传统主导产业迈入百亿级产业集群,电子信息成为新兴主导产业;现代服务业快速发展,电子商务、商贸物流发展态势迅猛,全县"十二五"末三产比重达91.4%,比"十一五"末提高6.7个百分点。

改革开放集聚新动能　"十二五"时期,许昌县坚持把对外开放作为根本路径,紧紧抓住承接产业转移、推动转型升级,持续推动务实开放招商,有力招引入驻了一批重大项目,开放招商成效显著。"十二五"期间,全县引进省外资金221亿元,实际利用外资3亿美元,分别是"十一五"时期的2.8倍、2.6倍;出口规模不断扩大,"十二五"末达到5.13亿美元,在全省县(市、区)中处于领先位次。

第二节　撤县设区　经济社会发展进入加速期

一、撤县设区，"建安"开启新征程

2016 年 11 月 24 日，国务院正式批复同意撤销许昌县设立建安区；2016 年 12 月 25 日，河南省政府印发了《关于调整许昌市部分行政区划的通知》；2017 年 2 月 5 日，许昌市建安区举行成立大会。至此，许昌县自 1796 年以"县"为建制符号成为历史，画上圆满句号，正式更名为许昌市建安区。许昌县撤县设区，不仅是名字的变更，更标志着新时代的到来，标志着建安区迈向工业化、城市化加速发展的新阶段，成为许昌发展史上划时代的里程碑。

许昌市委书记武国定代表市委、市政府和全市 400 多万人民，向建安区的成立表示祝贺！他希望建安区不辱使命、不负重托，把握新机遇、肩负新使命、展示新形象，在新起点上努力开创各项工作新局面，并要求各级各部门全力支持建安区的发展。建安区委书记赵庚辰表示，建安区将在市委、市政府的坚强领导下，承借郑许融合发展的东风，立足建安区发展实际，进一步理清思路、找准发展定位、明晰发展方向，突出加快城市化建设这一重心，坚持做强产业；坚持做大城区，树立城市发展理念；坚持做优环境，扎实推进"五城联创"；坚持改善民生，加大教育、卫生、文化等方面的投入，努力建设一个富有实力、充满活力、彰显魅力的建安区，为全市"三力"许昌建设作出新的更大贡献。

二、构建新的发展格局，城乡融合发展加快

撤县设区，不仅使许昌县撤去了发展空间制约的藩篱，推动市辖区面积由 97 平方公里增加到 1099 平方公里，市辖区人口由 41 万人

增加到 130.76 万人,也使建安区告别了以农业为主的发展道路,将以工业化为引领,迈上了城市化和产业化发展的新阶段,迈向了融合发展的新起点。

建安区以撤县建区为契机,全面践行新发展理念,统筹推进改革发展稳定等各项工作,主要经济指标增速圆满实现计划目标,高于全市平均水平,实现了撤县设区开门红。

2017 年,生产总值完成 302.2 亿元,增长 10.2%;全年一般公共预算收入 16.17 亿元,增长 23.5%,比计划高 13.5%;规模以上工业增加值 128.5 亿元,增长 10.1%,增速居全市第三;固定资产投资 245.5 亿元,增长 13.6%,增速居全市第三;服务业增加值 117.6 亿元,增长 13.1%,增速居全市第一。

从发展总量、速度和态势来看,建安区已成为推动中心城区发展的主力军,投资价值越来越高,发展底气越来越足。新兴产业培育实现重大突破,产业结构持续优化,发展后劲日益彰显。

三、全域发展,加快推进工业化、城市化建设

城区带动　建安区新城区城市框架持续扩大,产业配套体系日趋完善,郑许一体化、中心城区北进东扩的主战场地位更加凸显;区位、交通、产业、人文等优势日益显现,快速发展的外来动力更加强劲,成为优势集聚、活力十足的发展热土。

传动轴、发制品、农机具等传统优势产业的"转型之变"正悄然发生:许昌远东传动轴股份有限公司正向等速传动轴市场全力进军,瑞贝卡建起了高温发丝产业园,豪丰再度斩获国家科学技术进步奖……建安区的"老三样"增添"科技内核",做大了发展体量。

企产转型　传统优势产业展现了强劲的"科技爆发力",9 家企业与高校、科研院所成功"联姻",3 家企业科研成果通过省科技专项验收,新增高新技术企业 2 家、省级工程技术研究中心 1 家,全年申请专

利 1528 件。

科技创新推动了工业转型迈出新步伐,投资同比增长 15.5%,增速稳居全市第一位。其中,发制品、汽车零部件两大主导产业产值分别达到 150 亿元、140 亿元;红东方、世纪香入选全省"专精特新"行业领军型企业,环宇玻璃入选高成长型企业,许昌远东传动轴股份有限公司荣获"省长质量奖",世纪香率先成立省级"星创天地";豫辰在新三板、格皓特等 6 家企业区域股权市场成功挂牌,新增数量为历年之最。

产业聚集 尚集产业集聚区拥有规模以上企业 113 家(主板上市企业 2 家),主营业务收入完成 384.6 亿元,同比增长 20.4%。张潘精细化工园区入驻企业 14 家,其中国家级高新技术企业 5 家、新三板上市企业 2 家。特色商业区入驻企业 47 家,新增规模或限额以上服务业企业 11 家,主营业务收入完成 14 亿元,同比增长 50%。城南商贸物流园现有中等规模以上企业 139 家、规模以上企业 27 家、个体工商户 4100 多家,主营业务收入完成 115 亿元,同比增长 8%。

四、新产业新业态形成新的经济增长点

坚持项目带动 新引进了总投资 20 亿元的柏恩众禾纳米高分子特种膜生产项目。开辟了纳米材料、新能源汽车、检验检测、电子商务等新业态,实现了战略性新兴产业的新突破。

2017 年,国家检验检测认证公共服务平台示范区入选第一批省级现代服务业专业园区,阿里巴巴许昌仓投入运营,电子商务产业园获批"省级示范基地",入驻电子商务及服务配套企业 20 余家,交易额达 73.7 亿元;北海周边综合开发有序启动,东部生态旅游养生产业带全面铺开,入驻企业 117 家,其中规模以上企业 9 家,产业结构持续优化,发展后劲日益彰显。

营造宜业环境 持续厚植发展沃土,擦亮许昌民营经济品牌。

对企业在资金、用地、审批等方面的发展需求和困难,坚持当好"保姆"、全力服务,聘请专业团队为企业"把脉问诊"、谋划发展,积极构建"亲""清"新型政商关系。

深化"放管服"改革　区本级 131 项审批服务实现了"只进一个门、只找一个人、只跑一次腿",不动产登记实现"一窗受理";深化商事登记制度改革,"三十五证合一""先照后证"等登记制度改革全面实施;深化投融资体制改革,推行联审联批,减少了审批、核准、备案前置条件,压缩了办理流程和审批时限。

五、加强基础能力建设,推进城乡一体化

提升基础设施　坚持基础先行,建管并重,抢抓郑许一体化、百城建设提质工程和棚户区改造三年攻坚机遇,大力实施东、西、南、北、中五大片区综合开发,以重大项目为引领,全面掀起建设高潮。2019 年,建安区谋划实施的 23 个城建重点项目全部完工,完成投资 77.17 亿元,在全市城建项目观摩中取得小组第二名的好成绩。

做大中心城区　持续提升中心城区的承载力、辐射力和带动力。相继建成了北方周庄区域内魏文路、周庄街、莲苑路道路桥梁等基础设施,北海龙城城市综合体项目、北海龙城、建业北海森林半岛等大型地产项目,建安中学投入使用……新城区框架持续拉大,城市功能日益完善。

镇村布局规划　坚持"两手抓",把乡村和城市作为统一的整体,全面推进乡村振兴。科学编制镇村布局规划,完成了五女店镇大王寨村的古寨特色规划,积极谋划建设北方周庄、五女店特色示范镇等 6 个特色小镇,逐步铺开了 38 个中心村庄规划,并选取 10 个条件好的乡镇和 10 个村庄开展"百镇千村规划"行动。

户籍制度改革　全面落实深化户籍制度改革政策体系,加快促进农业转移人口市民化,让居民在养老、文教、医疗、住房保障等方面

享受市民待遇,进一步增强了群众获得感。

村集体经济发展　坚持党建引领,加快发展村级集体经济,交上了一份出彩的成绩单。2018 年集体经济全年收入 5 万元以上的村(社区)达 337 个,占比 91.6%,提前完成了市定目标任务。其中,集体经济收入 50 万元以上的村(社区)8 个、30 万—50 万元的村(社区)8 个。

统筹协调推进,凝聚发展合力。建立联席会议制度,定期会商破解难题,督促指导村级集体经济发展。

全面整合各类政策、项目、资金、资源、信息,集中向村级集体经济领域倾斜,推动村级集体经济快速发展。大力实施村级集体经济发展考评机制,把发展壮大村级集体经济作为"逐村观摩、整乡推进"活动和党建工作考核的"必答题"和规定动作,纳入各级党组织书记抓基层党建述职评议考核范围,并与"五好"乡镇(街道)和村(社区)、"十面红旗"村(社区)评选挂钩,对评为"红旗村"的党组织,区财政一次性奖励工作经费 10 万元,党组织书记工作报酬每月上调1000 元,其他"两委"干部按比例上调,优先作为乡镇公务员、事业单位人员推荐人选,激励基层干部干好村级集体经济发展等各项工作。

实施"头雁工程"　对全区村"两委"干部集中培训,组织部分优秀村党支部书记到苏州、杭州等集体经济发展先进地区考察学习,及时制定 8 项支持村级集体经济发展政策措施,投入专项扶贫资金5480 万元,用于 180 个村发展村集体经济。扎实开展新一轮驻村第一书记选派工作,持续开展乡土人才回归工程,为重点和难点村选派第一书记 87 人,纳入乡土人才库 2314 人,为发展壮大村级集体经济增添了新动力。

"一村一业",壮大集体经济综合实力。通过"创办实体",开辟集体经济新财源,引导乡村党组织领办、创办农村专业合作社和经济实体,把农户闲散资金等各类资金有效整合,采取入股、投资固定资产等形式,依托特色农业、特色加工业、生态旅游业,在平等自愿、风险共担的原则下,通过生产经营产生红利。"因地制宜"拓展集体经济新空间,积极培育"一村一业",探索实施共建共营共享型发展模式,引进农业企业、新农人、新乡贤等多元市场主体,为发展村级集体经济注入新的活力源泉。积极探索组建"联村农业合作社",整合特定区域的党建资源、社会资源、产业资源,建立利益连接机制,促使农户、村集体、企业"抱团发展",保证了村级集体经济健康发展。全区确定24个省级集体经济发展试点村(社区),五女店镇大王寨村率先开展"三变改革、五大合作"探索实践。全区村级集体经济驶入了发展快车道,汇聚了更多出彩点。

六、着力改善城乡环境

强力推进乡村清洁"百日攻坚"和美丽乡村建设,持续清洁环境、完善设施、改荒成园、凸显特色,打造了"一村一品"、魅力彰显的乡村环境。2017年,新修建农村道路93公里、桥梁192米。投入4300万元购买农村保洁服务,引进深圳和许昌两家公司,开启农村生活垃圾治理市场化运作。苗店村被评为全国文明村镇,圪垱村、前宋村、大王寨村等村获得市级美丽乡村称号。

苏桥镇程庄村、艾庄乡鲁湾村等20个村被评为区级示范村,197个村被评为乡村清洁达标村,农村"脏乱差"现象逐步得以扭转。

第三节　壮丽建安人　奋斗新时代

一、大力实施城市提质项目

"一心四区"建设　建安区委、区政府谋全局、谋大势,主动而为,强力推进"一心四区"建设,补齐城市短板,打造就近宜居生活圈。"一心"即以城区为中心,"四区"即新城区、老城区、高铁组团试验区、西部新城区。

围绕推进"一心四区",建安区实施城市提质项目。2020 年,全区共实施百城提质项目 35 个,累计完成投资 51.56 亿元。着力打通主动脉、畅通微循环,为郑合高铁、郑许市域铁路等重大工程提供有力服务保障,郑合高铁、许昌北站已建成投用;新 107 国道、魏文路、莲苑路、忠武路、中原路、文峰路提升改造,许鄢城际快速通道、昌盛路、新元大道等一批骨干道路竣工通车;新城区形成"八横十纵"骨干路网框架,断头路全面打通,交通出行更加便捷,

老城区"四改一增"有序推进,改造提升老旧小区 29 个。开通城乡公交线路 7 条、乡镇支线 28 条,群众坐上一元钱直达新城区的公交,享受了与城里人一样的出行便利和实惠,在全省率先实现城乡公交一体化。

以水润城　建安区以水为媒,精心打造"水美建安"之城,先后对辖区内的石梁河、清潩河、小泥河、小洪河、颍汝干渠等进行了河道清淤疏浚、生态修复等综合整治。

同时实施"四水同治"战略,建立"政府主导、多元投入、市场运作、社会参与"的建设投资模式,全方位推进水利工程建设。

清潩河、饮马河、灞陵河、灵沟河,北海公园、秋湖湿地公园,三达水务人工湿地、官庄湿地等"四河一海三湿地"建成投用,建安区已成

为令人向往的生态乐园。2020年,建安饮马河省级湿地公园获批,位于高铁北站站前广场的如意湖成为建安区又一个网红打卡地。

以绿映城　大力实施绿满建安行动,推进平原林网化、城市园林化、乡村林果化、廊道林荫化、庭院花园化的生态防护林建设。2020年,在全区国道、省道、区乡公路及水系两侧累计造绿2.57万亩。投入资金20亿元建设四大生态林海,全区林木覆盖率达到33.5%,逐步把建安区打造成主城区的绿色屏障。

"无废城市"建设　建设循环经济产业园"废纺"分拣中心,农村垃圾分类推进,实现城乡垃圾分类全覆盖,促进资源节约循环高效利用。采用市场化模式,对全区建筑垃圾进行收集、清运、处置,建筑垃圾资源化利用率达98%以上。在文峰北路改扩建、许州路、农大路等5条道路工程中,率先把建筑固废应用于再生水泥稳定碎石,打造了"无废城市"样板路,真正将环保、可循环发展融入群众生产生活。

二、加速推进城乡融合

党的十九大以来,建安区坚持把实施乡村振兴战略作为新时代"三农"工作的总抓手,以城乡融合为导向,统筹推进乡村振兴各项工作,逐步实现产业升级、农村进步、农民增收。

扛稳粮食安全责任　积极落实"藏粮于地、藏粮于技"战略,2020年,全区累计建设高标准农田55万亩,高效节水灌溉面积35.3万亩,打造了"六网一体"服务网络,农业综合机械化率达到87%以上,机耕、机耙、机播水平达到100%,优良品种覆盖率达到100%,粮食种植面积常年保持在150万亩以上,总产量稳定在60万吨以上,每年为国家贡献商品粮30万吨以上,牢牢扛稳了保障国家粮食安全的责任。

发展特色种植产业　以世纪香公司为龙头,大力发展食用菌深加工,采用"公司＋合作社＋基地＋农户"模式,不断提高食用菌规模化种植水平,产品出口到欧美、东南亚等30多个国家和地区;以农科种业、兆丰农业等为代表的粮食种业经营主体与乡镇合作,每年种子繁育面积可达500万亩;以果牧香农业为代表的优质林果经营主体,种植规模达5000亩。

促进农业产业融合 以延链补链为重点,着力提升农产品加工业。以郁金香农业、优加农业为代表发展粮食精深加工,依托电商平台年销售产值4000万元;大力发展乡村休闲旅游业,培育了诚润田园综合体、布兰奇自然学校、乐佳美学农场等田园社区;培育壮大新型农业经营主体,充分挖掘农业生产功能、生态功能、文化功能等,推动一二三产业融合发展,健全农产品流通体系,促进农产品销售。

扮靓农村人居环境 扎实推进农村人居环境整治三年行动计划、农村人居环境整治村庄清洁行动,积极争创"四美乡村"建设示范区,全力推进农村生活垃圾、污水治理、厕所革命、水生态保护、土壤保护、村容村貌"六大行动"。区财政每年拿出4300万元,推动垃圾处理市场化全覆盖。推动污水管网向乡村延伸,在建成5个支点镇5座污水处理厂的基础上,规划建设了五女店污水处理厂,提升张潘第二污水处理厂处理能力,同步推进38个中心村污水处理站建设。

推进城郊森林体系建设 累计投入20亿元,建设"四大生态林海",城郊森林体系建设、北部林海与西北林海连通工程、万亩精品林海建设等重大工程全面完成。积极开展农村道路、镇区、村庄绿化工作,推进"果树进村""青藤上房",建成"四季常青、全年有花"的国省道、水系景观河道790公里,乡镇林木覆盖率达到32%以上,村庄林木覆盖率达到35%以上,建成绿化模范村56个,打造"四美乡村"97个,市级以上"千万工程"示范村19个,40%的行政村成为改善农村人居环境县级及以上达标村、示范村。

三、坚持科技创新,强化创新驱动

建安区认真贯彻新发展理念,实施创新驱动提速增效工程,引导人才、技术、资金、项目等各类创新要素向企业集聚；支持创新型龙头企业做优做强，认真落实扶持政策，提供优质服务。

孵化高新技术企业　2020年，建安区恒众建材、富华玻璃、许科种业等12家企业申报高新技术企业，其中8家企业申报成功。同时，组织上展包装、世纪香生物科技、纵鹏科技等9家企业做好申报高企材料准备工作。着力做好科技型中小企业评价工作，53家企业已完成网上评价，顺利入库。扎实做好省市创新平台建设工作，组织世纪香与郑州大学教授成功申报中原学者工作站；组织豪丰农业装备、世纪香生物科技、金诺混凝土等3家企业成功申报省级工程技术研究中心；组织金诺混凝土、金田野、恒众建材、神火兴隆、叁点壹肆、泰禾农业6家企业成功申报市企业技术创新中心，组织世纪香、金欧特、红东方等3家企业成功申报市重点实验室。认真做好众创空间和星创天地申报工作，组织农科种业成功申报第四批河南省星创天地，组织远东公司申报国家专业化众创空间。持续做好成果转化和重大科技项目攻关。组织豪丰农业装备与中国科学院金属研究所开展科技成果转移转化。组织豪丰农业装备与中机智能装备创新研究院（宁波）就《金刚石涂焊关键技术与装备研发及产业化》项目签约。

培育科技创新企业　建安区远东传动轴、红东方公司获评国家第五批绿色制造企业，其中远东传动轴公司还获得了第五批全国制造业单项冠军示范企业、国家"两化"融合贯标企业。世纪香、恒生制药公司成功申报2020年度河南省转型升级创新专项，远东传动轴、恒生制药、世纪香公司成功申报许昌市第三批转型升级创新示范专项，金欧特、中兴锻造等企业成功申报许昌市第四批转型升级创新专项。科技创新已经成为全区企业的发展主题、驱动发展的有效动力。

四、树牢项目为王理念，助推高质量发展

建安区树立"项目为王"的理念，以项目建设实绩论英雄，为全区

经济社会高质量发展提供强大动力。

省市重点项目黄河鲲鹏产业项目具备了年产 70 万台 PC 机、30 万台平板电脑、20 万台服务器的能力,强力推动河南数字产业发展,也吸引了核心元器件、专用设备等配套项目加速向建安区集聚。

节能环保装备产业园引来了深圳微步、上海山美等知名企业;多式联运物流港项目加快推进,建成后年运输能力可达 300 万吨……重大项目建设助推建安区高质量发展。

"十三五"期间,建安区重点项目年度投资额均突破 200 亿元,"催化"出全球最大的发制品产业集群、亚洲最大的汽车零部件产业集群等一批专业化产业集群。

五、教育体育事业的持续健康发展

"十三五"期间,建安区以办人民满意教育为宗旨,紧紧围绕建设教育强区目标,教育体育事业成效显著。

"人民满意学校"创建活动成效显著。全区 36 所学校获得素质示范学校称号,6 所学校获得"人民满意学校"(许昌名校)荣誉。区一高、区三高、许昌新区实验学校、区实验中学获得了许昌市"精品学校"的殊荣。全区各级各类学校教育管理水平和办学品位得到提升。

认真落实国家政策,各项补助资金及时足额落实到位。五年时间,共投入公用经费 25528.1355 万元。2016 年秋季学期至 2020 年春季学期共资助建档立卡贫困家庭学生 12609 人次,资助金额 956.406

建安区中学生田径运动会

万元,做到了资助金发放"一人不漏",确保了应助尽助。

教学质量不断提升。区直优质学校与农村薄弱学校"抱团""捆绑",促进资源共享与交流,努力提高全区整体教育教学质量。2016—2020年,中考、高考成绩不断攀升,一本进线人数从596人提高到842人,一本进线率从18%增加到24.08%,8人考入清华、北京大学。2016年以来,连续多年被授予"市长教育质量奖"初中教育质量奖及高中教育质量奖。

六、创建国家公共文化服务体系示范区

开展文化惠民活动　"十三五"期间,建安区以创建国家公共文化服务体系示范区为契机,扎实开展好文化惠民活动,相继开展了"文化贺新春""新春笔会""红红火火过大年"系列活动、建安区元宵节民俗文化活动展演;组织开展杜寨书会北海会场的展演和建安区庆祝"中国农民丰收节"活动、建安区华佗文化节,邀请省内外艺人说历史故事、话建安风采,弘扬了民族传统文化。

实施文艺精品工程　文艺创作硕果累累,文化馆创作小品《情感速递》《上门女婿》《张三娘中奖》《醋坛子》《好好吃饭》《老公的秘密》《扶贫村的笑声》《我要当主演》受邀参加中央电视台三套"我爱满堂彩"节目录制播出。

2020年12月,区戏曲艺术中心排练的现代戏《杨水才》,得到了相关专家和领导的一致好评。2021年5月,获第十五届河南省戏剧大赛文化大奖。

文化扶贫活动　利用扶贫专项资金加强文化阵地建设,新建成投用12个舞台、2个文化活动室、6个文化广场。区文艺团体开展文化下乡活动,累计演出30场次。

弘扬传统文化　成功举办许昌市第十三届三国文化旅游周建安书场和华佗文化节活动,吸引更多游客到建安区观光旅游。建安区

非遗项目古琴弦歌受邀参加河南省中原华夏非遗馆展示展演和国家级非遗项目马街书会的演出。

乡镇街道综合文化站建设 目前已达标乡镇办综合文化站 14 个,达标率达 93%;谋划建设了一批村级文化阵地项目,并为 9 个村配备了数字农家书屋设备,打通了文化惠民的"最后一米"。目前,全区建成基层综合文化服务中心 378 个,建成率达 99.21%;达标基层综合文化服务中心 172 个。

艾庄回族乡鲁湾村铜器舞表演

七、全民创建,提升建安颜值与气质

落实"硬指标" 2020 年,建安区第一次以主创城区的身份纳入全市中心城区迎接第六届全国文明城市实地测评。区委、区政府主要领导牵头成立创文专班,层层签订责任书,完善一日一通报、一周一例会、一月一推进、双月一观摩、一季一排名制度,把文明创建这把"软尺子"变成"硬指标"。

同时把创文工作作为推动各项工作的有力抓手,与乡村振兴、脱贫攻坚、城乡基础能力建设统筹融合,推动移风易俗、扶贫扶志、乡风文明,切实把文明城市创建融入到推动全区域转型升级的全过程、各方面。

提升"软实力"　在创文活动中,组织开展身边好人推选和道德模范巡讲"六进"活动,深入开展"我们的节日"等系列群众性主题活动,持续推进"星级文明户""文明家庭""传承好家风好家训"等评选活动,弘扬良好家风,积极推动社会主义核心价值观在千家万户落地生根。认真落实文明单位创建联奖联惩机制,把各单位创文工作推进落实情况作为文明单位年度申报考评的重要依据,严格落实奖惩规定。

引领乡风文明　建安区以建设"文明建安"为目标,全面推进孝善敬老工作,丰富孝善文化内涵,积极探索切实可行的孝善敬老模式。以乡风文明建设为重点,倡导尊老、敬老、爱老,弘扬孝行善举,增强了群众的凝聚力,为乡村振兴提供了坚强的精神文化支撑。

弘扬孝善文化　在椹涧乡有一座蔡公祠,是纪念西汉末年孝子蔡顺的祠堂。元代被选入《二十四孝》。椹涧乡以传统文化传承为突破口,以"弘扬孝善文化"为主题,结合脱贫攻坚、环境整治、移风易俗、美在农家等开展一系列的主题活动,大力推进乡风文明,擦亮了孝善之乡的名片。

椹涧乡着力打造"孝善"品牌,坚持开展文明户创建,"好媳妇好婆婆""最美家庭"、身边好人等评选活动,培育文明乡风。杨庄村率先开展敬老爱老活动,每月坚持开展理发、洗脚等孝老活动,请老人聚餐,看大戏。活动开展几年后,村里风气发生了很大变化。随之,北头、宁庄、王信庄、沙张等村也竞相开展孝老爱老活动,深化孝善文化内涵,引领群众奋发向上、崇德向善,把百善孝为先的优良传统根植于群众内心。

第四节　打好三大攻坚战　坚定走可持续发展之路

建安区按照党中央部署,坚决打好打赢三大攻坚战。防范化解重大风险,掌握主动,精准脱贫实实在在,污染防治走在前列。

一、精准扶贫,全力打好脱贫攻坚战

"十三五"时期,建安区"浇灌"出一份高质量的脱贫攻坚"成绩单":32 个贫困村全部"摘帽",10485 户 32768 人全部实现脱贫,所有贫困户"一收入两不愁三保障"已全部达标。

打好脱贫攻坚战　把脱贫攻坚作为头等大事和第一民生工程,成立了由区委书记任政委、区长任指挥长的区脱贫攻坚工作指挥部,把脱贫攻坚作为区委常委会、区政府常务会常设议题,先后召开全区脱贫攻坚推进会 23 次、周例会 114 次;把脱贫攻坚与区域经济社会发展、乡村振兴战略有机结合起来,制订了《建安区脱贫攻坚规划》和《建安区全力打赢打好脱贫攻坚战三年(2018—2020)行动计划》,构建起责任清晰、各负其责、合力攻坚的工作模式;建立并持续坚持周二"扶贫日"制度,各级扶贫干部全部进村入户开展帮扶、解决问题,累计开展"扶贫日"主题活动 119 次,有力推动了工作落实,提升了帮扶成效。

实施精准扶贫　把精准引领贯穿工作始终。扶贫对象精准识别。定期开展扶贫对象动态管理工作,通过面对面采集、细审核、严把关,核准贫困群众信息,确保了贫困群众"应进必进""应退慎退""应扶尽扶"。

精准安排扶贫资金　针对农村群众吃水难、用水难问题,脱贫攻坚工作开展以来,建安区累计整合资金 8406 万元,分批对该区农村饮水安全工程进行提升改造,受益人口 14.85 万,2018 年 10 月份实现

了自来水全覆盖,确保了包括贫困户在内的辖区群众饮水安全。

精准优化帮扶力量　建立了区委、区直单位、乡镇和行政村四级帮扶责任体系,党政主要领导逐级签订脱贫攻坚目标责任书,抽调4111 名帮扶责任人,对贫困户开展一对一帮扶;先后派驻 178 名驻村第一书记、组建 142 支驻村工作队,与所有村组干部混编成帮扶小组,开展精准帮扶,实现了对贫困人口的"滴灌"式帮扶。

面对疫情冲击,建安区在全区开展就业扶贫"百日攻坚"行动,共发动辖区 215 家企业,为贫困群众提供就业岗位 5383 个,开发区、乡、村三级公益性岗位 1894 个。

大力发展扶贫产业　创新扶贫模式,积极引导贫困群众依靠产业实现脱贫,增强"造血"功能。形成了东部生态旅游产业扶贫区、西部高效经济作物扶贫区和南部颍河湿地生态扶贫区,探索实施"扶贫基地 + 贫困户""社区工厂 + 贫困户""生态旅游企业 + 贫困户""特色农业 + 贫困户""电商 + 贫困户"5 种产业扶贫模式,带动贫困群众就地就近就业,实现稳定增收。

建立多层次医疗保险救助体系　先后为贫困户实施先诊疗后付费和"一站式"就医结算 14429 人次,开展免费健康体检 34298 人次,免费送药 123662 人次,实现家庭医生与贫困户签约率达到 100%;实施扶贫助残行动,累计投入 1462 万元为 3042 名建档立卡贫困残疾人进行无障碍改造,发放生活补贴、护理补贴;推进教育扶贫行动,对建档立卡学生实行网格化管理,确保了贫困家庭学生不因贫困而失学,有效阻断了贫困代际传递;实施扶贫安居工程,深入推进危房改造"清零"行动和贫困户"六改一增"专项行动,累计投入扶贫资金 4200余万元,为贫困户实施危房改造 2003 户、"六改一增"2080 户,有效改善了贫困群众生产生活条件。

科学谋划扶贫项目　2016 年至 2020 年,全区共投入财政专项扶贫资金近 4.58 亿元,累计实施基础设施、文化广场、产业扶贫等项目

605 个,为乡村建设基础设施、发展产业提供有力保障,各乡村基础配套设施日益完善。与此同时,全区强化兜底保障,将排查出的 809 名需兜底贫困群众,全部给予了妥善安置。

攻坚战场建功业　在扶贫工作中,全区涌现出了一批先进集体和先进个人,113 名在脱贫攻坚战场建功立业的优秀干部被县委提拔重用。河南世纪香食用菌开发有限公司董事长李彦增因在脱贫攻坚方面的突出贡献,2021 年七一前夕被中央组织部授予全国优秀共产党员,并受到习近平总书记等党和国家领导人的亲切接见。

二、防范化解金融风险,确保社会大局和谐稳定

有效防控金融风险　大力防控政府债务风险,规范政府举债行为,严控增量,化解存量,确保风险可控。依法打击非法集资、网络传销和恶意逃废银行债务等金融违法行为,净化金融生态环境,坚决守住不发生区域性系统性金融风险的底线。持续防控社会风险,严格重点领域安全隐患排查整改,把安全生产抓常抓细抓实,杜绝重特大安全事故发生。

加强专项治理　相继开展了白酒食品安全监管、元宵专项治理、地沟油专项治理、学校食堂及周边食品安全整治等专项行动,深化食品安全示范城市和农产品质量安全区创建,保障舌尖上的安全。深入推进平安许昌建设,扎实做好群众工作,及时化解矛盾纠纷。

"百日攻坚"行动　2021 年,持续开展信访积案化解"百日攻坚"行动和"防风险、除隐患、保平安、迎大庆"专项行动,落实领导分包、三类问题化解、日报告、零报告和周例会等工作制度,切实把安全稳定抓紧、抓实。

加强社会治安综合治理　规范涉法涉诉信访机制,依法坚决打击邪教组织,严厉打击电信诈骗等违法犯罪活动,深入开展扫黑除恶专项斗争,加强社会治安防控体系建设,创新社会治理形式,严厉打

击各类违法犯罪活动,确保了社会大局的和谐稳定。

三、打好污染防治攻坚战,生态文明建设上台阶

高度重视环保工作　2017 年,建安区环保工作在全市排名第一;2018 年,建安区水环境达标率达 100%,PM10 和 PM2.5 平均浓度实现了双下降,获得全市生态补偿奖励近 800 万元。

工业污染治理　通过锅炉拆除整改等措施,全部完成了市定工业重点治理项目。

臭氧污染防治　对重点行业采取错时生产等措施,强化挥发性有机物管控,减少臭氧污染对优良天气的影响。

扬尘污染防控　统筹做好各类工地扬尘管控、道路清扫保洁等管控措施。

抓好机动车污染防治　通过灵井、椹涧两个超限站设置抽检点,开展柴油货车污染整治专项行动,对各类交通、环保违法行为实施综合执法。

治理燃煤散烧工作　对辖区内的燃煤茶浴锅炉、燃煤大灶、经营性小煤炉拆改情况进行执法检查,防止违规使用散煤问题反弹。

扎实推进集中供暖　2018 年全区新增供暖面积 60 万平方米,新建改造管网长度 9 公里,新增集中供热能力 300 万平方米,中心城区集中供热普及率达到 75%。

此外,认真做好油品质量监控,扎实推进饮用水污染地隐患整治等工作,污染防治攻坚成效显著,大气环境空气质量持续改善,水环境、土壤环境质量保持良好,全区无废城市建设试点有序推进。

第五节　人民至上　众志成城抗击疫情

2020年,面对突如其来的疫情,建安区坚决贯彻习近平总书记重要讲话和指示精神,全区上下闻令而动,紧紧围绕"战疫情""促发展""保民生",采取了一系列有效措施,打赢了一场疫情防控的人民战争。

三级联防联控工作体系　迅速专门成立了新型冠状病毒感染的肺炎疫情防控工作指挥部,统筹协调疫情防控工作。构建区、乡、村三级联防联控工作体系,还投入足够的人力、物力,确保各项防控工作落到实处。

"外防输入、内防扩散"　建安区按照"外防输入、内防扩散"的防控策略,建立网格化、地毯式排查体系。区疫情防控指挥部每天召开调度会,研判防控形势,合理安排防控任务;落实24小时值班值守制度,全天候做好各项管控工作。

形成工作合力　区、乡、村主要负责同志全员到岗到位,投入防控一线。暂停区域内重点节日期间的重大聚会、聚餐活动及各种集会活动,防范疫情密集传播。同时,通过手机App、微信公众号和乡村大喇叭等宣传形式,引导群众支持配合防控措施落实,增强群众科学防范的意识和能力,提高社会防控水平。

强化各项保障　及时拨付防控工作专项经费,及时采购、依法征用区内现有防控物资,确保防护、消杀等物资保障;高度重视隔离人员和疫情防控人员健康安全,为居家隔离人员、医护人员和一线干部职工配送防护用品,提供安全保障;严肃工作纪律,对工作不力、失职渎职及漏报、瞒报、迟报疫情信息影响疫情防控的,从严从快、依法依规严肃查处。

由于行动迅速,措施得力,全区上下众志成城,合力抗疫,建安区疫情防控取得了重要阶段性成果。

第六节　实现"十三五"胜利收官

一、攻难克坚　经济实力快速提升

面对严峻形势和重重困难,建安区坚定信心决心,科学制定区域发展计划,以项目增动力、促发展,以发展破困局、开新局,确保了经济实力快速提升。"十三五"期间,大力开展产业链招商、依企招商,累计签约引进亿元以上项目271个,总投资1033亿元。创新资本运作方式,以项目拉动投资、提振信心、稳定运行,累计实施重大项目473个,完成投资1218亿元,是"十二五"时期的1.53倍。全区生产总值243亿元,连续跨越300亿元、400亿元两个台阶,年均增长8.2%;五年来,一般公共财政预算收入增加到21.64亿元,年均增长13.7%,经济总量提前一年、财政收入提前两年完成"十三五"奋斗目标。五年间,建安区的区位、交通、产业、生态、人文等综合优势不断增强,营商环境、发展环境越来越好,综合竞争力明显提升,项目、资金、人才、技术加速向建安区涌流,为加快发展注入了源源不断的强劲动力。

社会保障体系更加健全　五年来,相继投入近40亿元,新建、改扩建中小学校54所,新增学位2.5万余个,成功创建国家义务教育发展基本均衡县,教学质量连续多年位居全市前列。乡镇卫生院完成新一轮改造提升,区人民医院及疾控中心等项目启动建设,"互联网＋智慧医疗"三级服务网络建成投用,优质医疗资源实现城乡居民共建共享;综合养老服务中心实现全覆盖,引进社会化养老机构16家,建成农村幸福院103个,城乡养老服务能力持续提升。在全省率先实现村村通硬化路和城乡公交一体化。提前两年实现安全饮水全覆盖。社会保障体系、就业服务体系、公共法律服务体系等更加健全。

智能化、高端化引领产业发展 一批智慧化产业园和智能工厂、智能车间相继投用,电子信息、环保装备及服务两大新兴产业从无到有,蓬勃发展。发制品、汽车零部件及装备制造两大主导产业生产工艺快速提升,从传统制造、自动化制造到智能化制造连续不断实现跨越。瑞贝卡发制品公司自动化生产线生产效率提高 100 多倍,并正在加快推进智能化提升改造;远东传动轴公司成为行业智能制造示范企业,并获得"全国制造业单项冠军示范企业"称号。生物医药、食品加工及包装两大特色产业规模不断壮大、层次不断提升。发制品行业唯一的市场采购贸易方式试点通过国家七部委审批,中国(许昌)发制品交易市场顺利运营,综合保税区、多式联运物流港等项目加快建设,服务业增加值占 GDP 比重从 36.4% 提升到 46.3% 。

实施"三带"建设 "都市农业+""生态+""电商+"等新业态不断涌现,一产与二、三产融合发展水平迅速提高,现代农业名片持续擦亮,相继荣获全国森林康养基地试点区、农村三产融合发展试点区等金字招牌。大力加强科技创新,全区高新技术企业从 12 家增加到 28 家,相继荣获科技进步奖 13 项,省市重大科技专项立项数量连续 4 年位居全市第一,成功入选全国科技创新百强区。瑞贝卡、远东、世纪香等一批企业大力实施智能化改造,强化自主创新,提高了核心竞争力,成为行业翘楚和标杆。

民生项目持续推进 郑合高铁许昌北站、建安中学、永宁街中小学、魏风路中小学等项目建成投用,文峰北路改造提升、莲苑路、高铁组团道路等竣工通车,一批三产服务业项目相继入驻;"四改一增"扎实推进,老城区居民生活环境焕然一新;北海公园、东部水系及生态旅游养生产业带成为建安区的靓丽名片。新老城区道路、管网、生态、供暖等基础设施,教育、医疗、商超等配套功能日益完善,城市精细化、数字化管理水平不断提高,相继荣获全国文明城市、森林城市、水生态文明城市和国家生态园林城市、卫生城市等称号。

农村人居环境整治　在全省率先实现农村生活垃圾处理全域市场化;污水处理体系建设扎实推进,建成污水处理厂(站)11个,户厕改造应改尽改,创建了一批省级"千万工程"示范乡镇和示范村,人居环境发生了根本性变化,相继荣获全省四美乡村示范区、农村人居环境整治先进区等多项荣誉。五年来,相继投入20多亿元,加强林水生态建设,累计新增绿化面积9.53万亩,林木覆盖率提高到33.5%,建成国省道、河道景观带790公里,打造了蓝绿交织、林水相依的绿色建安、水美建安,人民群众的幸福感、获得感明显增强。

二、化危为机　重点项目建设顺利推进

2020年以来,建安区全力做好"六稳"工作、落实"六保"任务,克服疫情带来的不利影响,化危为机,有力推进重点项目建设。

紧盯省市重大项目　提前谋划抢占先机,领导分包专班推进,多策并举建立机制,强化督导确保实效。2020年,新开工项目96个,累计投资177亿元,全区重点项目建设实现了多点出彩。

重点实施黄河鲲鹏、环保装备和服务产业园等23个工业项目,发制品市场采购贸易模式运营中心等25个服务业项目,高标准农田水利等8个农林水利项目,区公立医院暨疾控中心,区一高新校区等19个社会事业项目,国道311线许鄢段改建工程等9个交通能源项目和北方周庄片区、老旧小区改造等52个城建项目。

领导分包专班推进　成立了区主要领导牵头的7大重点项目建设指挥部,主要负责黄河鲲鹏、山美环保装备产业园、市体育会展中心、综合保税物流区等7个重大项目建设,全区29名区处级干部分包47个重大项目,每月实地解决项目建设中存在的问题。

优化联审联批机制　区发改、自然资源、环保、规划等相关审批部门对项目进行联合会商;坚持周例会制度,区长每周主持召开项目建设周例会,听取项目建设进展情况汇报,对相关问题提出指导意

见;30 个专班每月 25 日上报项目进展情况。

强化督导确保实效 区重点项目办会同区委、区政府督查局,定期、不定期对专班工作开展情况进行督导,确保项目有力推进。

三、抢抓机遇 擦亮乡村振兴示范区名片

作为河南省乡村振兴示范区,建安区因地制宜、坚定不移走绿色发展之路,新业态新模式加速向乡村拓展,乡村的生态、文化、旅游等价值日益显现,奋力谱写乡村振兴新篇章。

规划先行,绘就发展蓝图 把城乡作为一个整体规划实施,谋划布局了"一心两轴两翼三带五支点 + X"空间格局。"一心"即做大做强中心城区;"两轴"即依托新元大道和 G311 两条主干道,打造城乡带、景观带和产业带;"两翼"即东部高铁组团综合经济实验区、西部规划的多式联运物流港和传统产业提档升级的西部产业新城,形成东西协同发展示范区;"三带"即围绕东部生态旅游养生产业带、西部都市农业产业带和南部颍河湿地产业带,发展生态休闲、健康养生、文化娱乐、都市体验等农业;"五支点"即大力发展"两轴"沿线的五个乡镇,以点带面,促进全域发展;"X"即重点打造五女店镇大王寨、灵井镇霍庄、桂村乡水道杨、蒋李集镇圪垱等 38 个乡村振兴示范村。

以完善产权制度为核心全面深化农村综合改革,激活农村土地、人才和资本等要素流动,为乡村振兴提供不竭动力。积极推动农村集体经营性建设用地使用权入市工作,创新农村承包地"三权分置"制度,探索建设用地集约高效利用的方式方法。

建安区村内建社区工厂、村外建现代农场的产业振兴之路,作为"建安案例"入选《全省乡村振兴示范案例汇编》,为省市乡村振兴提供了可推广、可复制的方案。

城乡融合,培育特色产业 以"都市农业 + "融合发展为主线,实施工业带动,推动"农业 + 服务业"融合,大力发展"都市农业 + "新业态,着力

打造都市农业融合发展新载体,促进城乡之间、三产融合发展。

加强对接城市工业　不断延长乡村产业链条,截至 2021 年底,已建成服饰加工、棉纺加工、档发加工、食用菌等七大类社区工厂 35 家,总产值达 1.9 亿元。依托瑞贝卡等劳动密集型企业,在 13 个乡镇建成了 35 个社区工厂,开发就业岗位 1150 个;依托世纪香食用菌公司,在 12 个乡镇建成 20 个产业扶贫基地,直接带动周边近万户农户增收致富。

加快产业融合发展　促进城市农村"双向消费",实现三产融合经营主体 930 多家,打造了两个旅游示范乡镇、3 个示范村,催生了果牧香循环农业园、诚润田园综合体、布兰奇自然学校、乐佳美学农场等一批农业、文化、旅游"三位一体"的田园综合体。

把农村人居环境整治作为实施乡村振兴战略的第一场硬仗,以农村生活垃圾、污水治理、厕所革命、村容村貌提升为主攻方向,加快补齐农村人居环境突出短板。农村垃圾和污水处理两大难题得以较好治理,乡村变得更加美丽。

四、万人助企联乡帮村

建安区认真贯彻落实省、市"万人助企联乡帮村"活动工作要求,安排了 28 名区处级干部、255 名分包科级干部和 5 个工作组、6 个服务指导组、6 个专项工作组,深入企业和重点项目一线,围绕企业生产经营和项目建设中的难点堵点痛点问题,精准服务、攻坚克难,推动解决了一批制约企业发展的问题。

针对河南红东方化工股份有限公司因电力不足,1.3 万吨生产线无法生产运行,直接影响订单交付和后期客户发展的突出问题,建安区高度重视,依托"万人助企联乡帮村"活动,组织相关职能部门积极协调解决。目前配套的电力线路已经投入使用,满足了生产需求。同时,帮助河南豫辰药业精细化工园区解决了省级符合性认定问题。

坚定了职工对园区和企业转型发展的信心。

五、激发创新活力　助企提质增效

2021 年,建安区进一步牢固树立"项目为王"理念,明确投资方向,创新投资模式,完善推进机制,大力实施"5126"投资促进计划,全年安排重点项目 135 个,总投资 940 亿元,年度投资 280 亿元。2021年 10 月 8 日,建安区 15 个亿元以上重大项目集中开工,总投资 79.8亿元,涵盖先进制造业、现代服务业、生态环保、新型城镇化、社会民生、重大基础设施等领域,总投资 79.8 亿元。其中,河南瑞贝卡发制品股份有限公司新型功能性纤维材料研发生产基地项目占地 120 亩,计划投资 10 亿元。建成后,将对建安区优化产业结构、提升产业层次、加快智能化升级起到积极推动作用。

区委书记马浩表示,建安区将深入贯彻落实许昌市八次党代会精神,按照"解放思想、拉高标杆、奋勇争先、更加出彩"的工作要求,以"万人助企联乡帮村"活动为总抓手,坚持安全为先、质量为要,大力开展"冲刺四季度、决胜保全年"的百日攻坚行动,力争各个项目早建成、早投用、早达效,为努力实现经济发展高质量、城乡建设高水平、人民群众高素质提供更为坚实的项目支撑。

黄河鲲鹏公司车间一角

故事

"冒富大叔"的奋斗史

孔刚领

在许昌乃至整个河南,只要提起建安区河街乡,人们首先想到的就是腐竹。在河街乡,邢庄村的倔老汉邢国彬几乎是家喻户晓的人物。

现年68岁的老邢在豆制品生产加工行业摸爬滚打40年,从起初的家庭作坊发展到如今的现代化企业,从土生土长的农民到明星企业家,一路走来,个中滋味,可以用苦辣酸甜来形容。

改革开放的春风吹来,让"不安分"的邢国彬坐立不安,他提出了开办腐竹厂的想法时,不少人劝他等等再说,可他却说:"人家南方人都在开工厂,我们还等啥,只管试一试!"

1979年,邢国彬在家搭起简易房、支了一口锅,一家人开始做腐竹。他每天早上到村头井口排队用辘轳打水,来来回回挑几十桶水,然后套上牲口开始磨豆浆……一天下来,累得腰酸腿痛。

"一年下来一算账挣了2000多元,一家人高兴得合不拢嘴。"邢国彬回忆说,"做腐竹比种地挣钱快。随后不到一年的时间内,我们村有10多户也支起锅台,开始做腐竹。几年后,大部分农户都干起了这一行,俺村也成为腐竹专业村。"

邢庄腐竹专业村声名鹊起,风靡一时。而邢国彬成为早期率先富起来的"万元户",1984年受到县政府表彰。

大家都磨腐竹,产品销售成了问题。邢国彬家生产的腐竹虽不愁销路,他却突然宣布停业,改行做销售。1985年开始,邢国彬白天找蔬菜公司跑销路,晚上又乘火车赶往另一个城市。

随着像邢国彬一样的专业销售人员的增多,河街腐竹产品由河南走向了全国市场,在北京、天津、武汉、西安等30多个大中城市都有"河街腐竹"专卖柜台。

邢国彬说,由于生产设备落后、卫生不达标,个别商户甚至使用"吊白块",以及外省商家冒用河街腐竹的品牌,以次充优,严重影响了河街腐竹的市场声誉。加上无序竞争,导致河街腐竹产业逐年萎缩,滑向危险的边缘。

2006年以后,政府部门对腐竹产业进行集中整顿,取缔小作坊,建设了腐竹产业集聚区,33家示范企业入驻,腐竹产业走上了规模化、产业化、品牌化的发展道路,开始浴火重生。

"有人说老邢倔,有人说他眼光独到。政府开始整顿时,别人家有的停了,有的搬走了,可他却杀了个回马枪,重操旧业了。"邢国彬的妻子李金凤说。

2007年初,邢国彬在政府的支持下,成立了许昌康利世纪食品有限公司,建起了标准化的生产车间,12条生产线上马。

"科学技术就是生产力,磨腐竹也不能安于现状。"多年来,邢国彬不断更新设备。从上豆到出浆,工人只要按按电钮就能完成大部分工序,大大提高了工作效率。生产车间还用上了卫生瓷砖,卫生标准在同行业中做到了一流。2002年,他的公司注册了"文锋"商标。2009年,公司的腐竹产品获国家地理标志产品保护。2015年,公司被市政府授予"农业产业化市级龙头企业"称号。

采访中,看到宽敞整洁的车间里热气腾腾,袅袅不绝,自动化腐竹生产线蔚为壮观。

邢国彬生产的腐竹因质优、不含添加剂,销路甚广。目前,他的公司生产的腐竹供不应求,市场覆盖全国大部分地区,并出口到韩国、澳大利亚。

宝刀未老,壮志凌云,期待老邢续写更加精彩的故事。

(原载2018年9月19日《河南日报》)

脱贫户防控一线递交入党申请书

靳莹莹

"作为一名贫困户志愿者,我目睹了俺村党支部和共产党员在疫情防控阻击战中发挥的战斗堡垒和先锋模范作用,深受感动,我志愿申请加入中国共产党。"2020年2月,许昌市建安区小召乡朱庄村脱贫户朱军锋,把一份入党申请书郑重地交给了村党支部书记朱国祥。写这份入党申请书前,朱军锋已在朱庄村疫情防控卡点坚守了20多天。

朱军锋患有糖尿病,家里有两个学生,2015年,妻子遭遇车祸,花费20多万元,生活陷入了困境,被确定为该村建档立卡贫困户。

在建安区委主要领导的联系帮扶下,朱军锋于2019年7月在小召乡开了一个文具店,儿子在郑州交通学院毕业后参军入伍。2019年11月,全家光荣脱贫,过上了幸福生活。

人穷志不穷,脱贫后的朱军锋感党恩,跟党走。在2020年疫情防控阻击战中,他主动到村里的防控卡点值班。每天早上8点,他安顿好妻子后,就到卡点值守,晚上10点多,还坚守在卡点。不仅如此,朱军锋还把自己文具店的一箱价值3000多元的口罩无偿捐献给小召乡政府用于疫情防控。

朱国祥介绍,平时,朱军锋积极参加村里的环境整治活动,到村食用菌扶贫基地义务劳动,主动送儿子参军,接受党的教育,以实际行动报答党和政府的关怀和恩情。

在朱庄村疫情防控一线,朱军锋主动帮助村党支部排查外出务工人员,主动在防控卡点对过往群众进行询问、登记、消毒。他朴实地说:"国家有难,我要按照一名共产党员的标准严格要求自己,冲锋在前,贡献力量,坚决打赢疫情防控阻击战!"

(原载2020年2月20日《许昌日报》)

第九章
弘扬老区精神　赓续红色基因

本章提要

中华文明源远流长,孕育了中华民族的宝贵精神品格,培育了中国人民的崇高价值追求。自强不息、厚德载物的思想,支撑着中华民族生生不息、薪火相传,今天依然是我们推进改革开放和社会主义现代化建设的强大精神力量。围绕"学党史、悟思想、办实事、开新局",建安区广大干部群众从百年党史和老区发展史中汲取智慧力量,变初心为恒心,化激情为动力,汇聚起奋力推动高质量发展、实现追赶超越的澎湃力量。

建安区是省定的革命老区，红色资源星罗棋布，革命文物光耀千秋，每一处革命旧址、每一件革命文物、每一段革命往事，都是许昌的红色血脉的重要组成部分。杨水才纪念馆、司堂农民暴动纪念碑、榆林乡烈士纪念碑、淮海战役七烈士墓……在建安区红色革命遗址，广大党员干部真切感受到了先辈们前赴后继、勇往直前、不屈不挠的斗争精神和大无畏的献身精神。弘扬老区精神，用好红色资源，传承好红色基因，成为建安区广大党员干部的共识。

河南省评选的"60位为新中国成立作出突出贡献的英雄模范人物"张仲端、红色理财专家郑义斋、抗日将领吕公良，新中国成立后涌现出的"一不怕苦、二不怕死"的共产主义战士杨水才、勇救落水群众的飞行大队长楚玄、心系困难群众的优秀驻村工作队长冯中申、追击逃犯英勇牺牲的革命烈士高富本等英雄人物的红色故事，潜移默化，形成了建安党员干部和广大人民群众干事创业的巨大精神动力。

回望百年党史，老区精神如同一座屹立不倒的精神灯塔，穿越历史、启迪未来，烛照着我们党的奋斗征程。建安区围绕"学党史、悟思想、办实事、开新局"，全区广大干部群众从百年党史和老区发展史中汲取智慧力量，变初心为恒心，化激情为动力，进一步解放思想，拉高标杆，奋勇争先，汇聚起奋力推动高质量发展、实现更加出彩的澎湃力量。全区各级党组织结合老区发展实际，讲好红色故事，传承红色基因，开展多种形式的党史学习教育，让党的思想植入心田，党的声音飞入寻常百姓家、响彻田间地头，厚植爱党爱国爱社会主义的情怀。

建安区广大干部群众大力弘扬老区精神，坚定不移感党恩、听党话、跟党走，以更加改革创新、锐意进取的精神投入到全区经济社会发展的浪潮中，续写着革命老区高质量发展的壮丽诗篇。

第一节　著名历史人物

郑义斋

郑义斋(1901—1937),男,汉族,原名邓少文,许昌县人。幼年家贫,读私塾四年辍学,在许昌当学徒、店员。1923年参加"二七"大罢工后,到京汉铁路当工人,接受党的教育,从事革命活动,经常利用检票员身份,保护共产党员,运送物资,传送文件。1927年,加入中国共产党。1930年春,在上海以"义斋钱庄"做掩护,负责党的地下交通工作。从此,改名郑义斋。

1932年春,郑义斋到鄂豫皖革命根据地,任苏区民主政府财政委员会主席兼红四方面军经理处处长,后任红四方面军经理处处长。他积极筹集粮食、被服、药品、军火等物资,为红四方面军第三次反"围剿"的胜利提供后勤保证。红四方面军突围到川陕根据地后,他提出实行计划供粮、增产节约等开源节流办法,以克服经济困难。他将技术人员集中起来,建立总部、军、师修械所。建立了红军的兵工厂和造币厂,提高了红军的战斗力。又以缴获的钞票和珍奇古董,到白区换取军需物资。由于郑义斋工作出色,被誉为红色理财专家。

郑义斋一心为公,忠于革命事业。长征途中,他让出配给的战马给伤病员,自己拄着棍子探路。发现沼泽危险路段,就留下红布条标记,警告后续部队。每到宿营地和有野菜的地方,就亲自调查水源,预防中毒。他关心下级干部,为培养战士和工人,办起了文化班和轮训班。张国焘在川陕苏区用"AB团""反革命"等罪名屠杀革命同志时,郑义斋以"业务工作需要""边使用边改造"的名义,灵活地为党保护了一大批同志。

1936年6月,郑义斋任西路军总供给部长,带领部属携带大批辎重,随主力向西转移。1937 年 3 月 14 日,在一次战斗中壮烈牺牲,时年 36 岁。

彭国政

彭国政(1899—1947),男,汉族,字润民,许昌县三里桥村人,后迁居许昌北关。家境贫寒,11 岁到许昌、周口等地学厨。1918 年,投冯玉祥麾下,南征北战,勇猛果敢,深受冯玉祥器重。1928 年,参加冯玉祥部洛阳军官将校团学习后,由营长升团长。1932 年 10 月,任冯玉祥在张家口组织的抗日同盟军新编第一军第一师师长,1938 年,经中共北方局情报部李克农、王梓木介绍加入中国共产党。在武昌期间,曾保护过周恩来、董必武、叶剑英、郭沫若及八路军办事处工作人员。

1936 年初到 1937 年,彭国政随冯玉祥由泰安到南京,任长官部副官长。抗战开始后,任手枪营长,由南京到武昌、长沙、贵阳、重庆。眼看大半个中国沦入敌手,他几次向冯玉祥请求到抗日前线杀敌。冯玉祥为其爱国精神所感,亲赠宝剑以壮其行。1942 年秋,彭国政与旧交甚厚的抗日将领魏凤楼取得联系,任抗日挺进军第一纵队团长,开赴广武、巩县等地守卫黄河。1944 年春,日军南侵,部队被打散,彭国政辗转回到沦陷的家乡,在三里桥附近的赵湾、徐湾、许庄、大坑李等村秘密组织抗日武装。他联络李芳远、李保恒、孙子谦等 30多人,成立抗日自卫团,亲任团长。抗日自卫团有长短枪 43 支,大刀长矛多件。1945 年 5 月,彭国政集结百人队伍,准备袭击驻扎在三里桥的日军据点,因汉奸告密,袭击未能成功。事后,彭国政击毙了告密者。

1947 年 4 月,经魏凤楼介绍,彭国政到西华参加水西支队,被豫皖苏区五地委任命为许昌县县长兼县大队队长,和鄢扶县大队一起活动于鄢陵、扶沟一带。11 月 2 日,在张桥南与敌骑兵部队遭遇,三面受敌,彭国政遂率50余名战士退入道清寺内。敌用迫击炮、榴弹炮向寺内轰击,因众寡悬殊,战斗失利,彭国政壮烈牺牲,时年45岁。

贺建华

贺建华(1908—1946),男,汉族,又名贺仲莲,河街乡贺庄人。早年受父亲贺升平熏陶,立志救国救民。1927年上半年加入共产主义青年团,不久加入中国共产党党员。1928年,考入北京大学哲学系。

1931年"九一八"事变后,贺建华投笔从戎,参加东北抗日义勇军,任十三支队副队长。1933年夏回许昌,借父亲贺升平在社会上的声望,与县内士绅创建灞陵中学,以此为阵地,集结进步力量,继续进行革命活动。因办学经费困难,遂卖掉市场前街(今魏都区人民路)中段路南私房五间,妻子陈莲花也变卖首饰、衣物,投入校建工程。校舍落成,贺建华任校务主任(后又代理校长),聘请共产党员与进步青年郭洁民、栗在山、曹乐生、路岩岭等任教。在学校组织社会科学研究会、学生读书会、时事座谈会、新文字推行小组、世界语学习小组,购置进步书刊,向学生传播马列主义,灌输爱国思想。

1935年2月,贺建华任县教育局长,在全县中小学校开展革命活动。1936年7月,中共许昌中心县委成立,贺建华任书记。"一二·九"运动爆发后,他以许昌为中心秘密组织"中华抗日救国军北路军",举行武装暴动,由于叛徒告密,暴动夭折,贺建华等人被捕。在狱中他坚贞不屈,后被营救获释。不久,贺建华被党派往经扶县(今新县)开展地下工作。他积极宣传党的抗日主张,组织带领广大农民开展艰苦的对敌斗争。

1940年至1945年,贺建华在新四军根据地豫鄂边区历任行署秘书长、财政部长、罗(山)(黄)陂孝(感)中心县委书记、黄冈专署专员(即鄂东行署专员)兼县委书记、抗日民主政府县长、新四军五师六大队队长等职。1946年春,国民党军包围豫鄂边区,组织上安排他与妻子带刚满周岁的孩子撤离,但他坚持要留下来,与独立旅旅长张体学一起掩护大军突围。7月,他在蕲春县仙人冲一带崇山峻岭之中与敌人周旋,由于叛徒出卖,被国民党军发现追击,贺建华英勇抵抗,不幸落入敌手,后惨遭杀害,壮烈牺牲。

1953年9月8日,李先念(1946年曾任中原军区司令员)给贺升平的复信中说:"贺建华同志在豫鄂边区敌后坚持游击战这一段是很艰苦的、有功的,在蕲春作战牺牲是英勇的,他的牺牲是革命的损失。"

薛朝立

薛朝立(1911—1929),男,汉族,苏桥镇磨李村人。幼年家贫,寄居司堂村舅父家。12岁以优异成绩考入许昌育英小学,1925年考入省立许昌第十四中学,学习成绩优良,喜爱文体活动。在中共地下党员谷滋生等人的教育熏陶下,他积极进行革命活动,1926年4月加入中国共产主义青年团,1926年11月加入中国共产党。

1927年,薛朝立和县委书记李杜、陈云登等人到司堂村一带开展农民运动。司堂村农民协会建立,薛朝立被推选为农会主席。1928年2月12日上午,按照县委和暴动指挥部决定,他率领暴动队伍奔磨李村,包围地霸于金池宅院,和司聚才等将于金池捆绑树上,把家全部粮、财分给农民。12日上午到14日晚,暴动扩大到10多个村庄,队伍增加到2000多人。

司堂农民暴动失败后,薛朝立辗转活动在许昌、漯河、西平、郑州、开封等地。1929年,他到开封共青团河南省委工作,9月,被叛徒出卖落入敌手,牺牲时年仅18岁。

新中国成立后,薛朝立被追认为革命烈士。

刘昭平

刘昭平(1918—1946),男,汉族,原名刘松茂,中共党员,榆林乡白庙黄行政村杜庄人,八路军120师358旅政治部宣传干事,师《战斗报》特派记者,革命烈士。

学生时代酷爱学习,各门功课都很优秀,尤爱读鲁迅、茅盾、高尔基等写的进步书籍,1934年考入河南省立四中。在地下党的领导下,他积极参加一二·九运动。1936年春,他与周吉一、张远、黎辛、张明舜等9位同学组织"圈外文艺社",在许昌《新民日报》开辟"圈外文艺"副刊,以小说、诗歌、散文、杂文等形式宣传抗日,揭露社会黑暗,抨击旧礼教。

1937年底,刘昭平和李建彤、李震、沈唯彤、陈之平5人带着地方党组织的介绍信,乘火车离开许昌到新乡,后到达西安,在安吴堡青年干部训练班学习。1938年3月,刘昭平等人徒步到达延安,先后在延安中国人民抗日军政大学和鲁迅艺术学院学习毕业。1938年在抗日军政大学学习期间加入中国共产党,1940年至1946年在八路军120师358旅工作,历任"战火剧社"编导、宣传干事、《战火报》主编并兼任《战斗报》特派记者。

1946年8月18日晚,在攻打大同北关的战场上,刘昭平看到天主教堂附近一辆被解放军用土法打毁的坦克,欣喜地举起照相机拍照时,不幸被敌人子弹击中而壮烈牺牲。

胡广恩

胡广恩(1917—1987),男,汉族,又名胡殿奎,榆林乡胡庄村人。1935年在许昌师范附小任教员期间,积极参加声援一二·九运动。

1936年参加革命工作,1936年秋加入中国共产党。1937年初,胡广恩任"山西牺牲救国同盟会"长治县特派员兼人民武装自卫队总队长,宣传抗日救国,发动群众抗日救亡。1938年4月,任山西长治专区保安司令部政治部秘书,12月任山西抗日游击队第三团政治部主任,从事对敌武装斗争。1939年秋,任牺盟会常驻中心区路东办事处宣传部长、太行《黄河日报》社社长。1940年4月,到中国人民抗日军政大学总校学习,12月毕业。1941年1月至1944年4月,任太行抗日根据地涉县县长。1944年5月,任安阳和汤阴县县长。解放战争时期,1946年7月,任晋冀鲁豫边区政府建设厅秘书。1947年8月,南下到大别山。1947年冬,任鄂豫区第五专区副专员,发动和领导群众打土豪,分田地,开展剿匪反霸和对国民党反动派进行武装斗争,同时参加解放区的建设工作。

1949年5月,胡广恩任湖北省黄冈专区专员,发动群众进行土地改革,恢复生产和人民政权的建设工作。1952年7月,任湖北省商业厅厅长,湖北省人民政府财经委员会副主任,中共湖北省委财政贸易工作部部长,从事对私营工商业的社会主义改造,在财贸部门开展政治思想和党的建设工作。1960年11月至1967年,任中共中央中南局副秘书长,中共中央中南局财贸委员会常务副主任。

1973年10月,胡广恩恢复工作,任广东省计划委员会副主任,省人民政府党组成员兼广东省财贸办公室主任,广东省人民政府顾问。1977年曾兼任第21届广交会秘书长。1986年1月至1987年10月任中共广东省顾问委员会常委。1987年11月12日在广州逝世,终年70岁。

王 水

王水(1918—1980),男,汉族,又名王孽昌、王劲虹,榆林乡阮王村人。早年丧父,随叔父到许昌县城读书,1935年在许昌师范毕业后在许昌师范附小任教。1936年9月,加入中国共产党。1937年1月,投笔从戎,奔赴山西太原参加民训干部训练团学习,结业后加入抗日救亡纵队,后任晋绥八分区六团政治处副主任。1939年冬,被捕入狱,遭敌人严刑拷打宁死不屈,后死里逃生。1940年,任山西省交城县武工队长,与时任交城县抗日救国联合会主任的华国锋同志并肩作战,并结下了深厚友谊。

解放战争时期,王水任晋绥八专署教育科长、《晋中日报》编辑。新中国成立后,在晋中地委宣传部、地区教育局工作。

王水夫妇热心收养革命后代子女,先后收养21名革命烈士遗孤和南下干部子女。中共榆次市委曾赠送他"心地无私天地宽"的匾额,以表彰其高尚的革命奉献精神。

1980年12月4日,王水因病在北京逝世,时任中共中央主席华国锋委托夫人前往悼唁。

周吉一

周吉一(1918—1989),男,汉族,原名李松立,小召乡人。1936年在省立四中读书,曾参与组织圈外文艺社宣传抗日救国,1937年底,奔赴延安入抗日军政大学。1938年2月,加入中国共产党。

1939年,周吉一任抗日军政大学山东分校哲学和政治教员,后到山东纵队九旅七团任政治处组织股长、政治部主任、政治委员。1942年底,因率部粉碎了日军对皖东北抗日根据地为期33天的大"扫荡"受到上级嘉奖。1943年3月,带尖刀连冲进淮北山子头,活捉国民党江苏省主席兼鲁苏战区副司令长官韩德勤。

在1947年5月,孟良崮战役中,周吉一和全团指战员浴血奋战四天四夜,屡次挫败敌军的进攻,使被包围在孟良崮的张灵甫整编七十四师完全陷于孤立无援的困境。淮海战役中,周吉一带领全团先在徐州南阻击邱清泉兵团,又在蚌埠北阻击李延年兵团,最后在永城陈官庄一带参加全歼杜聿明集团军的战斗。渡江战役中,周吉一带全团由贵池、青阳之间越过长江天堑,急行军追袭逃敌,经黄山、萧山、金华,解放温州。1950年,任人民解放军二十一军六十三师政委,和兄弟部队一起陆海联合作战,解放舟山所属大小岛屿。

1954年,周吉一任华东军区二十军政治部主任,亲自制订战前政治准备工作计划,指导训练,对一举解放一江山岛起到了积极作用。所写《战前政治准备工作》经验,曾在华东军区召开的政治工作干部会议上介绍。

在近 20 年的戎马生涯中,周吉一英勇作战、身先士卒,身经大小战役、战斗数十次,负重伤两次、轻伤多次。

1957 年 10 月,周吉一转而从事国防科学技术工作。1959 年,任国防部第五研究院第一分院副院长。1964 年,参加"大三线"基地建设,任七机部第一研究院院长兼 062 工程指挥部指挥长、党委书记,足迹遍及青海、甘肃、陕西、四川。1964 年,晋升为少将,获二级独立自由勋章、二级解放勋章和独立功勋荣誉章。

1982 年 8 月,周吉一任国防科工委办公厅主任。曾主持《中国大百科全书航空航天卷》的编写工作。

王　云

王云(1920—1980),女,汉族,原名王征瑞,榆林乡刘王寨人,生前系中国作家协会、中国戏剧家协会会员。14 岁小学毕业,考入开封黎明中学。1937 年,奔赴延安,在抗日军政大学学习。1938 年 5 月,任部队文化教员,不久,调太行军区一分区宣传队当宣传队员、队长,并开始搞创作。1950 年,以随军记者身份,参加抗美援朝战争,创作出歌剧《新气节》与多幕话剧《国防战士》。1958 年,与黄宗江深入禹县,创作电影剧本《江山多娇》,同年被中国作家协会与戏剧家协会吸收为会员。离休后回到许昌继续勤奋写作,曾多次去水道杨体验生活、参观访问,写出大型豫剧《杨水才》。1978 年与郭文杰合写电影剧本《红风歌》。病重之际,还参与编写河南民兵斗争故事《大河呼啸》。

王云参加革命 40 余年,几乎每年都有新作问世。创作风格朴实无华,生活气息浓厚,创作有话剧、歌剧、戏曲、散记、特写等几百万字。她奖掖后进,热心指导青年创作,临终前在医院的病床上,还坚持看完一位女教师习作的电影剧本。

杨水才

杨水才(1925—1966),男,汉族,桂村乡水道杨村人。幼年家贫,12 岁给地主扛长工。1949 年 3 月,参加中国人民解放军,在解放江南诸战斗中,立大功一次、小功两次,获"人民功臣"称号。1951 年复员还乡,被群众推选为农会委员。1953 年,他响应党开展互助合作运动号召,组织 10 户农民,在水道杨建起第一个农业生产互助组。1956 年,杨水才加入中国共产党,不久当选为大队党支部副书记。

为改变水道杨贫困面貌,杨水才带领全村干部群众绿化荒岗,改造自然。经过几年苦战,水道杨的荒岗秃岭,全部披上绿装。1964 年春,杨水才带领全村干部群众在村头沟嘴开挖大口水塘,穿透层层礓石,挖出泉水,又用土仪器测量,搞三级提灌,引水上岗,变岗坡薄地为良田。

在多年生产、工作实践中,杨水才深切体会到科学知识的重要性。1963 年,他动员桂村、于寨、水道杨等 7 个村庄的干部、群众,联合创办桂村农业中学,并被选为校长。他带领农中师生走"抗大"道路,一面学习,一面劳动,自力更生打坯备料,修建校舍 21 间、开垦荒地 20 余亩,为农村培养了大批的建设人才。

连年工作、生产的劳累和多种疾病的折磨,杨水才的身体一天天消瘦,晕倒的次数越来越多。1966 年 12 月 4 日,杨水才一早起来开会、劳动、调查、座谈……整整忙了 18 个小时,直至深夜才拖着疲惫的身躯,回到苗圃旁的小屋里,点着一盏豆大的煤油灯,披着件破棉衣,坐在桌前,谋划着水道杨的未来。12 月 5 日,人们发现身心交瘁的杨水才趴在桌前就这样离开了人世。

1969 年 7 月 13 日,《人民日报》头版头条发表题为《一不怕苦、二不怕死的共产主义战士——记共产党员杨水才同志的光辉事迹》的文章。7 月 31 日,《人民日报》又以头版头条发表《为人民鞠躬尽瘁》的评论员文章,全国掀起了向杨水才学习的热潮。1969 年,水道杨村建起杨水才事迹展览馆,来自全国各地和国外的参观者络绎不绝。

2001 年 6 月 30 日,杨水才纪念馆重新开馆。

楚 玄

楚玄(1949—1986),男,汉族,河南省禹州市人,1967 年加入中国共产党,驻许某部军人。1986 年 5 月 9 日,因抢救当地落水农民,不幸以身殉职,时年 37 岁。

楚玄 1966 年入伍,历任空军教员、副中队长、中队长、副大队长、团长等职。入伍 20 多年来,他忠于党、忠于祖国、忠于人民。他所在的大队连续多年被评为先进单位,曾被空军授予"先进飞行大队"荣誉称号,先后 3 次荣获三等功、1 次二等功、1 次一等功,并被评为一级飞行员和"三心"(热心、耐心、细心)教员。

他牺牲后,方圆数里的群众及学校师生都自发赶来向英雄遗体告别,并送上挽幛花圈,寄托崇敬和哀悼之情。兰州军区为他追记一等功,并追认他为革命烈士。兰州军区党委、中共许昌市委、中共许昌县委分别作出了向楚玄同志学习的决定。《解放军报》《河南日报》、中央人民广播电台等 20 多家新闻媒体相继报道了楚玄的英雄事迹,他生前所在部队也将 5 月 9 日定为"学楚玄传统教育日"。

李富荣

李富荣(1923—1991),男,汉族,中共党员,蒋李集镇蒋西村人。原陆军 42 师炮兵司令员。

1941 年,李富荣在山西沁源县入伍,被编入八路军 129 师太岳军区抗日决死一纵队 38 团一连。1944 年加入中国共产党,历任班长、排长、连长、营长、师侦察科科长、炮兵团参谋长、副团长、团长、副师长、炮兵司令员、军副参谋长等职务。

他戎马一生,身经百战,在抗日战争和解放战争中,参加过反扫荡战役和上党、同蒲、洪(洞)灵(石)、晋南、陇海、平汉、洛阳、淮海、渡江等战役以及解放大西南的楚雄、大理、临沧、博尚剿匪战等战役。每次战斗中,他总是机智勇敢、不怕牺牲、冲锋陷阵、奋勇拼杀,特别是多次与决死队员们一起架云梯冒死攻城,与敌人展开肉搏战,九死一生。淮海战役中李富荣任营长,受命阻击黄维兵团增援。他身先士卒与敌人短兵相接,殊死拼搏,击退了敌人3个梯队的进攻。李富荣重伤不下火线,守住了阵地。他率领的加强营,幸存者只有13人。

李富荣先后负重伤4次、轻伤10多次,先后立大、中功10多次,曾荣获特等功臣、一级功臣,一、二、三等战斗模范称号,还曾获独立自由奖章和三级解放勋章、证书。1965年退役。1991年2月在家乡病逝。

郭述申

郭述申(1904—1994),男,汉族,湖北省孝感县城关镇人,原名郭树勋,号耀珊,曾用名李振寰。1922年5月加入共产主义青年团,1925年4月,由共青团员转为中国共产党党员。1926年春,任许昌省立十四中学教员。在教学过程中,郭述申经常向学生介绍进步书刊,传播马克思主义,并带领学生创办进步刊物《旭光》,建立"合作商店""小朋友会",组织师生自编自演话剧,开展革命启蒙教育。在他的影响下,进步学生丁绍洛、张梦梅、张兆梅、薛朝立等人建立了省立十四中学共青团支部。

土地革命时期,郭述申曾任中共湖北省委委员,中共皖西北道委书记兼中国工农红军第二十七、二十八军政委,中华苏维埃共和国中央执行委员会委员,红三十一军政委等职,参加过第三、四、五次反"围剿"斗争和长征。

抗日战争时期,郭述申先后任中共湖北省委书记、中共中央中原局委员、新四军第二师政治部主任、中央党校第三部主任等职。抗日战争胜利后,他先后任中共辽北省、吉林省工委书记兼省军区政委,中共东北局宣传部副部长等职。

新中国成立后,郭述申历任中共旅大区党委副总书记兼旅大市总工会主席、中共旅大市委第一书记兼旅大警备区第一政委、中共辽宁省委常委等职。1962年,他当选为中共中央监察委员会委员,1978年当选为第五届全国人大常委会委员。1978年12月至1982年9月,任中共中央纪律检查委员会副书记。1982年9月至1987年11月,任中共中央顾问委员会委员。郭述申是中共七大、八大代表,中共十三大、十四大特邀代表。1994年7月14日因病在北京逝世。

高富本

高富本(1968—1995),男,汉族,中共党员,蒋李集镇岗城村人。许昌县公安局灵井派出所一级警员,革命烈士。

1989年考入洛阳人民警察学校,1991年9月毕业后分配灵井派出所工作,1994年10月入党,1992年至1994年连续3年被评为许昌县社会治安综合治理先进个人,3次受到许昌县公安局党委嘉奖。

1995年3月,高富本在"追逃打流"和打击"三逃犯"战役中积极参战,连续工作两天两夜。当听说灵井镇郝庄久抓未获的重大负案犯郝某潜回家中后,立即向所长汇报,并会同县刑侦大队二中队制订抓捕方案。1995年3月16日凌晨,警车驶入郝庄,犯人郝某被堵在屋内。郝某因罪大恶极拒不开门,抗拒抓捕。为能使其尽早归案,高富本奋不顾身,一步跨到屋外走廊东头,隔窗对郝某之父说服规劝。当晚月光特别亮,郝某对屋外情况看得一清二楚,他抓起早已装好钢珠的火药枪,对准只有一米距离的高富本头部开枪,高富本当场壮烈牺牲,时年27岁。

1995 年 9 月 13 日,经民政部批准,高富本被追认为革命烈士。

冯中申

冯中申（1952—2001），男，汉族，中共党员，小召乡屯里村人。1972 年参军，1996 年转业到许昌市计划委员会任党组成员、纪检组长。

2001 年 3 月，"三个代表"学习教育活动开始后，冯中申被派到许昌县桂村乡宫后村任驻村工作队队长。宫后村是许昌县与禹州市交界处的一个偏僻贫穷村庄，地处高岗，常年缺水，道路狭窄，村民用电困难，校舍破旧，基层组织建设薄弱。

入村后，冯中申决心扭转村里落后面貌。他在宫后村驻村半年，脚踏实地，一步一个脚印，为村民办了不少实事。一是到市、县水利部门争取到 5 万元专用基金打了一口 150 米深井，解决了村民的吃水困难。二是协调市、县、乡电管部门安装一台 80 万千瓦变压器，解决了群众的用电问题。三是带头捐款，带领村民干义务工，修补学校围墙，为学校添置桌凳，改善学生的学习条件。四是动员干部群众集资 13.5 万元，争取省计委专用基金 20 万元，还到交通部门筹措资金 23 万元，修成 5.63 公里的柏油路，解决了村里的行路难问题。五是调整种植业结构，搞农副业深加工。在岗上种甜柿和反季节桃树，引进短平快项目，设法增加农民收入。

他在宫后村时间不长，深受群众爱戴。2001 年 9 月 24 日，在乘 207 路公交车去宫后村工作的途中不幸遭遇车祸，因公殉职。冯中申是优秀共产党员，是驻村干部的优秀代表。中共许昌市委、许昌市人民政府，中共许昌县委、许昌县人民政府分别作出向冯中申同志学习的决定。宫后村村民把冯中申修的柏油路命名为"冯中申路"。

杨保金

杨保金（1949—2001），男，汉族，中共党员，桂村乡人。桂村乡石桥杨小学原校长。

杨保金从事教育工作 30 多年，以自身良好的职业道德、崇高的思想境界和过硬的业务能力，成为许昌县教育战线的一面旗帜。他积极推行素质教育，率先提出了"低负担、高效益、强筋骨、磨意志、练真功、负重担、办特色、创一流"的办学思路，有效地促进了教育教学工作的开展和质量的提高。他大力倡导教学改革，率先在三至六年级开设英语课程，成为许昌县农村第一所开设英语课程的小学。他对学校分配制度进行了大胆的改革，向教学一线倾斜，充分调动了教职工的工作积极性。他还坚持走农、科、教相结合的道路，先后带领师生开展育树苗、酿酒、制兽药、造墨水、打铁、制地板砖等勤工俭学活动，把收入用到学校建设中。

杨保金舍己为公、一心为校、以校为家。他 30 多年如一日常年住校，很少回家，就连母亲去世也不在身边。1984 年学校建教学楼时缺资金，他率先捐款。为确保工程质量，他日夜守在工地，就连他女儿患重病也没离开，致使其女儿因延误医治而去世。他坚持原则，不徇私情，在建教学楼的过程中顶住了多方压力，拒绝了亲戚朋友索要施工材料。为了节约开支，他带头参加义务劳动，为国家节约 9 万多元投资。他清正廉洁、克己为公。作为一校之长，不谋私利，从未报销过旅差费，从没有占过公家一分钱的便宜。杨保金不求索取、无私奉献，还从不富裕的家里拿钱资助贫困学生。

杨保金突出的工作成绩和模范行为受到了社会各界的好评，多次荣获省市教育战线"先进工作者"、许昌县"优秀教师"等称号，连年被桂村乡党委、政府评为"优秀党员""优秀校长"。

2001 年 12 月 25 日夜，杨保金在写教案时，突发心肌梗死，倒在办公桌前，终年 52 岁。杨保金去世后，中共许昌县委、许昌县人民政府号召全县党员干部开展了向杨保金同志学习的活动。

第二节　红色遗迹遗址及纪念场馆

司堂农民暴动纪念碑

位于建安区苏桥镇司堂村的司堂农民暴动纪念碑

1927年10月，中共许昌县委书记李杜和陈云登、薛朝立等其他领导人，根据党的八七会议关于发动农民群众武装夺取政权的精神，先后到许昌县西北乡一带开展工作。1928年，在许昌县委的领导下，李杜、薛朝立等人决定以司堂村为中心发起农民暴动。根据党的指示，他们在许昌县苏桥镇司堂村一带，积极发展党团组织，宣传发动农民群众，成立了农民协会。

1928年2月12日，党组织领导发起司堂农民暴动，薛朝立任总指挥。他们高举工农革命军的旗帜，发告农民群众书，杀土豪、焚地契，震撼了豫中大地，沉重打击了当地的反动势力，斗争取得了初步胜利。2月15日，在国民党两个团的兵力和地主武装的联合攻击下，由于敌强我弱，司堂农民暴动遭到失败。

司堂农民暴动，是党领导豫中农民发起最早的武装暴动，在河南人民革命斗争史上谱写了可歌可泣的光辉篇章。

1990年4月,苏桥镇党委、政府在司堂农民暴动遗址前建了一座高10米的纪念碑。1994年,该遗址被公布为许昌县重点文物保护单位,2013年7月被定为许昌市爱国主义教育基地、许昌市中小学德育基地。

榆林乡革命烈士纪念馆

榆林乡是省定革命老区,仅在抗日战争、解放战争、抗美援朝和社会主义建设时期,就先后有14位革命烈士为新中国的独立、解放和社会主义建设献出了宝贵的生命。

为了弘扬革命传统,2009年年初,朱清安、刘玉亭、朱清治、赵林广、王国卿、魏伍鑫6位离退休干部酝酿建一座革命烈士纪念碑以教育后人,得到了

位于建安区榆林乡一中的革命烈士纪念碑

乡党委、政府和全乡党员干部群众的积极支持。

他们历时半年多,走访了当地多位离退休老干部,跑遍了榆林乡30个行政村,还到许昌县其他乡镇和周边县、市寻访,编写出了《革命先驱溯源》,并多处奔波筹得资金10万多元。2009年11月8日,榆林乡革命烈士纪念碑在榆林乡一中西南角破土动工。2010年4月2日,高9.1米、朱红色大理石贴面、金黄色的革命烈士纪念碑落成,是目前河南省首座民建烈士纪念馆。

2013 年 7 月,榆林乡革命烈士纪念碑被中共许昌市委宣传部定为"许昌市爱国主义教育基地"。

在区委、区政府和榆林乡党委、政府的大力支持下,6 位老人又筹集近 20 万元,于 2017 年初建成了 128 平方米的展厅,并收集了革命烈士的事迹、遗像、遗物,连同纪念碑形成了庄严肃穆的革命烈士纪念馆,供人们瞻仰学习。

淮海战役七烈士墓

1948 年 1 月,粟裕率领华野指挥机关和 4 个纵队集结于河南省的许昌、临颍、漯河地区。淮海战役打响后,党组织在许昌县桂村乡郏庄村开元寺设立了解放军战地医院,接收、救治淮海战役中的伤员。

作为淮海战役的后方医院之一,当时不少重伤员在郏庄村战地医院救治。大多数伤员痊愈后返回了部队,但有 9 位战士因伤势过重壮烈牺牲,被安葬在开元寺内。新中国成立后,有两位烈士的遗骸被其家属迁回原籍,而剩下的 7 名烈士长眠于此。

位于桂村乡郏庄村的
淮海战役七烈士墓(现已不存)

为了纪念 7 位英勇牺牲的革命烈士,当地为其修建了烈士墓,墓碑上刻有烈士简介,周围有用砖垒成的 60 厘米高的花孔围墙,占地面积 300 平方米。

1997 年,桂村乡政府重新立碑修整。2007 年秋,许昌县政府有关部门又对烈士墓地进行了一次修整,并公布为县级文物保护单位、县级爱国主义教育基地和革命传统教育基地。

2013年，许昌市实施"慰烈工程"，淮海战役七烈士墓从郐庄村移入许昌市烈士陵园。

杨水才纪念馆

杨水才纪念馆始建于1969年，2001年恢复重建，2009年再次扩建。目前该馆占地20665平方米，建筑面积975平方米，先后被评定为河南省国防教育基地、河南省廉政教育基地、全省爱国主义教育示范基地、全省大中小学生德育基地，国家AA级红色旅游点，许昌市党员干部教育基地，许昌市文物保护单位等，自2008年对外免费开放。

位于桂村乡水道杨村的杨水才纪念馆

纪念馆正门的砖路两侧是1500多平方米的绿化区，四季常青。展厅前是杨水才全身汉白玉雕像，高4.1米，象征杨水才同志走过的41年光辉岁月。雕像的北侧就是占地800多平方米的主展厅和东西两侧的副展厅，以油画、国画、布景为主，配以杨水才同志生前用过的生产、生活用品，全面展示了他艰苦奋斗的一生。

纪念馆西侧不足百米处是杨水才同志墓地，旁边有象征"小车不倒只管推"革命精神的杨水才手推车雕像，墓地西侧为见证英雄精神的幸福塘。在 2009 年扩建绿化的基础上，2011 年，又在杨水才墓地附近、广场中心塑造了杨水才手推车的雕像，雕像底座长 4 米、宽 1.2 米，杨水才手推车人物像高 2.9 米，充分展现了杨水才生前带领群众挖塘治岗时的壮观形象。

杨水才同志推车塑像

杨水才纪念馆是一所英雄人物的专题纪念馆，常年对外免费开放，硬件设施和教育手段较为先进，讲解员现场讲解，每年参观人员络绎不绝。"一不怕苦，二不怕死""小车不倒只管推"的崇高精神正潜移默化，感染着每位学习参观者。

目前，杨水才纪念馆正在进一步提升改造，逐步形成声、光、电为一体的现代化纪念馆，为社会各界学习杨水才精神提供良好的阵地。

故事

传承红色基因，当好"后生晚辈"表率

王 平 李水安 赵红娟

2021年6月17日，河南省许昌市建安区委举行"光荣在党50年"纪念章颁发仪式，向党龄达到50周年、一贯表现良好的24名老党员代表颁发"光荣在党50年"纪念章。

活动仪式上，中共许昌市建安区委书记马浩带领全体参会人员重温了入党誓词，并依次为24名老党员代表颁发了"光荣在党50年"纪念章。朱清治、慕天佑代表建安区获颁纪念章的老党员作了发言，深刻讲述了入党故事和奋斗历程。

马浩在颁发仪式上代表中共建安区委向建安区广大老党员致以热烈的祝贺和崇高的敬意。马浩指出，颁发"光荣在党50年"纪念章，既是对广大老党员的最高礼赞，又是对年轻党员的殷切期望，更是续写辉煌新篇章的集体动员。老党员要充分发挥政治优势、经验优势、威望优势，讲述好建安故事、传播好建安声音。建安区各级党组织和广大党员要以老党员为榜样，赓续光荣传统，强化责任担当，围绕建安区"十四五"发展规划，大力推进"2236"区域发展计划，积极投身项目建设、乡村振兴、开放招商、转型升级、民生改善、信访维稳等工作一线，为建安区在许昌"智造之都、宜居之城"建设中持续走在前列作出新的更大贡献，以优异成绩迎接建党100周年！

老党员代表纷纷表示，要牢记入党誓言，坚守初心，用自己的言行为"后生晚辈"树立标杆、当好表率，继续做好先锋模范的"带头人""引路人"，积极向党委政府建言献策，以实际行动宣传党的理论，引导身边群众永远听党话、感党恩、跟党走。

（原载2021年6月18日河南日报客户端，本文有删改）

赓续民族团结进步事业的新篇章

魏洪恩

"各族兄弟本同源,协心齐力定胜天……砥砺情融跟党走,民心所向谱新篇。"这首民族团结歌,形象地反映了全国各族人民团结、奋进、坚定跟党走的精神风貌。

建安区16个乡镇(街道)现有回、蒙、朝鲜、满、藏等33个少数民族11800余人,11个少数民族聚居区和一个少数民族乡。

近年来,建安区认真贯彻党的民族工作政策,充分发挥统一战线法宝作用,以铸牢中华民族共同体意识为主线,推动新时代党的民族工作健康发展,最大限度地凝聚各方共识,形成建安区高质量发展的强大合力,不断赓续民族团结进步事业的新篇章。

躬身入局,扛稳政治责任

成立了以区委书记任组长,区委常委、统战部部长具体牵头,区直和乡镇(街道)主要领导为成员的民族工作议事制度和工作专班,定期学习习近平总书记关于民族工作的重要指示精神,出台了一系列扶持少数民族地区经济发展的举措,并将民族工作列入意识形态和年度考核内容,协调解决民族工作中出现的新情况、新问题,深入开展民族团结进步创建活动。区委多次组织各乡镇党政正职开展民族宗教业务培训,系统学习中央民族工作会议、全国宗教工作会议和习近平总书记的重要讲话精神,提升做好民族宗教工作的能力和水平。

艾庄社区是典型的回汉民族聚居区,辖区内有回族人口2157人,清真寺两方,并建有耕舍文化广场,民族宗教工作任务极为繁重。

社区党支部对两方清真寺寺管会主任严格把关选举产生,每月主持召开一次由寺管会和村组干部参加的联席会议,分析研判全村民族宗教工作的实际问题,对苗头性问题和隐患提前介入、及时化解。社区党支部还利用每周五"主麻日"时机,组织信教群众学习民族宗教政策,教育引导信教群众遵纪守法,爱国爱教。

同时,每年开展"五好家庭""好婆婆""好媳妇"等群众性评选活动,引导村民把思想统一到民族团结、发展经济上来。目前艾庄社区有五好家庭 26 户,好媳妇、好婆婆 14 人。在 2021 年全区举行的建党 100 周年文化汇演中,艾庄社区参加节目 4 个、演员 25 人,节目涉及舞蹈、戏曲、书画、器材等。艾庄回族乡党委因势利导,通过春节、中秋节等中华民族的传统节日和当地富有民族特色的文化艺术节、九九重阳节文化活动,使回汉民族彼此交流,相互融入,守望相助,在其乐融融、潜移默化中铸牢中华民族共同体意识。每当夜幕降临或者重要节日来临,该乡艾庄、袁庄、西王等村(社区)的文化广场歌舞飞扬,回汉群众载歌载舞,抒发对美好生活的由衷向往和对伟大祖国的真诚祝福。2016 年以来,艾庄回族乡连续五年荣获信访"四无"乡镇称号,2020 年 4 月又荣获"河南省民族团结进步示范单位"称号。

现任建安区人大常委会副主任的李书正,是建安区土生土长,曾长期在区民族宗教局、艾庄回族乡工作多年的少数民族干部。他结合自己的工作经历,深有感触地说,做好民族宗教工作,民族团结是基础。要引导各族群众深入交往、交流、交融,讲好民族团结进步的建安故事,建设共有精神家园,让铸牢中华民族共同体意识深入人心,同时要大力发展少数民族经济,筑牢民族团结之基。

发展少数民族经济,夯实民族团结基础

2017 年以来,建安区多渠道积极争取少数民族发展资金 300 多万元,着力改善了少数民族聚居区村道路、排水、农林牧业等基础设施,助力产业项目发展和乡村振兴。

区委、区政府立足回族群众擅长餐饮业的传统优势,因势利导,出台优惠政策扶持,鼓励少数民族群众发挥自身优势,大力发展特色

经济。

清香阁是建安区久负盛名的清真企业,至今已经营30多年,仅在丈地社区就开了两个较大规模的店,吸引20多人就业。每到饭点,顾客盈门,生意火爆,对带动一方经济发展发挥了积极作用。目前丈地村有餐饮企业40多家,吸纳周边从业人员300多人。

2016年,丈地村回族青年马记在社区开办了欧尚丽都服装有限公司。近年来,尽管遭遇了疫情,但来自国内外的订单依然不断。车间里异常红火,来自周边二三十里的回汉青年在此集体务工,其乐融融。

为巩固少数民族地区脱贫攻坚成果,2021年,区政府投资468万元,在艾庄乡艾庄社区建设了脱贫攻坚与乡村振兴有效衔接的项目工厂,厂房面积达1700㎡,硬化车间和道路2500㎡,这对增加少数民族群众的经济收入,加强回汉民族的团结融合,实现乡村振兴具有积极作用。

加强政策法规教育,提高宗教工作水平

建安区委全面贯彻党的宗教工作基本方针,着力引导少数民族群众和信教群众接受中华民族的行为方式和道德准则,增进宗教界人士和信教群众对伟大祖国、中华民族、中华文化、中国共产党和中国特色社会主义的认同,在宗教事务中践行社会主义核心价值观。近年来,区委统战部、民宗局先后组织四大宗教团体赴杨水才纪念馆、市烈士陵园、司堂农民暴动遗址学习参观,还举办宗教教职人员培训班,集中学习《中国共产党党史》《新中国70年》等内容,进一步激发了大家的爱国热情,增强了信教群众的国家荣誉感。区委每年都举行民族宗教界知名人士项目观摩活动和座谈会,让民族宗教界人士亲身感受到建安区日新月异的发展变化,不断铸牢中华民族共同体意识,坚持走爱国爱教的道路。

新冠疫情发生以来,全区四大宗教团体和信教群众积极响应政

府号召,慷慨捐钱捐物,为全面打赢疫情防控阻击战做出了积极贡献。

"鲜花共栽一个盆,翠竹共连一条根,民族团结一条心"。如今,漫步建安区,36 个民族亲如一家,如同石榴籽一样紧紧抱在一起。民族团结之花竞相绽放,争奇斗艳。各民族群众共同团结进步,共同繁荣发展,赓续着民族团结进步事业的新篇章。

(原载《建安风》杂志 2021 年 8 期,有删改)

附　录

附录一　大事记

1921 年

1921 年　许昌开办耀华电灯公司,资本 5 万元(银币),发电功率 50 千瓦。

1922 年

春　许昌铁路工人俱乐部成立。8 月 10 日,建立铁路工会。

是年　许昌长途电话局成立,为许昌有长途电话之始。

1923 年

2 月 1 日　许昌铁路工会派潘西乾等 4 名代表参加在郑州举行的京汉铁路总工会成立大会。成立大会遭到北洋军阀吴佩孚的武力阻挠。4 日,总罢工开始,许昌车站汽笛长鸣,车辆停开。

《许昌县志》石印出版,此为以许昌县修志之始。

是年相继成立红枪会,以抵抗土匪抢掠。1927 年 8 月,河南省政府令各县红枪会改编为民团,成为国民党政府地方武装。

1925 年

秋　中共豫陕区委派郭安宇(禹县郭庄人)来许,建立石固南寨党支部。

冬 谷滋生、肜德忱、赵宗润等来许,在省立许昌第十四中学开展党的工作,发展党团员 40 余人。

1926 年

年初 县农民协会成立,为河南省首先成立县农协的四个县之一。4 月 18 日,在开封秘密召开省农协成立大会,许昌县有 7 人出席。

11 月 中共豫区委组织部长张景曾来许,组建中共许昌县委,肜德忱任书记。后又派刘英来许加强国共合作,帮助国民党筹建许昌县党部。不久,肜德忱调离许昌,李杜、陈云登被派来许,中共许昌县委正式建立。

1927 年

5 月 29 日 国民革命军占领许昌,国民党许昌县党部举行军民联欢大会。

6 月 中共许昌县委在城内召开第一次苏维埃代表大会,重点研究扩大武装力量、发展农民协会、加强农民运动领导等问题。

1928 年

1 月 14 日 中共豫中特委在许昌县西南乡靠近颖河的河沿周村召开会议,传达"八七"会议精神,策划举行武装暴动,建立各级苏维埃政权。

2 月 12—15 日 中共许昌县委领导人李杜、陈云登、薛朝立等,在城西北乡的司堂村领导农民暴动。周围数十村的农协会员赤卫队员 2000 余人,积极参加打击土豪劣绅开仓分粮。暴动最终失败,120 多人被捕,10 人牺牲。上海《申报》曾对此报道。

1929 年

2 月　县立师范学校创办于县城内西北隅火神庙。

1930 年

秋　国民党军队对鄂豫皖苏区发动进攻。中共许昌特委获悉刘峙南调军队,遂在平汉铁路设置路障,使刘部军车脱轨。

1931 年

11 月　修筑许开、许禹公路。

1932 年

7 月　中共河南省工委遭到破坏,许昌中心县委交通员李文甫被捕牺牲。

8 月　县立女子师范学校开办于县城内考棚街。

1933 年

6 月　中共党员贺建华由东北回许昌,通过其父贺升平组建私立灞陵中学,地址在城东北隅平定街,以此作掩护进行党的地下活动。

8 月　许昌县推行保甲制,规定 10 户为甲,10 甲为保。

1934 年

4 月 1 日　许昌《新民日报》创刊,社长李西庚。

4 月　成立农村合作促进会,徐亚屏任主任委员,同时设合作指导员办事处。1939 年底撤销。

是年　全县 9 个区缩编为 5 个区,区公所改称区公署。区下新编 91 联保。

国民政府财政部税务署在城北俎庄建立烟叶试验场（今烟草研究所前身），有土地 42 亩、工人 9 名，聘美籍人牛森为技术指导，主要任务是培育烟叶良种，推广收烤技术。

1935 年

12 月 25 日　中共许昌地下党组织为响应北平"一二·九"爱国运动，组织中小学师生 2000 余人游行示威，反对国民党消极抗日、镇压学生爱国运动。

12 月 30 日　英美烟公司买办邬挺生因挤垮当地经营烟叶的民族工商业者，坑害农民，激起许昌民愤，被群众击毙于县城西门内。

1936 年

1 月　蒋介民等在许昌南关筹建电影院，用来掩护秘密活动，开展党的工作。

6 月 3 日　许昌师范学校师生参加"禁烟"大会后，和群众一起涌向天平街砸毁官膏局，当街焚烧搜出的鸦片、海洛因。

1937 年

11 月　开封高中教导主任徐干青（城东碾徐村人）以民运专员身份带十数名学生由开封来许昌，深入农村开展抗日宣传活动。

1938 年

1 月　河南大学教授范文澜、嵇文甫、冯纪新等来许开办第二期抗敌训练班。中共许昌地下党组织动员一批青年参加学习。

3 月　中共豫中地委派陈坤台、李持英（女）来许昌加强党的工作，以县民众教育馆作掩护，组建抗敌剧团，开展抗日救亡宣传活动。

3 月　日机首次轰炸许昌。

夏　国民党许昌县党部创办《许昌日报》。1944 年停刊。

1939 年

是年　许昌县银行成立,周锦堂任行长。

1941 年

1 月 1 日　国民党政府实行新县制。许昌县长王桓武积极推行,县府裁局并科,加强征收机关。后又裁撤联保,划分乡镇。

是年　全县推行国民教育,一保设一校。

1942 年

6 月中旬　飞蝗遮天蔽日,秋禾被食殆尽。至冬日,灾荒加剧。群众扶老携幼逃荒要饭,农村十室九空,饿殍遍地,全县饿死 4.3 万人,逃荒要饭 4 万多人,卖儿卖女的 1.4 万人,桂村、陈曹等地甚至出现了食人肉充饥惨状。

1944 年

5 月 1 日　许昌沦陷,日军第三十七师团侵入许昌。国民党新编第二十九师在师长吕公良率领下誓死抵抗,终因寡不敌众失守。

1945 年

8 月　日军投降,国民党县政府、县党部、三青团等各机关单位陆续进城,恢复原来统治。

1946 年

3 月　中国交通银行在许昌西大街设立办事处。1947 年许昌解放后,由人民解放军接管。

8月　省立许昌师范成立于城隍庙。1947年底南迁。

1947 年

秋　中共豫皖苏五地委决定成立许昌县人民民主政府,由彭国政任县长。彭国政活动于鄢、扶一带。11月29日,彭国政在扶沟县道清寺被国民党军队包围,激战中壮烈牺牲。

12月15日　华东野战军第三纵队首次解放许昌。经13小时激战,肃清守城国民党军,全城解放,生俘第五专署少将保安副司令以下近6000人,毙伤敌500余人,缴获各种火炮70余门,汽车近百辆。

12月　豫皖苏五专署决定成立许昌县人民民主政府,机关设城内南大街,县长孙志光。

1948 年

1月6日　人民解放军华东野战军第一纵队再克许昌城。19日,人民解放军主动撤至城东汪坡、谢庄一带待命。

4月7日　许昌城第三次解放。国民党军暂编二十六旅弃城逃窜。

5月14日　凌晨2时半,许昌城第四次解放。经3个多小时的战斗,人民解放军全歼蒋军尚在整编中的第二十一旅,摧毁国民党第五专署和许昌、襄城两县政府,活捉二十一旅旅长兼五区专员范仁等以下官兵2274人。许昌城第五次解放。25日,国民党第十一师反扑,许昌县党政军领导机关有计划向东撤退。

6月7日　许昌城第六次解放。从此结束了敌我"拉锯"局面,中共党政机关转入剿匪反霸、支援前线等项工作。

12月　县、市仍合署办公。市委书记曹志真,县委副书记王鹤洲,县长王心学,副县长兼市、县支前司令宋显民。县下辖11个区(含杜曲、繁城两个区)。

1949 年

1 月　许昌电信局成立。

2 月 15 日　开展剿匪反霸运动,16 个村的农民向匪霸进行说理斗争。20 个村建立农会组织,会员 1951 人。

2 月　许昌行政区专员公署成立,许昌县隶属之。

春　国家干部 576 人深入农村开展反匪、反霸、减租、减息运动。

5 月　中国人民银行许昌支行成立。

12 月　撤销中州农民银行许昌支行。

10 月 1 日　中华人民共和国成立。2 日,许昌各界群众 2 万多人隆重集会游行、热烈庆祝,各乡人民也纷纷集会庆祝。

10 月 20 日　许昌县市分开办公。县政府机关设文庙,辖城关外 7 个区。王鹤洲任县委书记,宋显民任县长。

1950 年

1 月 4 日　许昌县人民法庭成立,宋显民任审判长。

2 月　土地改革运动在全县展开,5 月底基本结束。共划地主 5572 户、富农 6390 户,斗争恶霸 2313 人。征收、没收地主富农土地 20 多万亩、房子 3.2 万多间、牲畜 6000 多头,大件农具 3 万多件。70% 以上的贫雇农户分到土地,地主也分到和农民同等的一份土地和其他生产资料。

5 月　开始宣传贯彻《中华人民共和国婚姻法》,实行男女婚姻自由。

6 月　筹建中国人民银行许昌县支行,7 月 1 日正式营业。1951 年 1 月并入许昌中心支行。

6 月　全县改为 8 个区。

秋　国营许昌县贸易公司成立。这是许昌县第一家国营企业。

10 月　中南军政委员会和河南省合作事业管理局派人在城东北于庄村进行供销合作社的试点工作。这是许昌专区第一个农村供销合作社。

是年　冬至次年 3 月,全县开展镇压反革命运动,一批罪大恶极的反革命分子被镇压。

1951 年

2 月 25 日　全县 12 万人集会游行,反对美国武装侵略朝鲜。

3 月　许昌县第六次各界人民代表会召开,通过了贯彻婚姻法、扫除文盲等项工作决议。

4 月 17 日　中共许昌县委召开第一次党员代表会议,出席代表 93 人。会议主要内容为动员参军参战,增产节约,捐献飞机大炮。

4 月　许昌专区第一个手工业合作社——许昌县于庄毛笔生产合作社成立。

5 月　全县划为 10 个区、163 个乡。

11 月　许昌县召开首次劳动模范大会,出席劳模 397 人。

1952 年

1 月 26 日　全县划为 210 个乡。次年 2 月又划为 131 个乡。

1 月　撤销县人民政府司法科,成立许昌县人民法院。

2—3 月　在国家机关工作人员和工商界中分别开展“三反”“五反”运动。

1953 年

3 月 26 日　国家在西长店修建军用飞机场,动员民工 1.3 万人,1954 年春建成投入使用。机场占用土地 14716 亩,搬迁范庄、神仙王、郭庄、刘庄、王庄、柿张、陈庄、彭庄等村的 850 户,到县城西部各区、乡分散或集中居住。

4月　小麦大面积受灾枯萎,引发群众恐慌。县委组织大批干部下乡慰问,发放救济粮15万公斤、救济款9400万元、草料款2亿元、生产贷款143844万元(均为旧制人民币),稳定了群众情绪。

11月12日　许昌县第二次党员代表会议召开,贯彻党在过渡时期的总路线,宣布实行粮食计划收购和计划供应(简称统购统销),关闭粮食市场,不准自由买卖。

1954 年

3月28日　中共许昌县委召开第三次党员代表会议,对发展互助合作运动中的问题、统购统销遗留问题进行了检查纠正。

4月28日　中共许昌县委召开第四次党员代表会议,总结检查互助合作运动,制订五年发展互助组、初级社、高级社计划。

7月4日　许昌县第一届第一次人民代表大会召开,出席代表306人,选举严良才、贺升平、王锡金、王一光为出席省人民代表大会代表。

9月15日　实行棉花、棉布统购统销,凭证供应。

9月18日　县委召开互助合作会议,贯彻"积极领导、稳步前进"的方针,反对在互助合作运动中的急躁冒进情绪。年底,全县建初级社471个,涌现出一批走互助合作道路的积极分子。

1955 年

3月1日　发行新制人民币。5月1日停止使用旧制人民币。新制人民币1元等于旧制人民币1万元。

5月中旬　许昌县第一届人民代表大会第二次会议召开。大会选举孙洪彩为县长,赵天适、崔振中为副县长,选举亓寿田为县人民法院院长。

6月23日 中共许昌县委召开第五次党员代表会议,贯彻党中央全国代表会议精神,通过《关于高岗、饶漱石反党联盟的决议》,成立中共许昌县监察委员会,石国昌当选为副书记。

6月24日 许昌县人民检察院成立。

10月 开始内部肃反运动,次年6月结束。

11月1日 开始使用全国通用粮票和河南省流动粮票。

11月 贯彻执行国务院颁布的《农村粮食统购统销暂行办法》,实行粮食定产、定购、定销的"三定"政策。

12月 撤销10个区的建制,将原131个乡合并为62个乡,并从中确定14个中心乡,抽调166名干部组成农村工作队,加强乡级组织领导。次年9月合并为29个乡,11月增设艾庄回族乡。

1956 年

1月 中共许昌县委发出组建高级农业生产合作社的指示。

1月30日 中共许昌县委召开扩大干部会议,贯彻中共中央政治局《1956—1967年全国农业发展纲要草案》。制定了许昌县建立的相关章程和方案。到2月23日,全县建起高级社220个,参加农户101429户,占全县总农户的99.6%。同时,组织手工业生产合作社42个、生产供销社7个、个体工商业者830户1095人,组织起联营或并归供销社。至此,全县对农业、手工业、私人资本主义工商业的社会主义改造基本完成。

5月12日 中国共产党许昌县第一次代表大会召开。出席大会代表206人,列席13人,时间7天。大会听取、审查县委工作报告和监察委员会工作报告;审查批准县委12年远景规划和2年具体规划;选举县委委员。会议选举杜俊林为县委书记,毛桂清、姜肇仓、孙洪彩为副书记。

9月23日 中国人民解放军捐人民币160万元,兴建八一许昌拖拉机站。

12月30日　许昌县第二届人民代表大会召开,选举张明君为县长,赵天适、朱普华、韩莲台为副县长。县人民委员会由21人组成。

1957 年

7月8日—15日　连降暴雨,颍河、青泥河多处决口,小黑河、小洪河、老潩河、莲花河、白马沟、高底河大面积漫堤,冲毁水库3个、闸沟3条,平地积水面积达296296亩。水围村庄75个,塌房3086间,死3人,伤50人,倒树1190棵,重灾2万余户10万余人。政府发放粮款,组织群众生产自救。

11月20日　开挖清潩河改造工程。是年冬,对其他河道也进行治理。

12月17日　中共许昌县委在枪杆刘县委党校召开扩大干部会议,进行整风学习,开展反右派斗争。会上,把很多干部的正确意见当成反党言论进行批判斗争,并将他们错误地划成"右派"。许昌县的反右斗争自此全面展开,历时半年。

1958 年

1月18日　中共许昌县第一届第二次代表会议在枪杆刘县委党校召开。出席代表159人,列席101人,历时7天。会议通过1958年"全面大跃进"的决议。从此,许昌县进入"大跃进"的年代。

5月28日　许昌县第三届人民代表大会召开。毛桂清当选为县长,赵天适、朱普华、韩莲台当选为副县长。

8月23日　将全县632个高级农业社和15个乡合并为11个大公社,即一乡一社,实行政社合一。10月24日,县人民公社联社宣告成立(无实际活动),实现工、农、兵、学、商五位一体的"一大二公"(一是规模大,二是全部公有制)的"人民公社化"。随着"公社化"的实现,开始大办食堂。到 10 月 1 日,全县百分之百的农户进入食堂就餐,食堂总数 2352 个。

8 月　京广铁路许昌段复线工程动工。次年 2 月竣工。

秋　小村并大村,社员大搬家,但不久多数农户又搬回原处。1962 年后,多数小村又得到恢复。

9 月　共青团主要负责同志视察桂村、河街两公社。

10 月　大办钢铁。除组织大批人力物力到宝丰县九子山建钢厂外,不少机关单位还就地炼铁,收效甚微。

1959 年

3 月 14 日　中共许昌县委召开四级干部会议,贯彻实行人民公社"统一领导、分级管理、三级核算、队为基础"的办社方针,管理体制有所改进。

5 月 11 日—21 日　全国小麦收割脱粒工具评选会议在许昌县召开。县第一农业机械厂生产的"太谷号"小型畜力收割机入选。

8 月　越南民主共和国参观团一行 18 人到河街公社贺庄大队参观考察,并实地学习烟叶收烤技术。

9 月　许(昌)南(阳)公路许昌至黄庙段 10.5 公里线路铺设渣油,这是许昌乃至河南全省公路铺油之始。

12 月 17 日　开挖许(昌)扶(沟)运河。许昌县出动干部、工人、社员、学生共 3.4 万余人,挖土 120 多万立方米。

1960 年

1 月 31 日　许昌专区、许昌县、许昌市 2.5 万人举行典礼,庆祝许扶运河通航。运河从 1959 年开挖,后因无水源报废。

2 月 6 日　全县 1500 名男女青年赴青海省农村,支援边疆建设。一年后返回。

7月1日　许昌县、许昌市合并,称许昌市。即日起各机关团体按新的建制办公。

11月　县委贯彻党中央发出的"十二条"指示信,开始纠正"五风"(共产风、浮夸风、瞎指挥风、特殊化风、强迫命令风)造成的不良后果。

1961 年

3月　恢复农民的自留地。解散大食堂。

5月23日至6月5日　连刮干热风3次,造成小麦严重减产。

10月14日　许昌县、市分设,恢复许昌县建制。

12月29日　经批准,许昌县将碾上、五郎庙、塔湾、裴山庙、董庄、孙湾、赵湾、河湾、三里桥、李庄、孙庄、丁庄、七里店、洪山庙、菅庄、高桥营等16个生产大队划归许昌市,耕地面积为39982亩。

1962 年

1月　县委书记杜俊林、县长毛桂清传达党中央"七千人大会"精神,着手纠正"大跃进""反右倾"中的错误,进一步贯彻落实"调整、巩固、充实、提高"的八字方针。

1963 年

8月2日　因大雨猛降,全县受灾面积611950亩,水围村庄250个,塌房35065间,死伤226人。

9月1日　桂村农中成立,杨水才任校长。

12月2日　许昌县第四届人民代表大会召开,毛桂清当选为县长,张子香、王锡惠、韩莲台为副县长。

1964 年

3月6日　中共许昌县委发出指示,响应中央"学习大寨,走大寨之路"的号召。

4月—5月　阴雨连绵,时有大雨和暴雨,雨量达200至300毫米,河水漫溢,县境东部大面积积水,小麦受淹,亩产77市斤。夏,大水,成灾面积199539亩,塌房29323间,冲毁桥梁43座,伤253人,死28人。秋,阴雨连绵40余日,早晚秋作物受灾面积446653亩,冲毁桥梁26座,塌房20053间,伤93人,死29人。

9月11日　中共许昌县委召开县、区、社三级干部会议,部署以清政治、清经济、清组织、清思想为内容的"四清"运动,也称社会主义教育运动。10月,中共许昌地委集中各县抽调搞"四清"运动的数千名干部在许昌县搞试点。这场运动历时8个月之久,到1965年6月结束。

1965 年

春　城市知识青年开始"上山下乡"。许昌市首批知识青年200人到尚集、河街等公社"安家落户"。

5月15日　撤销12个区的建制,全县划为15个人民公社。

7月11日　中共许昌县第二次代表大会召开,历时5天,出席代表571人。张保太当选为县委书记,王保兴、宋杰、张焕章、矫明日、许俊武为副书记。

1966 年

10月　许昌至太康小铁路动工修建。

11月2日　椹涧公社"幸福渠"竣工通水,灌溉面积2万亩。

12月5日　桂村公社水道杨大队党支部副书记杨水才病逝,终年41岁。

1967 年

2月初　县委和县人民委员会机关的"群众组织"夺了县委和县

政府的党政大权。县直各单位、各公社相继仿效,城乡无政府主义思潮泛滥。

1968 年

3 月 8 日　许昌县革命委员会在派性斗争中成立,徐本祥任主任,李进武、张保太、张焕章为副主任,下设办事组、政工组、军管组、生产指挥组、内务组。

9 月 29 日　许(昌)太(康)小铁路建成通车,从塔湾车站发车,经祖师公社北部、邓庄公社南部,穿五女店公社出县境,后延伸到郸城县。

1969 年

3 月　烟叶技术员张广全参加国家对外经济联络委员会组织的烟叶考察团,到几内亚考察烟草生产情况,并帮助该国建立烟草试验场。次年 3 月回国。

5 月 19 日　县"五七"干校成立,校址设县农场。

7 月 13 日、7 月 31 日　《人民日报》先后在头版头条位置发表长篇通讯和评论员文章,宣传杨水才的光辉事迹,全国各地掀起了学习杨水才精神的热潮。

1970 年

1 月　县直机关开展"一打三反"(打击现行反革命破坏活动,反贪污盗窃、反投机倒把、反铺张浪费)运动。

3 月　许昌至禹县小铁路动工修建,1972 年 5 月 1 日建成通车。

5 月　许昌至禹县公路铺渣油。

1971 年

冬　在三分之一的生产大队进行以"走大寨之路""一打三反"为

主要内容的整党建党工作。

1972 年

2 月 11 日　县召开党的第三次代表大会,恢复中共许昌县委员会,出席代表 582 人。鲍令昌当选为书记,石增奇、李善歌、张焕章为副书记。

6 月　先后恢复各公社党的委员会。

1973 年

3 月　恢复许昌县人民法院。

1974 年

3 月　河南农学院从郑州迁到许昌县蒋李集公社。

10 月　筹建苏桥油库。1976 年 10 月建成使用。

12 月　建立县桐木加工厂,1975 年投产。

1975 年

是年　许昌县汽车配件厂生产的 5 个品种、3363 件汽车配件,出口到东南亚一些国家和地区。

8 月　全县人民群众大力支援舞阳、郾城等县的抗洪救灾工作,提供熟食(烙饼)106.5 万公斤,还有大量的衣服、药物,并派出抢险队、医疗队前赴灾区救援。

1976 年

4 月　许昌县委办公大楼(衙前街)落成使用。

7 月　唐山地震,县医院接收因震致伤人员近百人,经过 4 个月治疗,陆续痊愈。

9月18日　在北关一中操场举行数千人参加的悼念毛泽东逝世追悼大会。

10月18日　参加许昌地区在西北大操场举行的庆祝粉碎"四人帮"反革命集团的伟大胜利大会。

1977 年

11 月　恢复高等学校招生考试制度。

12 月　许昌县首次科学大会召开。

1978 年

2 月　桂村公社艾庄大队党支部书记艾二中(回族)被选为全国人民代表大会代表,出席第五届全国人民代表大会。

7月25日　成立许昌县第一高级中学(北关原县完全中学)和第二高级中学(长店原县第二初级中学)。

1979 年

1月1日　重建许昌县人民检察院。

1月2日　县委、县革命委员会为全县在 1967 年中央"七二五"表态的大假案、反"三右一风"的冤案、"砸烂公检法"的冤案、"杀妖风"的冤案以及在清理阶级队伍中受迫害的干部、群众彻底平反昭雪。

1 月　贯彻中央《关于地主、富农分子摘帽问题的决定》。到 1984 年 6 月,全县"四类分子"的政治帽子全部被摘掉。

3月21日　招回 1969 年下放的医药卫生人员,招回时间自 1979 年 1 月计算。

4 月　利用飞机对部分麦田喷洒磷酸二氢钾,这在许昌县是创举。以后又连续多年喷洒。

9月10日　中共许昌县委发出通知,要求广泛开展对真理标准问题的讨论,明确"实践是检验真理的唯一标准"。

是年　国家确定许昌县为烤烟基地县。

1980 年

1月12日　河南省文化厅在桂村召开全省文化工作现场会,推广桂村公社办文化中心的经验。

6月　因全县麦场防火工作达到"三无"(无伤亡、无火灾、无人在公路上打场晒麦)标准,许昌县被评为全国麦场防火先进单位。公安部和农机部在许昌县召开全国防火现场会,29个省市区均派代表参加。

是年　改建许昌至襄城县朱湖的公路。

1981 年

2月26日　张潘公社门道张村出土一枚战国玉璧,青色圆形,直径26.6厘米。

8月1日　中共许昌县委召开扩大会议,学习《中共中央关于建国以来党的若干历史问题的决议》,统一和澄清干部思想上一些糊涂认识。

9月26日　中国人民政治协商会议许昌县第一次会议召开。单正修当选为主席,董玉岐、卢凯成当选为副主席。

9月27日　许昌县第六届人民代表大会第一次会议召开。李善歌当选为县人大常委主任,史林堂当选为县长,选举张文钊为县人民法院院长、孙廷柱为县人民检察院检察长。

10月20日　歌唱家郭兰英率中央歌舞团到尚集公社礼堂演出。

1982 年

1月13日—17日　中共许昌县第四次代表大会召开,选举张德广为县委书记,史林堂、曲永明、李中央为县委副书记。

2月 中共许昌县委抽调县、公社干部650人组成工作队,深入农村宣传贯彻中共中央〔1982〕1号文件,解除群众思想顾虑,巩固和完善各种形式的农业生产责任制。到6月底,全县3613个生产队有3373个实行家庭联产承包责任制。

7月1日 全县第三次人口普查。当日零时止,全县人口为133351户、680512人,其中男339513人,女340999人。共有汉、回、壮、满、蒙古、维吾尔、藏、土家、彝9个民族,除汉族外,少数民族共有6649人。

7月 河南省第五届运动会在郑州举行,许昌县获少年女子乒乓球赛团体第一名。

1983 年

7月1日 许昌县政府机关由市内衙前街迁到将官池公社枪杆刘村北的新址办公。

8月3日—7日 县委召开三级干部会议,总结推行农业生产责任制的经验,庆贺夏季小麦大丰收。本年小麦产量创历史最高水平。

9月14日 县召开奖励科技成果大会,有66项科技成果获奖。

9月—12月 全县乡村群众集资330万元兴建校舍,搬迁、重建学校59处,新建、维修教室2021间,添置桌凳19080套。

12月 县委办公楼在枪杆刘村北新址落成,建筑面积4206平方米。次年8月县委机关迁入新址。

1984 年

1月25日 全县社改乡工作结束,将15个公社改为15个乡,乡党委、乡政府相继选举成立。

3月15日 开始改革农村的行政管理体制。一般以原大队范围设行政村,建立村民委员会,设村主任;以原生产队设村民小组,选配组长。生产大队、生产队名称停止使用。

5月21日 县第七届人民代表大会召开。会议选举张志高为县人大常委会主任,选举王保安为县人民政府县长,选举周松岭为县人民法院院长、吴长江为县人民检察院检察长。

6月 小麦丰收。因国家粮仓不足,决定把一大批小麦让农民代为国家储存。存粮户达58812户,存小麦3432万公斤,占当年征购粮食的一半。

1985 年

1月26日 京(北京)深(圳)、许(昌)巩(县)公路加宽整修工程许昌县段破土动工。

4月4日 县召开建设精神文明"双先"(先进集体和先进个人)会,分别向26个文明单位、42个文明先进单位、38名精神文明建设积极分子颁发了文明证书、文明匾、锦旗、奖状和奖品。

6月1日 津巴布韦国家烟草协会副主席考克伯恩一行考察蒋李集烟叶生长情况。

9月10日 首届"教师节"庆祝大会在县委礼堂举行,358名优秀教师受到表彰,并向有25年以上教龄的教师颁发了光荣证书。

1986 年

2月 经国务院批准,将襄城县的丁营、麦岭、姜庄、范湖4个乡和临颍县繁城乡、繁城回族镇划归许昌县。但因襄城县划出的4个乡距许昌较远,交通不便,干群思想不通,3月25日,省政府通知,上述各乡镇仍由原属县管辖。

3月 许昌县被省定为以小麦生产为主的商品粮基地县。至1989年底,国家、省、市、县共投资660万元。

10 月 7 日 保加利亚农业大学教授、烟草专家到苏桥乡参观烤烟炕房改造。

12 月 5 日 艾庄乡隆重集会,庆祝恢复艾庄回族乡。市、县有关部门领导及鄢陵、禹州、临颍、襄城、魏都区的回族群众代表到会祝贺。该乡初辖艾庄、袁庄、码头魏 3 个行政村。1988 年 11 月 1 日,又从桂村乡析出鲁湾、大牛、杜宋、聂庄 4 个行政村,划归艾庄回族乡管辖。

1987 年

1 月 13 日 日本商务代表团三木真、中村慧二、奥村和夫等 3 人,到县桐木加工厂考察了解桐木拼板生产情况,进行技术交流。

2 月 4 日 许昌县县、乡人大换届工作开始,4 月 24 日结束。

3 月 民国二十二年(1933 年)《许昌县志》整理点校本由中州古籍出版社出版。同年获省地方史志编委评比的修志成果一等奖。

4 月 19 日 许昌县第八届人民代表大会第一次会议召开。选举尚自川为县长。

5 月 26 日 地处颍河的榆林乡利民桥建成通车。这是许昌县境内颍河上第一座钢筋水泥结构的大桥。

1988 年

2 月 实行教师职务聘任制。到 12 月底,全县 2157 名有专业技术职称的教师被聘用。

3 月 30 日 开始分期修建苏桥至桂村公路柏油路面。至 1990 年 9 月 24 日竣工,宽 6 米,长 11 公里。同年 3 月开始翻修许昌至柏冢公路,复修灵井至桂村公路,9 月竣工。

4 月 26 日 县有线广播"三化"建设经省广播电视厅验收评比,名列全省榜首。至 1988 年底,省内外 50 多个地、市、县 800 多人次来许昌县参观有线广播"三化"建设。

7月　县剧团演出现代豫剧《家家都有一本难念的经》,到1990年底,共演出400多场,观众达50多万人次。在全省召开的庆功表彰会上,受到省文化厅奖励。

8月20日—24日　许昌市场上刮起一股抢购风。县五交化公司采购的上海产黑白电视机、第二五交化公司采购的"飞鸽"牌自行车、县百货公司采购的缝纫机等商品均被抢购一空,销量是平时的几倍。

1989 年

3月　修建桂村至天宝宫柏油公路,小召至丈地柏油公路。共投资180万元,11月20日竣工。

4月　全县439个行政村均已达到国务院规定的基本扫除文盲标准。

6月　由国家经济投资公司贷款扶持的许昌县发制品总厂成立。

10月　县磨料厂、县星光造纸厂、县眼镜玻璃厂等13个乡镇企业生产的17种产品获部级质量一等奖。

11月　长村张乡干戈李村农民李彦增组织15人成立食用菌研究所,承担省科委下达的"平菇出口创汇基地开发研究"计划项目,面向社会开展技术培训,发展种植平菇户1400多户。1990年,产平菇50多万公斤,产值100多万元。

12月27日　中共许昌县第六次党员代表大会召开,党国典当选为县委书记。

是年冬　省人大常委会主要负责同志到许昌县榆林乡视察工作。

1990 年

3月4日　县九届人大一次会议选举刘汝焯为县人民政府县长。

3月　县委发出重新学习杨水才的决定,编印杨水才事迹单行本3000册,组织杨水才事迹报告团,赴各乡镇举行报告会70场,听众15万人次。

7月1日　进行第四次人口普查。全县共有171065户、749145人。其中男性377849人、女性371296人,男性占总人口50.43%。人口由22个民族构成,汉族741388人,其他少数民族7757人。百岁以上老人共3人。

7月20日　省委、省政府在许昌县召开社会治安综合治理工作现场会。县委书记党国典在会上介绍狠抓综合治理、稳定治安大局的做法,桂村乡、榆林乡、县武装部作书面发言。

8月4日　市委、市政府在苏桥镇召开村级文化大院现场会。洛阳、信阳、漯河、鹤壁、驻马店、焦作等市县领导相继到苏桥实地参观。苏桥镇被文化部命名为"文化大院建设先进单位"。

8月25日　中央政法委主要领导同志在省委、省政法委和省纪委主要负责同志陪同下,到许昌县苏桥镇丈地村和尚集镇宋庄村视察社会治安和农业生产情况。

1991 年

3月　许昌县被省委、省政府命名为"1990年社会治安综合治理成绩显著县""1990年秋季粮食生产先进县""全国平原绿化先进单位"。

4月9日　省委负责同志到五女店镇举人卢村、邓庄乡八里营村,就农村经济、基层组织建设和社会治安综合治理工作进行实地考察。

7月9日,河南省优抚对象作贡献活动现场会在榆林乡召开。当年底,民政部在全国推广了榆林乡的经验。

8月11日17时　许昌境东部突遭龙卷风袭击,并伴有冰雹,最大直径 35 毫米,张潘、邓庄、将官池 3 个乡受灾面积 5 万多亩。

8月 浙、皖、豫、鄂等 11 个省连遭暴雨成灾。全县近 50 万人捐赠人民币 24.9 万元,粮食面粉 10 多万公斤,食油 2000 公斤,衣、被 1.35 万条(件),学生作业本 10 万本,由民政部门送往灾区。

12月 解放军总政治部负责同志带领全国"双拥"模范城检查组,莅临许昌县检查"双拥"工作。

同月 黑龙江、吉林、内蒙古、湖北、湖南、广东、广西、海南、河南等 9 省、自治区的地、市、县 100 多个单位,相继到许昌县参观有线广播乡站自办节目。

1992 年

7月 10 日、7月 19 日、8月 10 日 邓庄、尚集、小召、苏桥、艾庄、灵井、榆林、椹涧、将官池等乡(镇)遭受大风和冰雹或龙卷风的袭击,11 万多亩玉米、烟叶等作物严重受损,数间房屋被毁,死伤牲畜 3700 头,人员伤亡 700 多人,直接经济损失近 2000 万元。

7月 29 日 省委、省政府、省军区授予许昌县"双拥模范县"称号。

8月 5 日 许昌汽车传动轴总厂与中国航空公司、郑州电动机车研究所联合开发的牵引车试车成功。该项产品是国家"八五"攻关重点项目。

11月 9 日—14 日 参加全国村落文化理论研讨会的文化部负责同志和来自全国各地的 60 名专家学者,到许昌县苏桥镇丈地村、艾庄乡艾庄村的文化大院进行参观考察。

12月 9 日 许昌县被中央社会治安综合治理委员会表彰为先进单位。

12月 16 日—20 日 中共许昌县第七次党员代表大会召开,连子恒当选为县委书记。

12 月　在全省排出的 1992 年粮棉油烟生产 20 个强县中,许昌县粮食生产居第 17 位,烟叶居第 3 位。全省县(市)国民生产总值综合指数排序居第 39 位。

1993 年

2 月 28 日　许昌县第十届人民代表大会第一次会议召开,李秀奇当选为县人民政府县长。

3 月 20 日　许昌县发制品总厂与美商合资创办的河南瑞贝卡发制品有限公司成立。

5 月 3 日　省委主要负责同志到尚集、河街察看灾情,慰问灾民,与群众一起商讨生产自救办法。

7 月 1 日　省委授予苏桥镇丈地村党支部书记张银坡为河南省小康村建设中作出贡献的优秀党员。

8 月 23 日　许昌建安综合批发市场举行开业典礼。国家工商局主要负责同志等前来祝贺。

10 月 19 日　来自美国、香港的国际红十字会考察团一行 12 人,到许昌县邓庄乡卫生院进行考察。

1994 年

7 月 13 日　县委、县政府决定在全县范围内集中开展一次打击"四霸"(路霸、村霸、市霸、地霸)专项斗争。

8 月 11 日　省委负责同志到许昌汽车传动轴总厂视察工作。

9 月 27 日　全县召开"解放思想,树立崭新发展观"大讨论动员大会,全县副科级以上干部 500 多人与会。

12 月 30 日　县委、县政府开始部署在全县进行村民委员会换届选举工作。

1995 年

2 月 28 日　在省委、省政府召开的全省 1994 年度计划生育工作奖惩广播电视大会上,许昌县荣获"计划生育先进县"称号。

3 月 17 日　省委负责同志在县委书记李秀奇等陪同下到许昌县进行调查研究,视察了许昌县高新技术开发区。

12 月 6 日　省委负责同志到许昌县视察工作。

12 月　全国政协领导同志到许昌县视察,听取了县委书记李秀奇关于加大食用菌开发的工作汇报。

1996 年

1 月 4 日　许昌县被授予全国"二五"普法先进县称号。

4 月 28 日　"严打斗争"在全县拉开序幕。

7 月 1 日　总投资 1680 万元的许昌县高新技术产业开发区 11 万伏变电站正式建成投运,结束了许昌县无高等级变电站的历史。

9 月 7 日　全国人大常委会领导同志到许昌县艾庄村、丈地村视察。

10 月　河街乡卫生院被卫生部、联合国儿童基金会、世界卫生组织授予"爱婴卫生院"称号。

12 月 24 日　国家重点工程项目——郑州至许昌高速公路许昌段工程顺利竣工,并通车试运行。

12 月 25 日　河南省委主要负责同志在市委书记李长铎、县委书记李秀奇陪同下,到瑞贝卡发制品有限公司和将官池镇调研。

是年　许昌县夏粮生产取得了历史最好成绩,平均亩产 353 公斤,总产 55268 万斤,分别比上年增长 32.95% 和 32.25%。

1997 年

4 月 18 日　省政府主要负责同志率领省、市小麦专家视察许昌县小麦高产大面积开发工作。

5 月 16 日　省政府主要负责同志陪同全国五大作物高产综合配套技术考察组到许昌县考察。

6 月 3 日　全国北方 19 省(市、区)小麦跨区机收会战动员会在许昌县小召乡召开。农业部、河南省政府主要负责同志以及外省、市领导 300 多人参加会议。

6 月 17 日　全国烟叶生产观摩现场会在许昌县将官池镇召开。

6 月 21 日　国家烟草专卖局主要负责同志及国家有关 8 个部委的领导到许昌县将官池镇考察烟叶高效示范园区。

是年　许昌县把 1997 年定为"教育年",许昌县在本年度通过省政府的"普九"验收。

1998 年

1 月 15 日　许昌县实施农村最低生活保障金制度。保障资金由县、乡、村三级负担。

2 月 23 日—25 日　民政部全国村民自治模范县验收组对许昌县进行检查验收。

2 月　许昌县荣获河南省烟叶生产"金杯奖"。

3 月 11 日　省委负责同志率省委调研组到许昌县考察非公有制经济及国有企业改革情况。

5 月 20 日　全国人大内务司法委员会委员负责同志一行 6 人到许昌县考察《村委会组织法》的贯彻执行情况。

1999 年

3 月 21 日　100 名来自全国各地的专家到尚集镇的宋庄村、吕桥村,苏桥镇的罗拐村、孟庄村参观农网建设(改造)情况。

3 月 28 日　中央重要领导同志在省市主要领导陪同下,到将官池镇和尚集镇宋庄村视察农村和农业生产及基层组织建设情况。

4月 全国村民自治现场会在小召乡朱庄村召开。

4月6日 国务院和民政部领导同志在副省长李志斌、市长刘春良、副市长张同立陪同下到尚集镇敬老院和吕桥村、十王村视察。

4月17日 电力工业部主要负责人等到许昌县视察农村电网建设（改造）工作。

8月7日 全省新型农机演示会在许昌县农机总厂召开。

10月27日 省委、省政府负责同志考察瑞贝卡发制品有限公司和骆驼鞋业有限公司。

11月12日 武警部队负责同志到许昌县武警中队视察部队建设情况。

2000 年

3月14日 许昌县人武部被济南军区政治部授予"青年民兵之家建设先进单位"称号。

6月26日 许昌县被省委授子"基层党组织建设工作先进县"荣誉称号，成为许昌市唯一获此殊荣的县（市）。

7月6日 许昌县榆林乡突遭50年一遇的洪水，境内颍河7处涉险。县委组织沿途县、乡、村干部及沿河群众一万多人，在当地驻军200多名官兵大力支持下，投入麻袋、木材、铁丝等大量物资，培土复堤6500立方米，取得了抗洪抢险的胜利。

11月1日 省委主要负责同志到许昌县瑞贝卡发制品股份有限公司考察。

12月 许昌县被河南省政府表彰为1999年度"红旗渠精神杯"先进县。

是年 许昌县林业公安派出所成功侦破震惊全国的"1·21"特大非法收购、运输、销售国家二级保护动物猕猴案。

2001 年

2 月 22 日　尚集镇被建设部授予"全国小城镇建设示范镇"荣誉称号。

3 月 4 日　许昌县被农业部确定为首批"科技兴农与可持续发展综合示范县",是河南省唯一获此殊荣的县(市)。

5 月 14 日　中国农科院院长卢良恕、院士李振生等专家到许昌县尚集镇对现代农业开发及农业示范园区建设进展情况进行考察。

6 月 30 日　许昌县杨水才纪念馆隆重开馆。原中顾委秘书长、中组部原副部长李力安,省人大常委会副主任张德广,市领导刘春良、毛万春及军分区领导 300 多人参加了开馆仪式。

6 月　河街乡供销社李门综合服务部被评为全国供销系统百强店。

7 月 17 日　在全国第五次法制宣传教育工作会上,许昌县被授予全国"三五"法制宣传教育先进县称号。

10 月 17 日　许昌县在深圳高新技术成果交易会上,招商引资额达 2.9 亿元人民币,签约项目位居全市第一。

10 月　椹涧乡被中宣部、国家计划生育委员会授予"全国婚育新风进万家活动先进乡镇"称号。

10 月 28 日　济南军区负责同志视察了许昌市首家建立民兵组织的非公有制企业——许昌傻子实业有限公司。

11 月 29 日　灵井镇被农业部、对外贸易经济合作部授予"全国乡镇出口创汇 50 强"称号,并跻身于"全国 500 家出口创汇管理先进单位",是河南省唯一受此表彰的单位。

12 月 3 日　联合国卫生组织结核病控制领域顾问、韩国国家结核病研究所所长金尚才博士和西太平洋地区结核病防治组织顾问甘沛文一行 4 人,到许昌县对结核病耐药监测开展情况进行考察。

是年　艾庄回族乡被文化部命名为"中国民间艺术之乡"。

2002 年

1 月 30 日　国内首座汽车传动轴 XCJ－06 型冲击强度试验台，在许昌汽车传动轴总厂研制成功，填补了传动轴冲击强度检测的空白。

2 月 22 日　水利部和淮河水利委员会负责同志考察了 311 国道许昌县花卉长廊节水灌溉工程建设情况。

2 月 28 日　国家林业局和河南省政府主要负责同志考察邓庄乡项目开发区。

4 月 18 日　许昌县被科技部授予"全国科技进步先进县"称号。

5 月 20 日　许昌县党建网站在因特网上正式开通，此属河南省第一家县级党建网站。

6 月 4 日　科技部、省政府和广西壮族自治区政府负责同志等到五女店镇老店村考察优质小麦生产基地。

6 月 5 日　农业部负责同志在省、市、县领导陪同下视察县优质高效农业生产情况。

6 月 17 日　省委主要领导到骆驼鞋业公司进行考察，市、县领导刘春良、王金怀、周献忠、王桂梅等陪同。

7 月 15 日—16 日　全国人大相关负责同志到河南骆驼鞋业有限公司、瑞贝卡发制品有限公司和河南鸿宝园林有限责任公司考察。

9 月 18 日　省政府主要领导到河南骆驼鞋业公司、瑞贝卡发制品有限公司进行考察。

2003 年

1 月 21 日　许昌县被省对外开放领导小组确定为河南省首批对外开放重点县。

1 月 22 日　省委负责同志一行到许昌县五女店镇和尚集镇敬老院进行慰问。

3 月 21 日　市委书记刘春良、市长毛万春等,察看许昌县的植树造林工作。

4 月 10 日　国务院主要领导同志在省、市、县领导王明义、刘春良、毛万春、周献忠、王桂梅等陪同下,考察许昌县非公有制经济发展情况。

4 月 21 日—23 日　许昌县委连续召开常委扩大会议,传达中共中央、国务院,省委、省政府关于加强非典型性肺炎防治工作的密电和市委常委扩大会议精神,进一步研究部署许昌县非典型性肺炎的防治工作。

5 月 5 日　许昌县委、县政府决定从全县 83 个县直单位和 16 个乡镇抽调 904 名干部,组成 452 个"非典"防治工作组奔赴农村抗"非典"。

7 月 10 日　河南瑞贝卡发制品股份有限公司代码为 600439 的"瑞贝卡"股票正式上市交易。

8 月 13 日　外交部办公厅参赞孙荣茂、外交部干部司司长刘光源带领外交部高级外交官一行 20 多人,到河南瑞贝卡发制品股份有限公司进行实地考察。

9 月 17 日　尚集镇荣获全国扶残助残先进集体奖杯。

9 月 19 日　许昌至尉氏高速公路举行开工奠基仪式。许尉高速公路全长 64.262 公里,路基宽 28 米,为双向四车道高速公路,时速可达 120 公里。该公路是河南省第一条由民营企业出资建设的经营性高速公路。

10 月 21 日　河南神火煤电股份有限公司与许昌县人民政府举行联合开发泉店煤矿项目签字仪式。11 月 16 日,许昌县第一座由神火集团开发的泉店煤矿勘探工程正式开工建设。

11 月 17 日—19 日　许昌县"两基"巩固提高工作通过省政府"两基"复查组验收。

11 月 18 日　省政府主要负责同志到许昌县调研非公有制企业发展情况。

2004 年

2 月 5 日　省委主要负责同志带领省直有关部门负责人,莅临许昌县视察农业生产和禽流感防治工作。

2 月 13 日　农业部负责人到许昌县检查禽流感防治工作。

2 月 22 日　中央编制办公室主要负责同志到许昌县调研机构编制管理工作。

3 月 9 日　河南瑞贝卡发制品股份有限公司被确定为全国工业旅游示范点验收单位。

3 月 15 日　许昌县跨入全省农副产品加工先进县行列。

4 月 22 日　省人事厅驻村工作队多方筹措资金 100 多万元,帮助五女店镇坡卢村、长村张乡三桥村和将官池镇王店村兴建的 3 所小学同时竣工。

5 月 17 日　河南省保护性耕作机械现场演示会在许昌县举行。来自全省各地市农机局、农机推广站的 30 余名负责人,观看了许昌县农机总厂生产的"数显免耕多用旋播机"演示。

6 月 16 日　全国总工会负责同志到许昌县调研非公有制企业工会工作。

6 月 16 日　许昌远东传动轴有限公司挂牌成立,标志着许昌县最大的一家国有企业改制成功。

9 月 8 日　全国政协负责同志带领全国政协常委考察团到河南瑞贝卡发制品股份有限公司进行调研。

11 月 11 日　中宣部主要负责同志在省、市、县领导的陪同下,到河南瑞贝卡发制品股份有限公司视察。

11 月 26 日　参加全省非公有制企业党建工作座谈会的与会代表在省委负责同志的带领下,到许昌县参观非公有制企业党建工作。

2005 年

2 月 20 日　许昌市四大班子领导刘春良、毛万春、董晋平等与省委督导组成员到许昌县桂村乡宫后村、杨水才纪念馆开展保持共产党员先进性教育集中学习活动。

3 月 11 日　许昌湖雪面粉有限公司日处理小麦 500 吨绿色食品专用粉生产线正式投产。

3 月 23 日—24 日　省委主要负责同志莅临许昌县农村和企业进行考察。

5 月 18 日　江西省委、省政府率领省党政代表团莅临许昌县参观考察非公有制经济发展情况。

5 月 12 日　美国前国务卿基辛格在中国人民解放军总参谋部负责同志和河南省军区主要负责同志的陪同下,到许昌县农村进行访问。

5 月 22 日　由中国工程院院士卢良恕、刘更另、郭子元,中国农业科学院研究员杜振华等组成的小麦专家考察团,莅临许昌县实地察看粮食丰收科技工程万亩示范区。

5 月 30 日至 31 日　河南省部分县(市)县域经济发展座谈会在许昌县召开。

8 月 4 日　许昌县政府与立陶宛 SLS 公司举行经济合作项目签约仪式。

8 月 8 日　柬埔寨国会教育宗教文化旅游委员会主任蒙金辉带领柬埔寨人民党议员考察团一行 10 人,在中联部办公室主任丁自玉、县领导葛连春陪同下,重点对许昌县解决"三农"问题及发展县域经济情况进行了实地考察,并到河南瑞贝卡发制品股份有限公司参观访问。

9月23日　全国政协主要领导人带领部分全国政协委员到河南瑞贝卡发制品股份有限公司视察。

10月18日　最高人民检察院负责同志在省委主要负责同志等陪同下,到河南瑞贝卡发制品股份有限公司视察。

2006 年

4月19日　河南省惠农补贴政策现场交流会在许昌县苏桥镇禄马村召开。省委主要领导同志,市委书记毛万春,市委副书记、代市长李亚,县委书记王桂梅,县长王堃等出席会议。

4月25日　香港恒辉国际发展有限公司、福建晋江万泰盛鞋服有限公司轻工项目同时在尚集高新技术开发区隆重举行开工奠基仪式。

5月26日至28日　中国共产党许昌县第十次代表大会召开。会议以无记名投票的方式选举出了中共许昌县第十届委员会委员,候补委员、县纪委委员和许昌县出席市五次党代会代表。

6月12日　许昌至长葛80平方公里城乡一体化推进区电力建设工程正式开工建设。

6月29日　河南质源豆制品有限公司被中国食品工业协会授予"中国豆制品著名品牌企业20强"荣誉称号,是河南省唯一荣获该项荣誉的食品企业。

8月　河南瑞贝卡发制品股份有限公司被中国轻工业联合会评定为"中国轻工业500强"企业。

11月11日　河南瑞贝卡控股(集团)公司挂牌成立。

11月26日　河南省百户重点工业企业河南省造纸法烟草薄片项目在许昌县奠基。

2007 年

2月7日　汉魏许都故城遗址公园正式对外开放。

3月2日　全省第一批农产品加工示范企业名单公布,河南质源豆制品有限公司、河南世纪香食用菌开发有限公司、许昌湖雪面粉有限公司入选。

3月19日　许昌县举行邮政储蓄开办小额质押贷款新闻发布会。以此为标志,邮政储蓄结束了只存不贷的历史。

3月　许昌县喜获"河南省文化先进县"荣誉称号。陈曹乡被命名为"河南省文化先进乡镇",尚集镇被命名为"河南省民间艺术之乡"。

3月　第一批河南省省级非物质文化遗产名录公布,"艾庄铜器舞"榜上有名。

3月　长村张乡划归许昌市经济技术开发区代管。邓庄乡划归许昌市东城区代管。

3月20日　许昌县毛发制品产业集群被首批认定为河南省重点产品集群。许昌县毛发制品产业集群共有企业110多家,年出口创汇2.6亿美元,是全国最大的发制品生产基地。

6月16日　许昌远东传动轴有限公司年产200万套传动轴和200万只OEM汽车零部件的新基地正式投产。

7月6日　许昌县尚集镇调解委员会被司法部授予"全国模范调解委员会"称号。

10月28日　来自澳大利亚、韩国、印度、巴基斯坦和国内的100多名专家教授到河南豪丰机械制造有限公司参观考察。

12月17日　河南省文物考古研究所在对许昌灵井旧石器时代遗址进行的考古发掘中,在9号探方深5米处发现较完整的古人类顶骨、枕骨、颞骨的断片共计16块,复原后可成为较完整的人类头盖骨化石。

12 月 19 日　省委主要负责同志到许昌县就促进全民创业工作进行调研。

2008 年

1 月 11 日　国务院重要领导同志带领财政部、水利部、农业部、国务院政研室、国家发改委等部门人员,在省、市领导徐光春、李成玉、毛万春、李亚的陪同下到许昌县,就贯彻落实党的十七大精神、中央农村工作会议精神和农业农村工作进行视察。

4 月 29 日　位于推进区的重点工程——许昌县创业大道大桥开工建设。该工程由许昌四通路桥公司承建,大桥全长 70.8 米,宽 42 米。

5 月 18 日　省、市重点项目许禹地方铁路泉店至苏桥段建设工程开工仪式在苏桥镇隆重举行。许禹地方铁路泉店至苏桥段全长 22 公里,工程预算总投资 4.3 亿元,计划于 2009 年 5 月建成投运。

5 月 27 日　省政府主要负责人到瑞贝卡发制品股份有限公司进行调研。

10 月 6 日　瑞贝卡公司创业大楼落成典礼暨许昌县四大班子机关新办公场所揭牌仪式在推进区隆重举行。

10 月 20 日　由澳大利亚电视台七号台、九号台,日本 NHK 电视台、台湾东森电视台、凤凰卫视、澳大利亚卫视、河南卫视共 50 人组成的“精彩河南”亚太电视河南采访团到瑞贝卡公司采访参观。

11 月　“许昌腐竹”地理标志产品顺利通过国家质检总局专家组的评审。

12 月 14 日　中共中央组织部原负责同志在省委常委、组织部部长叶冬松等陪同下,到杨水才纪念馆参观。

12 月 30 日　在河南省农田水利基本建设“红旗渠精神杯”竞赛

表彰会上,许昌县被省政府授予"红旗渠精神杯"金杯县称号,这是许昌县第八次蝉联此殊荣。

2009 年

2月4日 省委主要负责同志在省委常委、秘书长曹维新的陪同下到许昌县视察,现场指导抗旱浇麦工作,实地察看企业经营情况,并与许昌县干部群众亲切交谈。

4月20日 全国政协主要领导同志到河南瑞贝卡集团公司、许昌县陈曹乡计门村考察指导工作,与科技人员、企业职工亲切交谈,和农村干部群众共谋农村发展之计。

4月24日 中原电器谷核心区暨许继风电园开工奠基仪式在尚集镇隆重举行。中原电器谷是以电力装备制造业为主体的省级重点产业集聚区。

4月25日 "瑞贝卡 Rebecca"商标被国家工商行政管理局认定为中国驰名商标。

5月22日 国土资源主要负责同志到瑞贝卡公司察看标准厂房建设情况。

5月24日 国务院南水北调办公室负责同志在省、市、县领导的陪同下到许昌县榆林乡姬家营移民新村视察指导工作。

7月12日 京港澳高速许昌北站项目举行开工仪式。市、县领导毛万春、石克生、王堃出席开工典礼。

8月16日 首批来自南水北调的丹江口库区淅川县滔河乡姬家营移民村的300多名移民喜迁榆林乡姬营村。

11月4日 省政府主要负责人带领全省各地市主要负责人及省直有关部门负责人到许昌县观摩重大项目建设情况。

12月9日 神火集团许昌新区热电厂前期工程奠基仪式隆重举行。该项目的开工建设将有利于促进许昌经济的快速发展,积极带动周边相关产业的蓬勃兴起。

12 月 15 日　省委主要负责同志到许昌县视察。同日,农业部党组负责人到许昌县陈曹乡万亩高效农业示范园区调研。

2010 年

1 月 4 日　河南省委常委会议正式研究通过了许昌县新区建设总体方案,市委书记毛万春到许昌县传达省委常委会议精神,并对许昌新区建设提出要求。

5 月 18 日　许昌远东传动轴股份有限公司在深圳证券交易所正式挂牌上市。

6 月 10 日　国务院主要负责同志在省、市、县领导的陪同下,到许昌县考察“三夏”生产工作。

7 月 20 日　南水北调丹江口库区移民搬迁欢迎仪式在蒋李集镇下寨移民村举行。

8 月 4 日　省政府主要负责同志到许昌县调研新区建设情况及农村新型社区建设情况。

9 月 27 日　人民日报社、中央电视台、中央人民广播电台、新华社、农民日报社等多家中央媒体记者组成的“秋粮探行”采访团,到许昌县陈曹乡秋粮生产一线,就秋季粮食作物增产增收情况进行采访。

11 月 23 日　在全省召开的中原最具投资价值县(市)区表彰会上,许昌县获得了“河南省投资环境优化奖”。

2011 年

1 月　许昌县被河南省委、省政府授予“中原平安杯”荣誉。这是许昌县平安建设工作自 2009 年荣膺“全省平安建设工作先进县”的基础上获得的又一殊荣。

3 月 21 日　国务院在许昌市召开全国春季农业生产工作会议。

国务院重要领导同志带领出席全国农业生产工作会议的代表们到许昌县视察农业生产工作,对许昌县陈曹乡 10 万亩小麦高产创建整乡推进示范片区给予高度评价。

4 月 19 日　许昌县新区医院病房楼开工奠基。新区医院是河南省 8511 重点工程建设项目,总投资 5 亿元,规划占地 162 亩,医院病房楼设计高度 15 层,建筑面积达 10200 平方米。

4 月 24 日　京港澳高速公路许昌北站正式投入运行。许昌北站的建成及投入使用,有效缓解了许昌市原有京港澳高速公路出入口的压力,对于扩大和提升许昌县新城区知名度,更好地服务许昌经济社会发展和人民群众安全便捷出行,具有重要的作用。

6 月 28 日　中国共产党许昌县第十一届委员会举行第一次全体会议,选举第十一届县委常委委员和书记。王民生当选为中共许昌县第十一届县委书记,连建锋当选十一届纪委书记。

11 月 5 日　全国政协重要领导人一行到瑞贝卡公司参观考察。

2012 年

2 月 17 日　河南省现代农业机械装备院士工作站在豪丰公司正式挂牌成立。这是豪丰公司继成立博士后科研工作站之后在许昌落户的第一个院士工作站。

2 月 21 日　省委主要负责同志到许昌县视察春季麦田管理情况。

3 月 1 日　许昌县隆重举行 2012 年第一季度城建基础设施重点项目集中开工仪式。2012 年,许昌县共承担城建基础设施重点项目 19 项,总投资 8.45 亿元,计划完成投资 7.14 亿元。

4 月 18 日　许昌县召开 2011 年度经济社会发展表彰大会。

5 月 28 日　香港许氏宗亲会会长许嘉鎏带领许氏宗亲会会员,到陈曹乡双楼张社区参观考察新型农村社区建设情况。

6月21日 河南农业大学许昌校区师生顺利搬迁。

8月28日 豫商大会在许昌召开期间,蒋介石的侄孙女蒋孝玉到河街乡小郑村访问。

10月18日 国务院南水北调办公室负责同志视察许昌县南水北调中线配套工程。

11月7日 "中瑞合作·许昌论坛"在许昌县举行,来自瑞典的客商代表与全县商界代表齐聚一堂,共谋合作发展。这次"中瑞合作·许昌论坛"使中国企业与瑞典企业之间建立长久的合作关系,实现双方合作共赢。

12月19日 卡地亚广场项目开工奠基。该项目位于许昌县老城区原金三角市场,计划投资8亿元。项目建成投用后,对改善许昌县老城区居民的居住、消费和生活环境,提升老城区对外形象,将起到有力的推动作用。

2013 年

1月6日 中央宣讲团在许昌县举行十八大精神宣讲报告会。中央宣讲团成员、河南省社科院副院长刘道兴,辽宁省盘锦市兴隆台区原区委常委、宣传部部长周恩义作了报告。

3月2日 农业部"菜篮子"工程验收组对许昌县"菜篮子"工程进行检查验收。

4月3日 国信互联移动互联网旅游基地项目签约仪式在许昌县举行。该项目位于新元大道以北、莲苑路以东的区城,面积193亩,计划总投资6亿元,可提供1000个就业岗位。

10月11日 许昌县老促会再次荣获全国老区宣传二等奖。县老促会已连续五年获此奖项。

12月 许昌县连续14年蝉联"全国科技进步先进县"称号。

2014 年

3 月 10 日　许昌县党的群众路线教育实践活动工作会议召开。

6 月　许昌县 2014 年农村安全饮水工程通过省发改委、水利厅批复。农村安全饮水工程涉及河街、苏桥、小召、陈曹、蒋李集、椹涧、五女店、榆林、桂村、张潘等 13 个乡镇 66 个行政村以及 2 所学校,计划解决 9.6055 万人的不安全饮水问题。

7 月　省政府公布了 2013 年度全省产业集聚区综合考评结果,在全省 180 个产业集聚区中,许昌县尚集产业集聚区被评为"一星产业集聚区"。

9 月 26 日　许昌县政府与上海股权托管交易中心正式签订战略合作协议,上海股权托管交易中心将在许昌县设立全省第一家孵化基地。

9 月　河南豪丰机械制造有限公司董事长刘少林入选"中国好人榜"。

10 月 23 日　张潘精细化工园区内的许昌东方化工有限公司获批国家级高新技术企业。2014 年 10 月,全县的国家级高新技术企业已达到了 10 家。

12 月 11 日　豫中陆路口岸物流港项目评审暨推进会举行。该项目位于京广铁路以东、汉风路以西、农大路以南、尚集街以北的区域,由许昌陆路口岸实业有限公司投资建设,计划总投资 50 亿元,总占地面积 2937 亩,总建设周期 60 个月。

2015 年

3 月 3 日　正月十三杜寨书会,来自河南、山东、安徽、河北等地的说书艺人云集苏桥镇杜寨村说书亮艺。杜寨书会已成为许昌县独具特色的文化盛会。

7月4日　许昌远东传动轴股份有限公司隆重举行1000套高端重型传动轴总成代表中国首次走出国门仪式。这是远东公司高端重型传动轴总成首次走出国门,改写了中国高端重型传动轴总成没有出口的历史。

8月18日　市委书记王树山到许昌县调研重点项目建设情况。

8月　省水利厅公布了全省首批16个"水美乡村"名单,蒋李集镇圪垱村榜上有名。圪垱村是许昌市唯一一个入选全省"水美乡村"的村庄。

9月14日　位于张潘镇精细化工园区的河南红东方化工股份有限公司在北京"新三板"成功挂牌,这是河南省第一家化工"新三板"企业,打破了许昌县没有"新三板"企业的局面。

10月　许昌鲜之达中原国际农产品物流港正式开业。该项目位于许昌县城南商贸物流园区,总投资9.6亿元,总建筑面积62万平方米。

10月　河街腐竹入选河南省非物质文化遗产代表性项目名录。

11月　许昌县城南商贸物流园被评为省级示范物流园,成为许昌市唯一一家获此殊荣的专业物流园区。

12月2日　河南环宇玻璃科技股份有限公司在北京举行"新三板"挂牌仪式,成为河南省内第一家"新三板"玻璃深加工企业。

12月10日　许昌县不动产登记局正式挂牌成立,标志着许昌县现代产权制度改革迈出了重要一步。该机构的成立,对保护不动产权利人的合法财产权具有重要意义。

12月　河南瑞贝卡发制品股份有限公司和许昌远东传动轴股份有限公司入选"2015河南民营企业100强"和"2015河南民营企业制造业100强"。

2016 年

3月16日　国家棉花及纺织服装产品质量监督检验中心、河南出入境检验检疫局检验检疫技术中心许昌工作站举行揭牌仪式。

4月　许昌县第一个城市社区——利民社区在许由街道揭牌成立。

6月28日　中国共产党许昌县第十二届委员会举行第一次全体会议,选举第十二届县委常委、书记、副书记。赵庚辰当选为中共许昌县第十二届县委书记,萧楠、马浩当选为县委副书记,谷学军当选为纪委书记。

6月30日　国家检验检测认证公共服务平台示范区暨国家纺织服装综合检测创新园项目在尚集产业集聚区东拓区奠基。

同日　许昌县举行郑合高铁许昌北站组团综合开发项目融资建设签约仪式。

7月19日　许昌县特色电子商务产业园开业仪式在尚集产业集聚区西拓区举行,标志着许昌县电子商务产业迈上了一个新的发展阶段。

8月24日　中国文联负责同志带领参加"水韵莲城、魅力许昌"全国摄影比赛的摄影家,到许昌县北海公园采风。

9月9日　德国国防部前部长、社会民主党前主席、战略咨询交流股份公司董事长鲁道夫·沙尔平一行到河南豪丰机械制造有限公司参观考察,洽谈合作事宜。

10月14日　全国人大常委会执法检查组就许昌市贯彻落实《安全生产法》情况到许昌县陈曹乡高效农业示范园区、河南天和农业发展有限公司、许昌农机物流园视察。

10月16日　全国人大一行到许昌县视察高标准粮田和高效节水灌溉示范区建设工作。

11月8日　中央宣讲团成员、中央政策研究室负责同志一行到陈曹乡田间地头宣讲党的十八届六中全会精神。

11月22日　许昌县举行第四批市级非物质文化遗产保护项目

授牌仪式。许昌县已有4个项目录入省级非物质文化遗产保护名录，10个项目录入市级非物质文化遗产保护名录，68个项目录入县级非物质文化遗产保护名录。

11月29日　国家纺织服装综合检测创新园项目签约仪式在许昌县云锦酒店举行。该项目是县政府与省纤维检验局合作项目，项目建成后，将成为国际一流、辐射全国的检验检测基地。

2017 年

1月9日　参加许昌市承接珠三角地区产业转移招商活动中，建安区成功签约中兴智汇许昌产业园、纳米特种膜生产线等5个项目。

1月8日　河南豪丰机械制造有限公司董事长刘少林荣获2016年度全国科学技术进步二等奖。

2月5日　许昌市建安区成立大会在建安区会议中心隆重举行。市委书记武国定作重要讲话，市长胡五岳主持大会。省民政厅副厅长刘清民及市、区领导石克生、张宗保、石迎军、刘保新、王堃、史战芳、赵文峰、徐相锋、王志宏、赵庚辰、萧楠、马浩、连建锋、葛连春等出席会议。

此前的2016年11月24日，国务院正式批复同意撤销许昌县设立建安区。2016年12月23日，省政府印发了《关于调整许昌市部分行政区划的通知》。

3月7日　市委书记武国定、市长胡五岳带队对全市百城建设提质工程重点项目进行观摩。

3月15日　区基础教育提升三年攻坚动员会召开。

3月27日　省委主要负责同志到椹涧乡前宋村调研基层党组织建设、党员作用发挥等工作。

4月15日　建安区召开脱贫攻坚推进会，贯彻落实省、市脱贫攻坚第二次推进会精神和省委、市委领导同志的重要指示精神，安排部署建安区下一步的脱贫攻坚工作。

6月19日　建安区政府与许昌学院校地合作签约仪式在许昌学院会议室举行。

7月2日　建安区召开脱贫攻坚问题整改核查验收汇报会。省脱贫攻坚问题整改核查验收组组长梁修群听取建安区相关工作汇报并作重要指示。

7月26日—27日　在第90个建军节来临之际,区领导萧楠、马浩等到苏桥镇和五女店镇,分别走访慰问了苏桥镇退役老兵苏景昌、孟文杰,现役军人家属张先荣、退役老兵陈国平和五女店镇优抚对象朱风祥、陈伟生、范保林,送去了党和政府的温暖。

9月12日　区委召开全区领导干部会议,传达省委、市委关于区委、区政府主要领导同志职务调整的决定:邵七一同志任中共建安区委书记,赵庚辰同志不再担任中共建安区委书记职务;提名马浩同志为建安区人民政府区长候选人,萧楠同志任许昌市财政局局长、党组书记,不再担任中共建安区委副书记、常委、委员,区人民政府区长职务。

9月14日　国家生态园林城市创建工作考评验收组莅临建安区,实地察看北海公园和清潩河三达人工湿地的水质,对建安区生态园林城市创建工作进行验收。

10月10日　河南省文化厅公布了第四批省级非物质文化遗产代表性传承人认定结果。许昌市共有9人入选省级"非遗"项目代表性传承人,涉及4个类别9个项目。建安区档发传承手工制作技艺传承人郑有全、河街腐竹制作技艺传承人刘志杰入选。截至2017年底,建安区共有非物质文化遗产省级代表性传承人6人。

11月3日　"许商回归工程"座谈会暨专题招商活动项目签约仪式在深圳市举行。建安区与上海化亿通控股集团公司签订了投资60亿元的项目开发协议。

11月8日　省工商联发布"2017河南民营企业100强"榜单,建安区的河南瑞贝卡控股有限公司和许昌远东传动轴股份有限公司榜上有名。

11月15日　区领导邵七一、马浩、李亚强、朱键、谷学军、魏凯歌、李振伟、赵宪领、李洁到桂村乡水道杨村杨水才纪念馆追思杨水才精神,重温入党誓词。

11月23日　教育部督导局副局长郭佳带队到建安区第一实验学校调研国家义务教育基本均衡县创建工作。

12月16日—18日　全区领导干部学习贯彻党的十九大精神培训班举行。区委书记邵七一、代区长马浩、市委宣传部副部长赵献东、省委宣传部理论教育讲师团团长李德全、滑县扶贫办纪检书记徐志超在培训班上作报告。

12月19日　中国共产党许昌市建安区第一届委员会第一次全体(扩大)会议召开,表决通过了《中国共产党许昌市建安区第一届委员会第一次全体会议决议》,审议并原则通过了《中共建安区委关于深入学习贯彻党的十九大精神决胜全面建成小康社会开启新时代建安区全面建设社会主义现代化新征程的意见》。

2018 年

1月2日　全市2018年第一批重点项目暨河南瑞贝卡新能源客车生产基地项目集中开工仪式在建安区举行。

3月7日　市委考核组对建安区四大班子和市管干部2017年度工作情况、贯彻落实从严管党治党情况、党风廉政建设责任制情况、意识形态工作情况、"八项规定"执行情况等进行年度考核。

3月24日　建安区政府与世界500强企业绿地控股集团有限公司举行许昌高铁北站组团综合实验区开发建设合作协议签约仪式。

4月18日　绿地城标集团成功中标许昌高铁北站站前广场及核

心区水系(两侧)景观项目,项目总投资3.83亿元。

4月20日　市长胡五岳带领全市重点产业项目暨百城建设提质工程观摩团一行观摩建安区北海周边综合开发及建安中学项目、许昌远东传动轴有限公司汽车传动系高端智能制造产业园项目、河南豪丰机械农业装备项目和新元大道东段拓宽提质工程建设情况。

5月22日,市领导史根治、冯奕、王文杰到瑞贝卡大道排水泵站、区武装部民兵应急连战备物资储备室、椹涧乡孙庄水库、清潩河潩沱桥调研防汛工作。

5月30日　在中央文明办举办的"中国好人"发布仪式上,建安区灵井镇史堂村人史晓勇荣登"中国好人榜"。

6月16日　郑大一附院与许昌市第五人民医院合作签署仪式暨郑大一附院专家教授故乡行·许昌站启动仪式举行。

6月23日　中国发制品行业全球跨境电商大会暨建安区跨境电商项目签约仪式在瑞贝卡大酒店隆重举行。

8月1日　省脱贫攻坚重点工作核查组莅临建安区,对建安区2018年上半年脱贫攻坚工作整体推进情况进行考核验收。

8月10日　中国共产党建安区第一届委员会第三次全体会议召开。区委书记邵七一代表区委常委会作讲话。区委常委出席会议。

9月21日　建安区在北海广场举办首届"中国农民丰收节"庆祝活动。

10月15日　2018年中国中小城市科学发展指数研究成果报告发布,建安区被评为"全国科技创新百强区"。

10月16日　2018年全国"万企帮万村"精准扶贫行动先进民营企业表彰大会暨扶贫日论坛会议在北京会议中心召开。河南世纪香食用菌开发有限公司是许昌市唯一一家获此殊荣的优秀民营企业。

10月26日　省旅游局发文,认定首批50家河南省休闲观光园区和30个河南省特色生态旅游示范镇。世纪香食用菌休闲观光园是全市被认定的 3 家省级休闲观光园区之一。

11 月 25 日　远东公司入围全省 18 家智能制造优秀示范企业名单。

11 月 28 日　市委书记、市长胡五岳带队到世纪香食用菌产业园、五女店镇大王寨村、东部垃圾处理智慧平台、五女店镇苗店社区养老中心四个乡村现场观摩乡村振兴工作开展情况。

12 月 11 日，河南大正房地产开发有限公司向椹涧乡贫困村宁庄村捐款 30 万元，帮助该村及早脱贫。

在河南省开展的学雷锋"四个优秀"先进典型宣传推选活动中，建安区苏桥镇爱心人士刘冰和新元街道办事处镜湖社区受到省文明委表彰。

2019 年

1 月 10 日　许昌市、建安区文化、科技、卫生"三下乡"集中示范活动启动仪式在陈曹乡南北街村举行。

1 月 16 日　中国共产党许昌市建安区第一届委员会第四次全体（扩大）会议召开。区委书记邵七一出席会议并讲话。区委副书记、区长马浩就《建安区机构改革方案》作说明。

2 月 28 日　全市义务植树活动在建安区张潘镇花沟村新 107 国道两侧举行。市、区四大班子领导胡五岳、史根治、王堃、刘保新、邵七一、马浩、连建锋、牛建设等参加义务植树。

6 月 10 日　中国共产党许昌市建安区第一届委员会第六次全体（扩大）会议召开。全会审议了《关于深入学习贯彻习近平总书记重要讲话精神全面推进乡村振兴战略的工作方案》，审议并表决通过了《中国共产党许昌市建安区第一届委员会第六次全体会议决议》。区委书记邵七一，区委副书记、区长马浩分别讲话。

是月　郑合高铁全线铺轨贯通。线路全长 267 公里，设置时速

350公里,涉及建安区境内车站2座。

6月23日　区委书记邵七一带领区处级干部和各乡镇(街道)党政正职、区直部分单位主要负责人,对秋湖湿地周边道路、高铁北站污水处理厂、绿筑装配式建材产业基地等15个项目5月至6月的建设情况进行观摩,并打分考评。

9月9日　建安区召开庆祝第35个教师节暨全区教育大会,隆重表彰先进单位、团体和个人,对做好新时期教育工作进行安排部署。

9月10日　建安区举行"壮丽70年·奋进新建安"——庆祝新中国成立70周年合唱比赛节目展演,为祖国贺岁欢歌。

9月16日　全区"不忘初心、牢记使命"主题教育工作会议召开,对全区开展主题教育进行动员部署。

9月20日　许昌市2019年"中国农民丰收节"在建安区北海公园隆重开幕。市长史根治出席活动并宣布开幕。

10月24日—26日　在2019河南国际现代农业博览会上,建安区和世纪香公司获得6项殊荣。

12月18日　建安区举行"宜居之城"建设推介大会。市、区领导与来自省内外的100多家房地产企业、200多位专业人士参加会议。

2020年

2月26日　许昌市2020年第一批集中开工重大项目暨黄河鲲鹏生产基地B区项目开工仪式在建安区举行。市委书记胡五岳宣布开工令。市长史根治讲话。区委书记邵七一在开工仪式上发言。

3月17日　中共中央办公厅、国务院办公厅复产调研组一行到建安区远东传动轴股份有限公司、河南瑞贝卡发制品股份有限公司调研企业复工复产工作。

3月27日　昌盛街道办事处举行挂牌仪式。

3月31日　黄河鲲鹏产业园项目正式投产。

8月5日　中国共产党许昌市建安区第一届委员会第八次全体会议暨全区领导干部会议召开,审议并通过了中国共产党许昌市建安区第一届委员会第八次全体会议决议。

10月16日　建安区在北海广场举行10月17日全国扶贫暨智志双扶脱贫之星表彰活动。

11月20日　建安区五女店镇茶庵李村被评为第六届"全国文明村"。

11月11日　2020年度河南省知识产权强企名单出炉,建安区的河南红东方化工股份有限公司获评2020年度河南省知识产权优势企业。这是建安区唯一获此殊荣的企业。

12月1日　全区脱贫攻坚冲刺誓师大会召开,动员和组织全区上下誓师立令、威武出征,全力以赴打赢打好脱贫攻坚收官战。

附录二　建安区党组织机构沿革

1926 年 11 月,中共许昌县执行委员会成立,彤德忱任县委书记,委员由彤德忱、戴善同、周其纲、丁绍洛、谢梅村、赵宗润 6 人组成。

1927 年元月,李杜任县委书记,委员由李杜、陈云登、吴忠甫组成。县委辖中共碾上村支部,党员 8 人,支部书记吴忠甫;中共戴庄支部,党员 22 人,支部书记戴善同;省立第十四中学党团支部,党团员 20 人,支部书记丁明道;中共石固南寨小组,党员 4 人,组长郭靖宇。

1928 年夏至 1929 年春,韩子文任中共许昌县委书记。委员由韩子文、牛文昭、夏德藻、吴忠甫四人组成。县委辖中共碾上村支部,支部书记李文甫;中共戴庄支部,支部书记李书祥;省立十四中学党团联合支部,中共石固南寨小组中共许昌铁路职工子弟学校小组。

1929 年 4 月,许昌特别支部成立,曹鼎新任特支书记,下辖许昌、西华、临颍、长葛、尉氏、洧川 6 个县的党组织。特支所辖许昌县党支部和中共碾上村支部,支部书记李文甫;中共刘铁庄支部,支部书记王书祥。

1930 年 5 月至 1932 年 6 月,刘殿元任中共许昌县委书记,1932 年 6 月刘殿元调鄂豫皖苏区工作,县委活动停止。其党的组织由中共许昌中心县委直接领导。辖中共刘铁庄支部,支部书记王书祥;中共碾上村支部支部,书记李文甫。

1933 年 1 月,在原中心县委基础上成立中共河南省工作委员会,由 6 人组织,吕文远任书记,后刘晋组建许昌城区党委。

1933 年 4 月,省直工委领导成立了中共许昌城区委员会,王书祥任区委书记。6 月,省工委印刷机关遭到破坏,省工委迁往郑州,城区委活动停止。辖中共碾上村支部和中共刘铁庄支部。

1935 年夏至 1936 年夏,王定南任中共许昌县委书记。

1936年7月至1936年10月,沈东平组建河南临时工作委员会及许昌中心县委,沈东平任中共许昌县委书记。

1936年7月至1936年9月,贺建华任中共许昌中心县委书记。

1936年10月至11月,沈东平以许昌县立师范党支部为基础,组建中共许昌县委员会。蒋介民任书记。下辖中共许昌县立师范学生支部,王海卿、张东森先后任支部书记;中共许昌县立师范教师支部,支部书记蒋介民、左正宜;中共许师附小支部,组长胡殿奎。

1936年12月至1937年春,周之焕任中共许昌县委书记。

1938年4月,中共许昌县中心支部委员会成立,李持英任书记。下辖中共民众教育馆支部,支部书记李持英;中共小西湖支部,支部书记李怀玉;中共刘王庄支部,支部书记刘国建;中共抗敌话剧团小组,组长沈顺卿。

1939年秋,中共许昌县工作委员会成立,王津忱任工委书记,下辖中共小西湖支部,书记李怀玉;中共刘王庄支部,书记刘国建。

1940年5月,中共许(昌)临(颍)工作委员会成立,王津忱任书记。下辖中共小西湖支部,1940年秋停止活动,书记李怀玉;中共刘王庄支部,1941年春停止活动,书记刘国建。

1947年4月,贺群与曹国典、李炎取得联系,建立了中共许昌情报站,贺群为站长;1947年5月,李文彬、赵吉辅、辛金生到许昌建立了中共许昌情报站,赵吉辅为负责人。

1948年2月,中共许昌县委员会成立,乔林任副书记(代行书记职务)。1948年6月,中共许昌县委在当时所辖的京汉铁路以东地区设立4个区:中共许昌县第一区委员会,书记张子清,驻地将官池村;中共许昌县第二区委员会,范新民、陈影先后任书记,驻地五女店村;中共许昌县第三区委员会,书记孙文英,驻地伍连村;中共许昌县第四区委员会,书记裴昌世,驻地尚集村。

1948年12月,中共豫西五地委决定撤销许西县,原许昌县属部分归属许昌县。中共许昌市委、县委合署办公,曹志真任书记,郑旭、王鹤洲、乔林任副书记。

1949 年 10 月,中共许昌市委、县委分设,王鹤洲任书记,姜达、李均任副书记。

1951 年 4 月至 1953 年 4 月,王武烈任中共许昌县委书记,童干、杜俊林任副书记。

1953 年 5 月至 1964 年 8 月,杜俊林任中共许昌县委书记,王东儒、毛桂清、姜肇仓任副书记。

1956 年 5 月 12 日,中共许昌县第一届委员会第一次全体会议选举杜俊林为县委书记,毛桂清、姜肇仓、祝守才、孙洪彩、许俊武为县委副书记。

1960 年 7 月,许昌县建制并入许昌市,党的组织机构也并入市。

1961 年 10 月,恢复许昌县建制,杜俊林任县委书记,县委常委 10 名,并设书记处。

1965 年 7 月 11 日,中共许昌县第二届委员会第一次全体会议选举张保太为县委书记,王保兴、宋杰、张焕章、矫明日、许俊武为县委副书记。

1966 年 6 月,"文革"开始后,党的组织机构陷于瘫痪状态。

1968 年 3 月,许昌县革命委员会成立,实行党政一元化领导。

1970 年 2 月,许昌县革命委员会设党的核心领导小组,杨国殿任中共许昌县委书记。

1972 年 2 月 11 日,中共许昌县第三届委员会第一次全体会议选举鲍令昌为县委书记,石增奇、李善歌、张焕章为县委副书记。

1974 年 3 月,杨国殿任中共许昌县革命委员会书记。

1975 年 3 月,李殿章任中共许昌县革命委员会书记。

1978 年 12 月,张继增任中共许昌县委书记。

1979 年 11 月,李兴荣任中共许昌县革命委员会书记。

1982 年 1 月,中共许昌县第四届委员会第一次全体会议选举张德广为许昌县委书记,史林堂、曲永明、李中央为县委副书记。

1984 年 5 月,王永豹任中共许昌县委书记。

1986 年 1 月 28 日,中共许昌县第五届委员会第一次全体会议选举党国典为县委书记,尚自川、朱自成、张凤仙为县委副书记。

1989 年 12 月 27 日,中共许昌县第六届委员会第一次全体会议选举党国典为县委书记,刘汝焯、邢保安、陈绍光为县委副书记。

1992 年 12 月 20 日,中共许昌县第七届委员会第一次全体会议选举连子恒为县委书记,李秀奇、王同仁、何钦正为县委副书记。

1997 年 12 月 25 日至 29 日,中共许昌县第八届委员会第一次全体会议选举李秀奇为县委书记,薛豫宛、李纪庚、王宝珠为县委副书记。

2002 年 12 月 24 日,中共许昌县第九届党代会第一次会议选举周献忠为县委书记,王桂梅、崔新宏、赵振宏、葛连春、朱发业为县委副书记。

2006 年 5 月 28 日,中共许昌县第十届党代会第一次全体会议选举王桂梅为县委书记,王堃、朱发业为县委副书记。

2011 年 6 月 28 日,中共许昌县第十一届委员会第一次会议选举王民生为县委书记,赵庚辰、仝丙瑞为县委副书记。

2016 年 6 月 28 日,中共许昌县第十二届委员会第一次会议选举赵庚辰为县委书记,萧楠、马浩为县委副书记。

2021 年 7 月 30 日,中共许昌市建安区第一届委员会第一次全体会议选举马浩为区委书记,高雁、朱键为区委副书记。

附录三　建安区革命老区建设和老区促进会

一、建安区的基本状况

许昌市建安区位于河南省中部,区域面积 720 平方公里(其中老区占 550 平方公里),耕地 113.3 万亩(其中老区占 60.4 万亩),辖 14 个乡镇、4 个街道(其中老区占 11 个乡镇,分别是蒋李集镇、榆林乡、椹涧乡、灵井镇、艾庄乡、河街乡、苏桥镇、小召乡、桂村乡、尚集镇、长村张街道,占全县总乡镇数的 71.4%)。全县总人口 67.4 万(其中老区人口 46.6 万),是全国重要的档发加工出口基地、汽车传动轴生产基地、腐竹生产集散地,全省首批农村基层组织建设先进县(区)。

建安区革命老区有以下三个突出特点:一是历史文化悠久。早在旧石器时期,就有人类在此繁衍生息,2007 年,灵井镇发掘出土了距今 8 万—10 万年前古人类头盖骨化石,被考古界命名为"许昌人",填补了我国现代人起源的空白。二是接受进步思想较早。1918 年 8 月,毛泽东去北京大学图书馆工作,途经许昌因铁路中断滞留,就留下革命先驱关注社会、宣传进步思想的足迹。1925 年秋,建立了许昌县第一个党支部——中共石固南寨支部,郭安宇任支部书记,从此许昌的革命斗争一直接受党的领导。1926 年 11 月,建立了中共许昌县地方执行委员会,之后直至 1937 年先后建立了中共许昌县委、特支、特委、中心县委、中共河南省工作委员会等党的组织。许昌县党组织一经诞生,就十分注重发展农民运动。1926 年 3 月建立农民协会,在蒋李集镇的河沿周村承办了一次豫南最重要的会议——河沿周会议,领导发动了震惊全国的司堂农民暴动,直接策应了党领导的秋收起义。当时的上海《申报》报道:"共产党占领了许昌西北乡。"暴动虽然最后失败,但影响极大。十四年抗战和解放战争时期,许昌县人民作出了重大牺牲。三是区位优势独特。市区同城,交通发达,北距郑州国际机场仅40公里,5条高速、两条国道在建安区境内组成"米"字形交通网,两条铁路、两条高铁穿境而过。2017年撤县设区以来,建安区驶入了经济飞速发展的快车道。

二、革命老区基本情况

截至目前,建安区现有蒋李集镇、榆林乡、椹涧乡、灵井镇、艾庄乡、河街乡、苏桥镇、小召乡、桂村乡、尚集镇、长村张街道11个革命老区乡镇,人口46.6万,耕地60.4亩,辖254行政村。老区脱贫村7个,脱贫户1596户,脱贫人口3681人。

三、区委、区政府高度重视老区工作

区委、区政府高度重视老区工作。建安区革命老区建设促进会第一届一次理事会议于2009年5月14日在原许昌县委办公楼东副二楼电视电话会议室召开,全体理事86人出席会议,原市老促会会长张焕章应邀出席会议并致词,原县委书记王堃讲话,乡(镇)有关人员25人列席会议。会议传达贯彻了河南省委、许昌市委《关于加快老区发展的实施意见》,下发了许昌县《关于加快老区发展的实施意见》(许县发〔2009〕9号)和《关于调整许昌县革命老区建设促进会理事单位的通知》(许县办文〔2009〕8号)。会议通过了《许昌县革命老区建设促进会章程》,选举产生了许昌县老促会领导机构。王德成同志当选为会长,李铁龙、刘自明、姐运牛同志当选为副会长,牛逢卯同志当选为秘书长。新当选的县老促会会长王德成代表县老促会作了工作报告,提出了加快许昌县老区建设的意见。

县委书记王堃作了讲话。他强调,许昌县老促会的成立,必将对各项事业产生极大的推动作用,为早日实现富民强县目标具有重大的现实意义和深远的历史意义。王堃表示,对老促会工作要放在心上、抓在手上,对老促会人员要高看一眼、厚爱一分,对老区的发展必须创优条件,全力支持。

2010 年 5 月,县委书记王堃对县老促会工作给予肯定,并作出批示:"做好老促会工作,对于促进科学发展,确保大局稳定,构建和谐社会具有重要意义。我县老促会工作自开展以来,紧紧围绕中心,服务大局,在加快老区经济社会发展上发挥了重要作用。请认真贯彻全国会议精神,在持续抓好上下功夫,在提升水平上见实效,实现老促会工作新跨越。"

2010 年 12 月 2 日,召开了许昌县乡(镇)老促会会长会议,时任县委常委、组织部部长尹俊营参加会议并讲话。由于人事变动和工作需要,为加大老区建设力度,区委、区政府又两次对老促会领导成员进行调整,现有老促会班子成员 8 人。分别是名誉会长,区委副书记,区委常委、组织部部长,区委常委、常委副区长,区委常委、办公室主任,区政府分管农业副职,区人大、区政协联系农业的副职。2017 年、2018 年连续两年,时任区委常委、组织部部长朱键对老促会工作作出批示。

老促会成立至今,建安区主要领导每年还至少两次调研指导工作。

四、老促会基本情况

现有老促会组成人员(五名):

会　　　长:葛连春　区政协原主席

常务副会长:李铁龙　区人大原副主任

副　会　长:王志民　区人大原副主任

副　会　长:俎运牛　区政协原副主席

秘　书　长:牛逢卯　区委党史研究室原主任

五、区老促会的工作情况

建安区 2008 年被河南省人民政府认定为革命老区。时任县委书记王堃强调要抓住被认定为革命老区县的机遇,切实加快老区经济又好又快发展。县委决定成立"许昌县革命老区建设促进会",并于 2008 年 8 月 20 日下文(许县办〔2008〕14 号)予以公布,对老促会的性质、任务、经费等作了明确规定,老促会基本达到了"四有",并下发了《关于加快老区发展的实施意见》(许县发〔2009〕9 号)文件,对老区发展提出了明确目标。

区老促会成立以来,尤其是党的十八大以来,在上级老促会的关心指导和区委、区政府重视下,坚持以习近平新时代中国特色社会主义思想为指导,认真落实省委 27 号文件、市委 8 号文件,按照中央和省委、市委关于老区建设的一系列指示精神,助力脱贫攻坚,紧紧围绕服务老区这一根本任务,开拓创新,扎实工作,以宣传老区为基础,以重点扶持为突破口,以帮助老区人民找准致富门路为切入点,以提高老区人民的生活水平为己任,加大扶持力度,充分发挥老促会"参谋助手、桥梁纽带"的重要作用,在"促"字上做文章,在"进"字上见成效,做到"干事不添乱",努力促进老区经济社会又好又快发展。主要做了以下几项工作。

1. 深入调查研究,当好区委、区政府参谋

为打赢脱贫攻坚战,2017 年以来老促会组成人员每年不低于 20 次深入到全区 10 个老区乡镇调查研究,基本摸清了全区老区乡镇的情况。通过调查,写调研报告 11 篇,并及时协调有关部门解决调研中发现的问题,效果明显,深受老区群众的欢迎。原县委《工作信息》、区委《建安风》杂志多次发信息通报老促会工作,其中五次专刊通报,区委政研室两次发专刊刊登老促会专题调研报告。

2. 大力宣传老区工作,弘扬老区精神

为使老区精神发扬光大,区老促会把宣传老区作为经常性任务来抓。在原《县情参考》上发表"党史人物"四期,介绍烈士事迹 14 位,重点宣传老区人民在党的改革开放政策指导下,艰苦努力、奋发图强,各项事业取得的辉煌成就;宣传老区人民和建设社会主义新农村的典型事迹;开展"革命传统教育"30 多场次;收集、整理革命烈士事迹简介、图片资料 140 多项;撰写有情况、有分析、有建议的调研报告 11 篇,多篇在国家级刊物《中国老区建设》和省级刊物《河南老区建设》发表。同时认真抓好《中国老区建设》的征订工作,全县订阅的份数不断增加。连续十一年荣获"全国老区宣传工作"二、三等奖,并应邀参加全国在各地举行的"老区宣传工作会议"。

为继承先烈遗志,弘扬革命献身精神,区老促会支持协助榆林乡 6 位离退休老同志多方筹资 10 多万元,为该乡在抗日战争、解放战争、抗美援朝战争和社会主义建设时期献出宝贵生命的 14 名烈士建立了纪念碑。在此基础上,2017 年,又协调资金近 17 万元,建成了烈士事迹陈列室,进一步完善了纪念场馆设施,使其成为建安区又一个革命传统教育基地和红色旅游景点。2017 年,举行了纪念馆启用和清明节祭奠仪式,在香港凤凰卫视等媒体播出后产生了良好的社会效应。同时,还对司堂农民暴动旧址进行了改扩建,目前该旧址已被许昌市委命名为"爱国主义教育基地和革命传统教育基地"并纳入河南省红色旅游景点名录。每年清明节,区委都组织干部、群众、学生到纪念碑前祭奠英烈。

为更好宣传老区,宣传建安区,区老促会于 2014 年 6 月 10 日在老干部局会议室,召开了许昌县老区建设通联人员培训班,邀请市老促会相关领导和许昌日报社编辑讲课。广大学员受益匪浅,全区通联人员撰稿质量明显提高,有力地宣传了建安老区人民群众生产生活状况和在党的领导下取得的辉煌成就,其中 12 人获得中国老区画报社证书。此活动也受到《中国老区建设》画报社的表扬。

3. 开展帮扶帮建工作,为老区人民办实事、做好事

为加快老区经济社会发展,区老促会各理事单位和社会各界,积极对老区开展帮扶帮建活动,为老区人民办实事、做好事,帮助老区人民排忧解难。协调各企事业单位出钱出物,如:为宣传老区,部分企业踊跃捐款征订《中国老区建设》杂志赠予老区人民。区委组织部每年出资征订 100 份《中国老区建设》分发全区农村后备干部、入党积极分子等。瑞贝卡公司、远东传动轴公司、区供电公司、区联通公司等踊跃征订《中国老区建设》,赠予老区乡村,大力支持老区工作。区烟草公司自愿捐款 1 万元修建榆林烈士纪念碑。

为改变老区面貌,瑞贝卡公司投资 1.2 亿元建成了武店新家园,恒鑫源公司投资 5600 万元建成了邓庄小区。为帮助老区群众致富,区政府投资 1500 多万元、世纪香食用菌公司投资 850 万元,在全区 12 个乡镇 20 个贫困村建标准温室大棚 228 座、连栋智能大棚 2 座,使全区 341 户贫困户受益,2020 年为贫困户分红 30.84 万元,为全区脱贫攻坚事业作出了重要贡献。瑞贝卡、正和纺织等企业转移安置老区剩余劳动力 12000 余人,万向钱潮、远东传动轴公司开展了项目带动工程,人均增收达 2000 元,新城区 37 个行政村全部解决了行路难、吃水难的问题。

4. 积极进行扶贫项目推荐申报工作

在市老促会的特殊关爱下,截至 2017 年底,区老促会通过本系统申请扶贫项目 3 个,资金 35 万元,分别是:蒋李集镇程庄村村内通道路项目、苏桥镇司堂村村内通道路项目和椹涧乡西耿村村内通道路项目。这些项目的竣工,较好地解决了老区贫困村群众出行难的问题。

区老促会还利用"百村整顿、百村提升"这一活动,为榆林乡白庙黄村争取 38 万元建成村文化广场,并协调区供电公司完善了照明设

施,协调教体局配齐了健身器材,美化了村娱乐场所,提高了老区群众文化生活品位。

区老促会利用上级整村推进项目安排,每年争取整村推进项目至少 10 个,每村推进资金不低于 60 万元,基本解决了"五难"问题。老促会积极与原县委、县政府沟通,使整村推进项目向老区倾斜,每年的项目指标安排,老区行政村不低于三分之二,有力改善提高了老区人民生产生活水平。如蒋李集镇大黄村、史楼村、朱集村,椹涧乡西耿村、岗杨村等。

5. 困难救助工作

在市老促会的关怀下,从 2013 年起,建安区老促会已连续多年为老区贫困学子争取到扶持名额。分别是 2013 年椹涧乡宁庄村的闫鹏一,2014 年椹涧乡沟杨村王赛,2015 年艾庄乡杜宋村的宋妮妮,2016 年榆林乡西榆林村的刘孟媛,2017 年小召乡朱庄村的朱小超,2019 年椹涧乡时庄村的王志国、胡景新,榆林乡的晁淑博、姬俊阳。老促会严格按照推荐、公示、家访、拍照、会审等程序,最终确定出来贫困学生名单。

为使工作延伸,老促会还与区总工会联合,从 2013 年起,每年在老区开展救助困难农民工作,每年至少救助两名特困职工,每人救助金不低于 500 元,并送去米面油等生活必需品。分别是苏桥镇东村的王琪俊、小召乡北寨村的李保亭等 10 人。这项活动的开展,既让广大老区农民工感到温暖,也拓展了工会工作,是一次让农民工纳入工会管理工作的有益尝试。

6. 认真落实了市老促会"双先"评选工作

2020 年,市老促会首次开展了先进集体、先进个人评先活动,建安区共获 5 种大奖中的 18 个奖项。其中支持老区建设先进集体 3 个,支持老区建设先进个人 3 名,老促会系统先进集体 1 个,老促会系统先进个人 3 名,支持老区建设贡献奖 8 个。

7. 加强自身建设,提高服务水平

为适应工作需要,区委、区政府出台文件增加老促会理事单位,对老促会的领导成员进行了调整,现有老促会班子成员 8 人,老促会的领导力量明显增强。同时重新研究制定了学习、请示、调研等工作制度,老促会服务老区的水平明显提高。

完善了老促会工作网络。区老促会首先在榆林乡开展了乡镇成立老促会的试点工作,在取得经验的基础上,2010 年,全区所有乡镇都成立了老促会,并于 2010 年 12 月 2 日召开了原许昌县乡(镇)老促会会长会议。乡镇老促会的建立,有力地促进了老区建设工作,做了党委政府想做而没有时间做的事情,走在了许昌市的前列,得到了市、区领导的肯定。

后 记

为认真贯彻落实习近平总书记"发扬红色资源优势,深入进行党史、军史、老区革命史优良传统教育,把红色基因代代传下去"的重要指示精神,按照国家和省、市老促会的统一安排,许昌市建安区老促会2021年6月启动了《建安区革命老区发展史》编纂工作。

区委领导对编纂工作高度重视,成立了由区委书记马浩任组长,区人民政府区长高燕、区委副书记朱键任常务副组长,区委常委、办公室主任李智虎,区政协原主席葛连春,区人大常委会原副主任王志民任副组长的编纂工作领导小组。区委领导明确要求从人力、物力和财力上给予大力支持,还在老城区老干部局和区政府协调办公室两间,并添置了必要的设施,为编纂工作的顺利开展提供了保障。

为确保编纂质量和速度,编纂小组聘用4名专业人士充实到编纂小组,强化对革命老区史志资料的收集整理。每周定期召开碰头会,学习习近平总书记有关党史和老区革命工作的重要讲话精神,提升政治站位;拟订编纂方案,会商写作中遇到的困难和问题,分解编纂任务;编纂小组还到榆林乡烈士纪念馆、苏桥镇司堂农民暴动旧址、五女店镇桃杖村、魏都区高桥营街道刘铁庄社区、许昌市烈士陵园等地实地考察;还在榆林乡召开座谈会,走访相关专业人士,获取了大量第一手资料。

一年多的编纂过程中,编纂小组先后召开研讨会20多次,以严肃认真的态度和严谨细致的工作作风,克服时间紧、任务重、资料相对匮乏、要求标准高等困难,对编纂内容精益求精,不断提升完善,力争站位高远、史料精准、内容翔实,经得起历史和实践的检验。

样书成型后,为确保编纂质量,2021年12月28日,市老促会组织了《建安区革命老区发展史》专家评审会。针对专家提出的意见,编纂小组进行了认真的修改完善。

区委常委、办公室主任李智虎多次听取编纂工作汇报,提出明确要求。区人大原副主任、区老促会副会长王志民同志,积极为编纂小组协调经费、办公场所等,做了大量工作。区志办主任段慧许努力协调各方关系,为编纂工作创造了良好的条件。

区财政局、文广旅局、民政局及榆林乡人民政府、档案馆等单位为编纂工作提供了支持;省老促会副秘书长白廷斌认真审阅了书稿并就图片使用、内容及章节安排等问题提出了很好的意见;市老促会副秘书长姚宗棠、市委党史研究室的张海涌,区委组织部的宋崇豪、区委党史研究室的赵昊奇等同志对文稿提出了修改意见,王彦涛、吴如芳等也提供了许多资料,在此一并致谢。许昌市委党史研究室的段佳佳、区志办退休编辑刘思明热心地提供了许多资料,并给予了大量无私的指导和帮助,在此深表谢意。

本书在编写过程中参考了《中共许昌历史》(第一卷)及《许昌革命老区史典》《许昌党史人物传》、《中国共产党河南省许昌县组织史资料》《建安区党史》《许昌县文史资料》《许昌县志》《建安区年鉴》等资料,本书的部分图片来源于"建安区庆祝中国共产党成立100周年图片展"和《建安区年鉴》等资料,特向作者表示感谢。

段慧许同志协调本书的编纂出版并负责大事记的编写,魏洪恩同志具体负责本书的策划和文字整理、书稿统筹工作,钟会丽同志负责图片、人物等内容的编写,胡国民同志负责大革命和土地革命时期内容的编写,朱新正同志负责抗日战争和解放战争时期内容的编写,董胤程同志负责新中国成立后至党的十八大前内容的编写,孔刚领同志负责党的十八大以后内容的编写。刘佳兴、高茹、张素华、李会英、安秋等同志参与了部分文稿的打印校对和资料收集工作。

由于时间紧迫,加之编纂人员水平有限、史料不足,难免出现疏漏和不足,恳请专家、领导和读者批评指正。